U0730732

编委会

陈志敏　陈玉刚　竺乾威　陈晓原　臧志军

陈明明　徐以骅　刘季平　苏长和　张建新

周志成　郭定平　刘建军　陈周旺　熊易寒

汪仕凯　张　骥　郑　宇　李瑞昌　殷之光

第八卷

陈其人文集

陈其人 著

复旦大学出版社

陈其人

1924—2017

　　陈其人，广东新会人，著名的马克思主义政治经济学家、上海首批社科大师、上海市哲学社会科学"学术贡献奖"获得者、复旦大学国际关系与公共事务学院教授，一生致力于对《资本论》的深入研究和阐释以及对马克思主义政治经济学的传承和发展。

　　陈其人雕像于2023年11月13日在复旦大学文科楼和五教间的"国箴园"揭幕。

陈其人著《先秦土地制度史论——中国地主型封建制形成过程之研究》手稿

王亚南先生讲"中国社会经济史论纲"，陈其人笔记手稿

陈其人著《〈资本论〉中的政治学原理》手稿

社会主义经济制度

前　言

陈其人教授出生于 1924 年 10 月 16 日，广东新会人，1943 年考取中山大学经济系，1947 年毕业，获法学士学位。1949 年 2 月到上海市洋泾中学工作，同年考入复旦大学经济研究所，1952 年 2 月进入复旦大学经济系任助教，1954 年晋升为讲师，1957 年至 1959 年在上海宝山县蕰溪乡参加劳动，1959 年回到复旦，任教于复旦附中。1962 年调入复旦大学政治系，1964 年复旦大学政治系改为复旦大学国际政治系，担任国际政治系讲师，1980 年晋升为副教授，1985 年任教授，1986 年起担任国际关系专业博士生导师，1994 年 12 月离休，2017 年 10 月 1 日在上海岳阳医院逝世，享年 94 岁。他先后担任复旦大学校务委员会委员和学位评定委员会委员、复旦大学国际政治系学术委员会主任、综合性大学《资本论》研究会理事、美国经济学会理事等。

陈其人教授学养深厚、著述等身，长期从事马克思主义政治经济学理论教学和研究，在经济学说史、古典经济学说、《资本论》、殖民地理论等学术领域多有建树，为我国马克思主义经济学理论的研究和发展作出了独创性的贡献。他胸怀天下，坚持"为穷人摆脱贫困而研究马克思主义经济学"，几十年如一日，年逾 90 仍笔耕不辍。七十多年来，陈其人教授出版专著 24 部，发表论文 150 余篇。1984 年获得上海高等学校哲学社会科学研究优秀成果论文奖，1986 年获得上海市论文奖，专著《李嘉图经济理论研究》获得上海市第十届哲学社会科学优秀成果著作类三等奖，《卢森堡资本积累理论研究》获得上海市第八届邓小平理论研究和宣传优秀成果著作类三等奖。鉴于陈其人教授在马克思主义政治经济学理论研究方面的突出贡献，他于 2012 年荣获作为上海市哲学社会科学领域最高奖项的"学术贡献奖"，2018 年荣获首批"上海社科大师"称号。

　　陈其人教授是著名的马克思主义政治经济学家、政治学家、《资本论》研究专家，长期从事帝国主义政治与经济、殖民地经济、南北经济关系的研究，其学术活动几乎涉及政治经济学的所有领域，尤其精通古典政治经济学和帝国主义理论。他的研究贡献主要有：批判斯密教条并指出它对西方经济理论的影响；对商品生产、货币价值和物价上涨问题提出独特的见解；对危机理论和战后危机周期性作出系统的分析；提出帝国主义是垄断资本主义的世界体系的理论；全面总结斯密-马克思-列宁的殖民地理论；明确界定世界经济学的研究对象和基本范畴——外部市场；研究再生产理论及其历史；研究马克思的亚细亚生产方式理论，并以此为指导研究东西方发展同中有异的原因——亚细亚生产方式的存在。

　　陈其人教授在大学时代，师从梅龚彬教授，并深受王亚南教授的影响。早在 1946 年，他就着手研究了亚细亚生产方式理论、中国先秦时期的土地制度、中国封建社会发展等理论问题。他继承和发展了王亚南的"地主型封建制理论"，对中国封建社会长期发展迟缓原因的解释得到学界认可，不仅在当时引起学术界的重视，即使今天也仍有学术价值。1954 年，他开始研究经济思想史，尤其是马克思政治经济学的主要理论渊源——英国古典经济学，在商品价值量、工资与物价的关系，货币理论等领域都取得令人瞩目的成果。1985 年，陈其人教授的研究专著《大卫·李嘉图》出版，得到学界很高评价。1962 年，转入国际政治系后，他曾集中研究过空想社会主义理论和政治思想史。1978 年，根据工作需要，陈其人教授着手研究帝国主义理论、殖民地理论和一般的世界经济理论问题。为深入研究帝国主义理论，他又把研究重点转入中国半封建半殖民地经济形态，力求在方法论方面有所建树。他独立建立的殖民地经济关系理论（尤其是国内殖民地理论），可以与七八十年代国际盛行的依附理论学派相关论述媲美。他先后出版了《帝国主义理论研究》《帝国主义经济政治概论》《殖民地的经济分析史和当代殖民主义》等多部专著。九十年代以来，在改革开放的新形势下，陈其人教授还关注并研究经济改革中出现的理论问题，如工资物价理论、货币理论、中国社会主义计划经济与商品经济的关系等。

　　陈其人教授从教四十余年，潜心教书育人，桃李满天下，先后荣获 1979 年复旦大学先进工作者、1980 年复旦大学优秀教学一等奖、1985 年复旦大学优秀工作者等奖项。他每年主动承担繁重的教学任务,为本科生开设"帝国主义政治和经济概论"等一系列课程。在教学中,他既坚持马列主义基本观点,又关注理论研究的新动向;既严密和细致地说明问题,又努力提供新的研究视角,授课效果好,深受学生欢迎,他的学生至今仍对此记忆犹新。在研究生教育方面,他特别注重培养学生的抽象思维和创新能力,尤其要求掌握马克思主义方法论,为国家为社会培养了一大批有创新能力、理论联系实际的优秀研究生。他十分重视扩展学生的基础知识、基础理论和研究能力,支持学生在学术上深入研究;他提倡学生多读书,要求学生研究问题要有理有据;他爱护学生、爱惜人才,注意发挥学生的特长,培养了很多硕士、博士研究生。这些研究生毕业后,无论在教书育人、学术研究、国家建设方面都作出贡献,取得很大成绩。

陈其人教授非常关心青年教师的成长。工作期间经常和年轻教师谈心,介绍自己的治学经验,在业务上支持鼓励,在生活上关心照顾,使他们能全身心投入工作。在青年教师准备新课时,给予他们诸多指点和帮助,使青午教师能尽快进入角色,更好地完成新承担的任务。

陈其人教授一生以教书育人、学术研究为己任。他淡泊名利、甘于奉献,为复旦大学马克思主义政治经济学、国际政治学教学、研究的发展作出巨大贡献;他热爱国家、追求真理,持之以恒地耕耘在马克思主义政治经济学研究领域;他关心学生、提携后进,为国家为社会培养了众多优秀人才。先生曾在古稀之年作一对联,堪为其人生写照:"执教著文中有我,吃饭穿衣外无他。"思考和学术,就是他的生命的全部。

陈其人教授是国务学院教师的楷模! 他是大先生也!

2024 年是陈其人先生诞辰一百周年。复旦大学国际关系与公共事务学院于 2019 年立项《陈其人文集》编辑出版工作,成立了编委会。陈其人教授学术思想宏富,体系严密,作品时间跨度大,我们按照先生作品内容,按照主题分为八卷,较为完整地体现先生的政治经济学思想体系。复旦大学国际关系与公共事务学院多位教授全身心投入文集的编选、编校工作中,他们是:第一卷(《古典政治经济学与庸俗政治经济学批判》):周志成;第二卷

《资本主义政治经济制度》）：陈晓原、陈周旺；第三卷（《马克思主义政治经济学》）：陈周旺、熊易寒；第四卷（《货币理论与价值理论》）：周志成、郑宇；第五卷（《殖民地与帝国主义理论》上、下）：殷之光；第六卷（《世界经济体系理论》）：张建新；第七卷（《世界经济发展与南北关系》）：苏长和、李瑞昌；第八卷（《社会主义经济制度》）：苏长和、陈玉刚、张骥。复旦大学副校长陈志敏一直关心文集的出版工作；陈其人先生子女在著作权授权上给予了很大方便；复旦大学出版社董事长严峰、副总经理王联合以及编辑邬红伟、朱枫、张鑫等，为文集出版作出了不可替代的贡献。我们对以上各位表示衷心的感谢。

复旦大学国际关系与公共事务学院

《陈其人文集》编委会

于 2024 年 9 月 10 日第四十个教师节

编 校 说 明

一、《陈其人文集》(全8卷)收录了陈其人教授各类已出版作品,并在此基础上对原作品进行了校订。具体编校工作之依据参见各部分辑封页说明。

二、全卷注释采用脚注形式,编者对原著文献引用统一进行校订处理(补齐、增加、规范化处理),部分文献因年代久远,现已无法查证,遂保留了原出版物中的注解。

三、若未特别注明,全卷所引马克思主义著作,译者均为中共中央马克思恩格斯列宁斯大林著作编译局。

四、为保证上下文内容的完整连贯,部分重复内容予以保留。

目　　录

第三部分　计划与市场及种植业是其基础

第一部分

两种社会制度下生产与消费的关系

（本部分内容根据陈其人先生编著、上海人民出版社1955年8月出版的《两种社会制度下生产与消费的关系》一书校订刊印）

前　　记

写作这本小册子的目的,是帮助读者从生产与消费的关系上来理解社会主义制度的优越性和资本主义制度的腐朽性。马克思列宁主义政治经济学关于社会主义基本经济规律和资本主义基本经济规律的理论,是理解社会主义制度无比优越、资本主义制度日益腐朽这一问题的钥匙。这本小册子就是试图以基本经济规律的理论来分析两种社会制度下生产和消费的关系,从而来说明这个问题的。

分析资本主义制度下的生产和消费的关系时,本书以主要的资本主义国家(美国、英国)为对象;分析社会主义制度下的生产和消费的关系时,以目前唯一的社会主义国家苏联为对象。

我国人民正在中国共产党的领导下建设社会主义。我们所走的道路,正是苏联已经走过的道路。在我们实行第一个五年计划期间所发生的生产和消费的对比关系中的某些问题,也是苏联曾经发生过的。苏联人民在苏联共产党领导下以正确的态度对待生产和消费的对比关系,付出了极大的代价,克服了种种困难,终于使生活越来越富裕。苏联人民这种使暂时利益服从长远利益、个人利益服从集体利益的精神,是我们应该很好地学习的。

这本小册子的写作,得到上海人民出版社有关同志的帮助,谨在此表示感谢。

我诚恳地希望读者批评和指正。

陈其人

1955 年 7 月 31 日

第一章　生产和消费

在谈资本主义与社会主义两种制度下生产和消费的关系之前,先要了解什么叫作生产,什么叫作消费,生产和消费之间有什么关联。

生产是指物质资料的生产。人们要生活和生存,就要有衣服、食物、房屋和燃料等"消费品"。要有这些"消费品",人们就必须从事渔猎、畜牧、农耕、纺织、缝纫、建筑和采伐等活动来生产它们。人们生产"消费品"时,要有劳动手段和劳动对象,这两者都是"生产资料",比如,缝衣服要有缝纫机、剪刀(劳动手段)和布(劳动对象)。因此,人们要生产消费品,就要生产这些"生产消费品的生产资料"。人们要生产"生产消费品的生产资料",又要有一定的"生产资料"。比如,制造缝纫机要有一定的机器和原料,也就是说,要生产这些"生产生产资料的生产资料"。这些"消费品""生产消费品的生产资料"和"生产生产资料的生产资料"都是物质资料,所以,生产就是物质资料的生产。

消费是指"消费品的消费",即个人的消费。本来,物质资料的生产本身也就是"生产资料的消费"。比如,制造缝纫机就要消费制造缝纫机的机器和原料。这种"生产资料的消费"是"生产的消费",它直接属于生产过程本身。它的结果是生产物。当我们一般说到消费的时候,指的就不是"生产的消费",而是"个人的消费"。个人消费是社会成员对消费品的消费,它的结果是维持人的生存和延续后代。消费就是人们消费消费品。

由以上的分析可以看出,生产和消费是人们经济生活中的两个环节。人们生产物质资料归根结底是为了满足自己的需要。物质资料运动的起点是生产,终点是消费。消费品是直接供个人消费的,生产资料或者是直接用来生产消费品的,或者是间接用来生产消费品的。可见任何生产归根结底都是为消费服务的。

生产和消费有着密切的联系。人们能够消费,只是由于有了生产。生产对于消费的作用有以下三个方面。第一,生产为消费提供物质的对象。人们不能"画饼充饥",一定要生产出食物来才能充饥。只有消费品的生产增长了,人们的消费水平才有可能提高。第二,生产决定消费的方式。用筷用刀吃呢,还是用手吃? 熟食呢,还是生食? 这是取决于生产的。第三,生产唤起消费者的需要并培养消费者的消费习惯。由于生产了冰淇淋,消费者才有吃冰淇淋解热的需要和习惯;由于生产了某种艺术品,才会有具有艺术鉴赏能力的观众。

但是,人们进行生产,也是由于有了消费。没有消费,就没有生产,因为这种生产是没有意义的。只是由于有穿衣这一消费需要,人们才会生产衣服。如果生产了许多衣服,因种种原因没有人穿,衣服的生产就不能继续下去。如果人们的消费水平不是随着生产的增长而提高,生产的发展就要受到限制。只有消费水平不断提高,不断向生产提出要求,生产才能不断发展。

由此可见,生产和消费不能脱节。只有保证了社会成员起码的消费,才能继续不断地进行生产。生产不能脱离消费而单独增长,生产的增长要和消费的增长相适应。生产和消费如果严重地脱了节,社会生产就要受到很大的破坏。

连接生产和消费的中间环节是分配。消费品进入消费之前,要经过分配。分配决定社会成员占有消费品的份额。消费品的分配归根结底是由生产资料的分配决定的。如果生产资料是公有的,消费品的分配自然而然地就是平等的;如果生产资料由部分的人所私有,消费品的分配自然而然地就有利于生产资料占有者。由于生产资料所有制形式所决定的分配原则不同,消费的社会性质也就不同。生产对消费的作用是通过分配来实现的,在一定限度内分配可以调节生产和消费的关系。

在有商品生产的社会形态中,消费品的分配是通过商品的交换来实现的。在交换中商品价格与价值的偏离,会影响买者和卖者所占有的消费品份额的大小。价格高于价值时,卖者就占便宜,买者就吃亏;反之,也就相反。

以上谈的是生产和消费的意义以及它们之间的关联。

　　然而,生产总是在一定社会形态下的生产,消费也是在一定社会形态下的消费。一定社会形态下生产和消费的关联是由该社会形态的基本经济规律决定的。基本经济规律表明了生产的目的和达到目的的手段。

　　在原始公社制度下,公社成员在共同劳动下使用属于公社所有的生产资料进行生产。原始公社制度的基本经济规律是:"利用简陋的生产工具,通过一个公社范围内的共同劳动和产品的平均分配,来保证人们极端贫乏的生活条件。"①原始公社制度下的生产工具既然非常简陋,劳动者只有共同劳动才能生存,而共同劳动又引起了生产资料的公社所有制;原始公社制度下生产工具既然非常简陋,生产的目的就不能不是保证人们极端贫乏的生活条件。公社成员就在平均分配的原则下过着水平非常低下的生活。从这里可以看出,原始公社制度下生产和消费的关系是直接的。

　　在奴隶占有制度下,奴隶在奴隶主监督下使用属于奴隶主所有的生产资料进行生产。奴隶占有制度的基本经济规律是:"奴隶主在完全占有生产资料和奴隶的基础上,用掠夺式地剥削奴隶群众的办法,用使农民和手工业者破产而变为奴隶的办法,用征服和奴役其他国家人民的办法,来攫取剩余产品,以供自己的寄生性消费。"②在奴隶占有制度下,奴隶和生产资料都是由奴隶主占有的,生产的目的就不能不是为了奴隶主的寄生性消费。奴隶占有制的生产仅与奴隶主的寄生性消费有直接的联系;奴隶的消费只不过是无法避免的事情,它仅限于使奴隶能为奴隶主创造剩余产品所必需的极其狭小的范围内。从这里可以看出,奴隶制的生产和大多数社会成员的消费的关系是间接的。

　　在封建制度下,农奴在封建主超经济的强制下使用属于封建主的土地和属于自己的简单工具进行生产。封建主义的基本经济规律是:"封建主在占有土地和不完全占有生产工作者——农奴的基础上,用剥削依附的农民的办法,攫取剩余产品,以供自己的寄生性消费。"③在封建制度下农民的人身依附于封建主,最重要的生产资料——土地属于封建主,生产的目的就不能不是封建主的寄生性消费。封建制度下的生产仅和封建主的寄生性消费

---

①　苏联科学院经济研究所编:《政治经济学教科书》,人民出版社 1955 年版,第 16 页。
②　同上书,第 31 页。
③　同上书,第 46 页。

有直接联系,农奴的消费只不过是无法避免的事情,它仅限于使农奴能为封建主创造剩余产品所必需的极其狭小范围内。从这里可以看出,封建制度下的生产和大多数社会成员的消费的关系是间接的。

　　以下我们就分别谈资本主义制度和社会主义制度下生产和消费的关系。

第二章 资本主义制度下生产和消费的关系

一、生产和消费的联系是间接的

在资本主义制度下,资本家占有了矿山、工厂、机器和原料等生产资料,劳动者则丧失了生产资料成为无产者。在这条件下,资本家为了发财致富,就不得不雇佣无产者从事生产,无产者为了生活,就不得不被雇佣。这样,劳动力就成为买卖的对象,成为商品。

任何商品的价值都是由生产它所耗费的社会必要劳动时间决定的,劳动力和其他商品一样,也具有价值。劳动力的价值包括两点。一是为了维持工人本人及其家庭最低下的生活所必要的消费品的价值。这里所说的"必要的消费品",它的范围大部分是由社会的文化程度,国家的自然条件与历史发展,尤其是由工人已经养成的习惯与生活要求决定的。二是为了使工人具备操纵机器的文化技术水平所必需的教育费用。劳动力的价值归根结底决定于劳动力这一商品的生产和再生产所需要的社会必要劳动量,也就是工人及其家庭的生活资料的生产所必需的劳动时间。

在资本主义制度下,劳动者出卖劳动力给资本家,在资本家监督下使用属于资本家的生产资料进行生产。

资本主义生产是商品生产的最高形式。在资本主义生产方式下,商品生产在国民经济中占统治地位,一切产品都成为商品。消费品之所以成为商品,是因为丧失了生产资料的无产者不能为自己生产消费品,他所生产的消费品是属于资本家的,他要用工资去购买。生产资料之所以成为商品,是因为生产资料为不同的资本家所生产,所占有。所以,商品生产的普遍化是和劳动力之成为商品相联系的,劳动力成为商品的商品生产是商品生产的最高形式。由此可见,资本主义的生产不是为了生产者自己消费,而是为了出卖的。

既然资本主义生产是商品生产的最高形式,生产出来的产品只供出卖,生产上所需要的生产资料和劳动力又是买来的,那么,资本主义生产的目的就不能不是剩余价值或利润,也就是说,资本主义生产的动机是为了赚钱。资本家以货币购买商品从事生产,是为了将制造出来的产品再出卖,以攫取较多的货币。资本家投资 100 元,购买劳动力和生产资料,用在生产上,生产出来的产品的价值为 120 元(这是一个假定的增殖量),这增加的 20 元就是剩余价值。资本家虽然要生产一定的既有使用价值又有价值的商品,但他真正感兴趣的并不是使用价值本身,而是价值中的一个部分——剩余价值。只不过没有使用价值的东西也就不会有价值,资本家才不得不生产一定的使用价值。只要能够赚钱,生产坦克车或生产拖拉机,在资本家看来,都是一样的。由此可见,资本主义生产不是为了满足人们的需要,而是为了赚钱。

剩余价值是劳动者的剩余劳动创造的。劳动者在必要劳动时间以外的劳动都是剩余劳动。剩余价值是劳动力创造的价值大于劳动力价值的部分。剩余价值的产生和增殖的方法,在劳动力价值不变的情况下,就是延长劳动时间和提高劳动强度;在劳动时间和劳动强度不变的情况下,就是提高劳动生产率,以减少劳动力的价值。

斯大林认为,最适合于资本主义基本经济规律这一概念的是剩余价值规律,即资本主义利润的产生和增殖的规律。这一规律表明:资本主义生产的目的是利润,达到目的的手段是对广大劳动人民进行剥削。在资本主义从自由竞争阶段进入垄断阶段以后,就必须把剩余价值规律具体化为现代资本主义的基本经济规律,使它适应于垄断资本主义的条件。它的主要特点和要求是:"用剥削本国大多数居民并使他们破产和贫困的办法,用奴役和不断掠夺其他国家人民、特别是落后国家人民的办法,以及用旨在保证最高利润的战争和国民经济军事化的办法,来保证最大限度的资本主义利润。"①

——————————

①　斯大林:《苏联社会主义经济问题》,人民出版社 1953 年第 2 版,第 34 页。

资本主义基本经济规律决定了资本主义生产和消费的联系是间接的。资本主义生产的目的不是消费，而是利润。

资本主义生产的目的不是社会的消费。只有在保证资本家能取得利润这一条件下，资本主义才需要社会消费。关于这一点，斯大林说得很清楚，他说："资本主义生产的目的是取得利润，至于消费，只有在保证取得利润这一任务的限度内，才是资本主义所需要的。在这以外，消费问题对于资本主义就失去意义。人及其需要就从视野中消失。"①

劳动者的个人消费当然不会是资本主义生产的目的。但是没有劳动力，就不可能有资本主义生产；而要有劳动力，就要让劳动者有个人消费，有供消费的消费品。资本家让劳动者有个人消费是迫不得已的事。在资本家看来，劳动者个人消费消费品与蒸汽机消耗煤炭、机器消耗润滑油并没有什么不同，劳动者的消费品不外就是一种生产资料的消费品，他的个人消费直接是生产的消费。资本家将他的一部分资本转化为劳动力时，不仅能剥削无产者创造的剩余价值，而且会把劳动者的肌肉、神经、骨骼、脑髓等再生产出来，把劳动者的后代生产出来，作为资本继续进行剥削的新劳动力。从这里可以看出，劳动者的个人消费正是资本生产和再生产的一个要素。劳动者虽然认为他的个人消费是为自己，不是为资本家，但这并不影响问题的本质。在资本主义社会，只有在保证资本家攫取利润的前提下，劳动者的消费才是必需的。资本主义让劳动者有个人消费，只是为了使劳动者能用自己的劳动为资本家创造剩余价值和保证资本家获得最大限度的利润。在这以外，消费就失去了意义，工人想为了自己的享乐而消费，这在资本主义社会是不必要的。资本家为劳动者的消费划好了这样的界限：使劳动者的消费最多只能维持劳动力的生产和再生产，而不让劳动者有任何节余，以便迫使劳动者不断出卖劳动力。一句话，决定劳动力价值的规律决定了劳动者的消费。

有人认为，资本主义生产目的是资本家的寄生性消费，这是不对的。不对的原因有如下两点。第一，假如生产的目的是资本家的寄生性消费，那么资本家对劳动者的剥削就应以足够他过寄生性生活为限，因为无论怎样挥

---

① 斯大林:《苏联社会主义经济问题》，人民出版社 1953 年第 2 版，第 69—70 页。

霍,在社会的一定生产水平上,生活费用总是有一定限度的,事实上,垄断资本家们所拥有的财产是无论怎样都花不完的;但是无论多富有的资本家也从不会限制自己对工人的剥削。资本主义竞争的压力使得资本家的剥削漫无限制。第二,假如生产的目的是资本家的寄生性消费,资本家就应该将剥削来的剩余价值全部用光。但是,无论多么小的资本家都不得不把一部分剩余价值积累起来,以便扩大生产,否则,在竞争的压力下,他就无法立足。马克思说得好,推动资本家从事生产活动的动机"也就不是使用价值和享受,而是交换价值及其增殖了。作为价值增殖的狂热要求者,他无顾忌地,强迫人类去为生产而生产,引起社会生产力的发展,引起这样的物质生产条件的创造;……"①。由此可见,只要生产的目的在于剩余价值,那就要不断地生产剩余价值,就得为生产而生产。

当然,资本家是有他的个人消费的,而且它的寄生性越来越强,但是,资本家的个人消费还是要服从于攫取利润这一目标的。资本主义初期,为了积累,资本家曾经"压制"过自己的消费,后来,为了要取得信用,"奢侈要算在资本的场面费用(Repräsentationskosten)里面"②。

由以上的分析可以看出,资本主义生产的目的不是消费而是利润。

也有人说,资本主义生产只要依靠生产资料的生产,不必依靠消费就能向前发展。其实,这种荒唐的说法是很容易被人揭穿的。因为,人们无论如何也不会因生产资料的生产比消费品的生产发展得快而得出结论说,生产资料的生产可以不依赖消费品的生产而发展。生产消费(即生产资料的消费)最后总是和个人消费相联系的。

连接资本主义的生产和消费的中间环节是它的分配和交换。在资本主义生产中,生产资料变为资本,劳动变为雇佣劳动,因此,工人新创造出来的产品(国民收入),从实物方面看,就分割为必要产品和剩余产品;从价值方面看,就分割为可变资本的价值(工资)和剩余价值。工资构成无产者的消费基金,剩余价值再以利润、利息和地租的形式分别为不同的资本家所占有。由于资本主义基本经济规律和资本主义积累的一般规律的作用,工人

---

① 马克思:《资本论》(第一卷),郭大力、王亚南译,人民出版社1953年版,第741页。
② 同上书,第744页。

在国民收入中得到的份额越来越小,资本家占有的份额则越来越大,资本主义生产的增长就大大超过劳动者消费的增长。

资本主义商品流通的作用在于实现利润。为了攫取利润,商业资本家就极力抬高物价、以次充好和掺杂作假,残酷地剥削消费者。工人作为生产者和消费者,都遭受到残酷的剥削。

二、劳动者消费的下降

随着资本主义生产的发展,劳动者的消费在下降。

前面说过,劳动者的消费由劳动力价值的规律决定,因此,为维持起码的生活所必需的消费品的数量,就成为劳动者个人消费的最高水平。无论劳动者生产的产品增加多少,他所享受到的消费品,在最好的情况下,一般也只能维持在这个水平上。资本主义生产越增长,劳动者的消费就越落在后面。这是由以下三个因素决定的。

第一,资本家用延长劳动时间,尤其是用提高劳动强度的办法来加强对无产者的剥削。劳动时间的延长和劳动强度的提高使劳动者支出更多的劳动,生产更多的产品,生产因此增加。但是劳动者所享受到的消费品的数量还是和以前相等,即使有所增加(理由以下谈)也是非常有限的。这样,生产越是增长,劳动者的消费就越显得落在生产的后面。

第二,资本家采用更精良的机器,使工人在单位时间内制造更多的产品,也就是说,用提高劳动生产率的办法来加强对劳动者的剥削。劳动生产率提高,在同样时间内生产的产品就增多了,但是劳动者所享受到的消费品的数量还是和以前相等,这样,资本主义越发展,劳动生产率就越高,劳动者在自己生产出来的产品中所可享受到的份额就越小。

第三,在机器面前肌肉劳动失掉了重要地位,因此,随着资本主义机器生产的发展,女工和童工就大量出现。在使用女工和童工以前,一个成年男工从事生产所得到的收入要供一家人的消费。现在,一家大小都参加生产,而一家人的消费纵然在最好的情况下也还是像从前那么多。这就更加使劳动者的消费落在生产增长的后面。

从上面的分析可以看出，只要劳动力是作为商品出卖的，劳动者的消费水平，一般说来，就要落在生产的后面，就不可能随着生产的增长而提高。当然，在前面所讲的几种情况下，消费的落后是对生产的增长而言，也就是说，劳动者的消费不是绝对地下降，而是相对地下降。

但是，随着资本主义的发展，劳动者的消费不仅是相对下降，而且是绝对下降的。这就是说，随着资本主义的发展，劳动者的物质生活状况反而越来越坏，劳动者吃得更坏，穿得更坏，住得更坏，寿命更短。其所以如此，主要有以下三个原因。

第一，劳动力的价值虽然是由劳动者为维持他本人和他的家属的生活所必需的消费品价值决定的，但是劳动者出卖劳动力所得到的价格（工资）并不与他出卖的劳动力的价值相等。大家知道，商品供过于求，价格就落在价值以下，求过于供，价格就涨至价值以上，这就是所谓影响商品价格的供求律。劳动力这一商品的价格的变动也是这样。随着资本主义的发展，失业人口越来越多，劳动力供过于求，工人的工资就越来越落在劳动力价值以下。

资本主义发展的最初阶段，生产还是以手工劳动来进行的，机器尚未出现。那时，供给的劳动力还不会超过资本对劳动力的需要，还没有失业现象，因此，工资还不会低到劳动力价值以下。但是，由于追逐利润，资本主义发展到一定阶段，机器就出现了。越来越多的机器代替了手工劳动，相对地减少了对劳动力的需要。这时，供给的劳动力就超过了资本对劳动力的需要，失业的现象产生了。同时，资本主义机器生产迅速地促使个体生产者破产，又使女工和童工排挤男工（女工童工工资较低），因此失业者就更加多了。资本家利用失业者的存在极力压低在业工人的工资。失业现象越严重，工资降低到劳动力价值以下的程度就越大。

资本家不仅利用失业者的存在来压低在业工人的工资，而且还要在业工人维持失业者的生活，以便保证资本家扩大生产时随时可以找到补充的劳动力。大家知道，失业者没有任何工资收入，他们是靠在业工人兄弟的直接援助、官厅的救济而勉强过活的。官厅救济金绝大部分也是在业工人缴纳的税款和在工资中扣除的。因此，失业人口的增加就意味着整个无产阶级消费水平的绝对下降。

第二,前面所说的劳动者消费水平的下降,是从工人的工资日益低于劳动力的价值这一点来说的。但是,劳动者的消费水平并不单纯由货币工资的高低来决定。在货币工资不变的情况下,劳动者的实际消费水平要由他缴纳税款的多少、房租和消费品价格的高低来决定。税收是资产阶级通过它所掌握的国家机器对劳动者进行补充剥削的工具。随着资本主义的发展,劳动者缴纳的税款日益加重,帝国主义时期尤为厉害。在资本主义制度下,工业越发展,集聚在城市里的工人越来越多,工人住宅问题越来越严重;另一方面,地租和地价日益增长,房租也大大增加。高昂的房租迫使无产者居住在阁楼或贫民窟里,有的甚至露宿街头。居住条件恶化这一事实本身就是劳动者消费下降的具体表现。从长期趋势来看,在资本主义制度下,消费品的价格是上升的,帝国主义时期尤其上升得厉害。既然税款、房租和消费品的价格都在增加和上涨,而货币工资却没有增加或增加得很慢,劳动者的消费就绝对下降了。

第三,以上两点,是我们从劳动者对消费品的起码需要不变这一假设出发来分析问题的,但是,劳动者对于消费品的需要是随着他每日劳动支出的增加而增加的。随着资本主义的发展,劳动时间的延长,尤其是劳动强度的提高,大大地增加了劳动者体力和脑力的支出。为了恢复体力和脑力,就要有更多的消费品。爱护自己的牲口的农民,在农耕中会给耕牛以更多和更好的饲料,以便耕牛消除疲劳。但资本家不是这样。资本家尽量榨取劳动者的血汗而不增加工资,或者增加很少的工资。劳动者在生理上对消费品的需要增加了,但他实际得到的消费品没有增加,或者没有与需要的增加相应地增加。这就是消费的绝对下降。必须指出,过度的劳动折磨是消费品的任何增加都不能弥补的,因为,过度的劳动折磨会使劳动者短命。这样,劳动者实际出卖劳动力的时间就低于他可能出卖劳动力的时间。根据这一点,我们可以从另一方面,即从资本家对劳动力的劫夺这一方面来考察劳动者消费下降的问题。假如,正常地合理地使用劳动力,劳动者可以做 40 年工,这就是说,1 个劳动力可以出卖 40 年。1 年的劳动力的价值,就等于劳动者在其有工作能力的全部时间中所必需的消费品价值的 1/40。但是,由于过度的劳动折磨,劳动者做 10 年工就死了,或者再不能做工了。这就是说,1 个劳动力实际上只能出卖 10 年。这样,1 年的劳动力的价值,就应该等于劳动者在其有工作能力的全部时间中所必需的消费品价值的 1/10。但是，劳动者的工资并没有增加，或者没有同每日劳动支出的增加相应地增加，因此，他的消费就因资本家采取这种方式劫夺劳动力而绝对下降了。

从以上几点来看，无产阶级的消费水平，也就是实际工资是在绝对下降的。

帝国主义时期，由于现代资本主义基本经济规律的作用，劳动者的消费更急剧地下降。

垄断资本主义用极力提高劳动强度的办法，来加强对无产者的剥削。帝国主义时期出现的工资血汗制度，如泰罗制度、福特制度、赫尔斯制度和奖励工资制度等，就是以提高劳动强度、降低实际工资为其特征的。工人在这种折磨下，很快就衰老和死亡，所以美国许多工厂不雇佣 40 岁以上的工人。如果以 1938 年的劳动强度作为 100，1951 年的劳动强度，美国是 131，英国是 115，法国也是 115。[①]

垄断资本主义用垄断价格来剥削劳动者。劳动者购买消费品时不得不支付高昂的垄断价格。垄断资本主义用国民经济军事化的办法来剥削劳动者。国民经济军事化程度的加深，意味着军火工业、国家预算中的军费支出、国家公债的增长，意味着通货膨胀愈烈，无产者就要负担更重的税款，感到更加高昂的物价的威胁。以 1952—1953 年度和 1937—1938 年度相比，美国居民的直接税增长了 11.4 倍。西欧各国的税收在第二次世界大战前就已经很重，战后又大为增加。以 1952—1953 年度与 1937—1938 年度相比，英国的税收比战前增加了 1 倍，法国增加了 1.6 倍。以 1953 年与 1937 年相比，美国和英国通货膨胀了 1 倍多，法国是 16 倍。1951 年美元的购买力只等于 1939 年的 43%，英镑为 32%，法郎为 3.8%，因此，工人生活费用的指数也就增加了。但是，各国工人的货币工资的增长却非常慢，右翼社会民主党和反动的工会领袖支持了资产阶级"冻结"工资的政策，这就不能不使工人的实际工资大大下降。

帝国主义时期，尤其是资本主义总危机时期，大多数资本主义国家发生了企业开工不足的现象，失业人口也经常存在。从前，失业人口并不是经常

① 吉洪诺夫：《现代资本主义基本经济法则》，郭从周译，人民出版社 1954 年版，第 29 页。

存在的,在经济繁荣的时候大多数失业者还可能找到工作,工资还有可能接近于劳动力的价值。现在,由于经常都有失业人口存在,工资就经常落到劳动力价值以下。1954年,美国的人口为1.6亿多人,而正式登记的失业工人就在500万以上,除此以外,还有大批半失业者,美国有千百万人,在最好情况下,每星期只能做三四天工作。意大利的人口为4 700多万,而完全失业和半失业的工人就达450万,西德的人口约4 900万,而完全失业的工人就有100万,法国的人口为4 300多万,而完全失业的工人就有45万人。

由于这些原因,工人的实际工资就大大下降了。1952年,美国制造业工人的实际工资比1939年下降了30％;1952年,英国工人的实际工资比战前降低了20％,法国和意大利工人的实际工资则不到战前的一半。1952年,美国有3/4的家庭每年收入不到2 000美元,而保证工人家庭的"起码生活条件"所必需的最低生活费用(所谓赫勒最低生活费),在1950年是4 040美元。这就是说,有3/4的美国家庭每年的收入尚不到最低生活费用的一半。连像胡佛这样的帝国主义辩护人,面对这种事实也只好承认:"美国几百万个家庭的生活水平正在日益降低。另有几百万个家庭已经用尽了它们的储蓄。不断上涨的物价从后门找上我们,而赋税则由正门打进我们屋子里来。"[1]1951年至1952年,英国工人凭配给证所买到的肉类配给额仅为战前平均消费额的1/5。根据英国著名营养学家比克奈尔的估计,英国工人目前所消费的食物的热量不超过2 100卡路里,而人体所需最低为3 000卡路里。其他资本主义国家工人的状况,也与此大同小异。

在资本主义国家里,农民的物质生活状况也在恶化。随着资本主义的发展,工业和商业用不等价交换的方式、信贷事业用高利盘剥的方式、国家用高额的赋税剥削农民,帝国主义时期对农民的剥削尤为厉害。

由于占社会人口绝大多数的工农大众的消费在下降,近年来,资本主义国家国内贸易零售总额(剔除了通货膨胀的因素)几乎没有什么增长。富有热量的食品的消费缩减了,含热量较低的食品的消费增加了。

同劳动大众消费下降的情形相反,资产阶级的寄生性消费日益增长。帝国主义时期,完全脱离生产过程、靠剪息票为生的食利者日益增加。由于

---

① 瓦尔加:《帝国主义经济与政治基本问题》,王济庚等译,人民出版社1954年版,第54页。

资本主义腐朽性加强,剩余价值用于积累的部分大大减小,用于挥霍的部分大大增加。垄断资本家整日沉湎于声色犬马、红灯绿酒的生活中。瑞士、法国和意大利的风景区都变成了资产阶级消遣的地方。越来越多的歌女、舞女、车夫、马夫、厨师、仆役在伺候他们。

　　生活条件的恶化驱使工人为改善生活而斗争。工人为增进福利的斗争是经济的斗争,它虽然有可能迫使资本家让步,暂时提高工人工资,但随物价的上涨,增加的工资不久又化为乌有。所以单纯的经济斗争并不能使工人摆脱贫困,获得解放。无产阶级政党应该善于通过经济斗争教育工人,领导工人进行推翻资本主义制度的政治斗争。只有通过政治斗争才能使工人获得解放,使工人过幸福的生活。

三、生产和消费的对抗性矛盾是资本主义经济危机的基础

　　资本主义基本经济规律决定资本家以扩大生产来攫取利润,同时又把工人群众的消费限制在低下的水平上。生产扩大和工人群众消费相对下降之间的矛盾,是资本主义生产方式基本矛盾——生产的社会性和生产资料的私人占有之间的矛盾的表现,是生产过剩经济危机的基础。

　　资本主义生产的目的是利润。为了攫取更多的利润,资本家就要扩大生产。这是由两个因素决定的。第一,为了加强对工人的剥削,攫取额外利润和在残酷的竞争中获得胜利,资本家就必须使自己的商品的生产成本低于社会的生产成本。要降低生产成本,就要采用新技术进行大规模的生产。为了保证自己在竞争中不为别人所击败,资本家都走上了这条道路。第二,既然资本家普遍采用了新技术,资本的有机构成就提高了。同量资本中用于购买生产资料的部分(不变资本)增大,用于购买劳动力的部分(可变资本)就缩小了。大家知道,剩余价值是由可变资本产生的,资本有机构成提高,就意味着同量的资本所可产生的剩余价值减少了。剩余价值与垫支资本的比率,即利润率就下降。这就是说,资本有机构成的提高,资本家以过去那么多的资本赚到的利润就会减少。为了在利润率下降的趋势中增加利

润的总量,就要增加资本总量,也就是要扩大生产。

由此可见,为了追逐利润,资本家就要扩大生产。资本主义生产的目的虽然不是个人的消费,但生产到底不能脱离消费。只有消费的增长和生产的增长相适应,生产才不致中断。但是,资本主义生产增长的总额却大大超过了消费增长的总额,使生产和消费脱了节,这就必然要陷入生产过剩的经济危机。

前面说过,随着资本主义生产的扩大,新技术的被采用,失业工人不断增加,个体生产者逐渐破产,工农大众的购买力减缩,工人的消费也就相对和绝对地下降。由于无产阶级人数的绝对增长,工人的消费总额也在绝对增长,只是增长得非常缓慢。于是,生产增长的总额就大大超过消费增长的总额。

既然资本主义的生产是商品生产,生产增长总额超过消费增长总额,结果就有一部分商品销售不掉。这种情况继续到一定程度,就爆发了生产过剩的经济危机。

表面上看起来,消费的增长大大落后于生产的增长,似乎只与消费品的生产过剩有关,而与生产资料的生产过剩无关。但是,消费品的生产和生产资料的生产是有着密切联系的。消费品生产过剩了,生产消费品的生产资料也要发生生产过剩;生产消费品的生产资料的生产过剩了,生产生产资料的生产资料也要发生生产过剩。

有人说,虽然工人群众消费总额的增长赶不上生产总额的增长,但是,资本家的寄生性消费不是增长着的吗?如果这种寄生性消费能够增长到足以弥补工人群众消费下降部分的程度,就不会爆发经济危机,经济危机就可以用这种方法来避免。

这是办不到的。其原因有下面两点。第一,资本家在社会人口中只占很小的一部分,他们的寄生性消费无论怎样增长,都弥补不了工人消费下降的部分。这里还不能忘掉竞争对资本家的压力,这种压力迫使他非进行一定程度的积累不可。积累的绝大部分是用来购买生产资料的,只有小部分才用来购买劳动力,即购买消费品的。第二,资本家寄生性消费的增加一般只与奢侈品的消费增加有关,与生活必需品的消费增加无关。这样,由工人消费下降而引起的经济危机还是必然要爆发的。

有人说,既然生产过剩归根结底是由工人消费相对下降而产生的,那么,只要把个人消费品生产增长的程度降低到和工人消费总额增长的程度相等,就不会发生经济危机。

这也是办不到的。资本家有尽量扩大生产以攫取最大利润的冲动。谁要想使从事消费品生产的资本家把消费品的生产与工人的购买力保持平衡根本是不可能的。即使消费品的生产与工人的购买力保持了平衡,但从事生产资料生产的资本家还是要盲目地扩大生产,他不可能使生产资料的生产与消费品生产部门和生产资料生产部门对生产资料的需要保持平衡,这样生产资料的生产就要过剩。作为利润的一个热烈追求者,资本家当然不管经济危机也罢,世界末日也罢,只要能够赚钱,他还是要设法先赚它一笔再说。

所以无论从哪一方面来看,在资本主义制度下,经济危机的爆发是绝对不可避免的事情。要消灭经济危机,就要消灭资本主义制度。

生产过剩的经济危机说明了这样一个问题:工人之所以失业、挨饿、得不到消费品,是由于他生产了太多的产品,由于过多的产品找不到有购买力的消费者。经济危机表明,资本主义的生产脱离了消费,必然会招致生产的中断。经济危机是资本主义生产和消费发生冲突的表现形式。

马克思曾经指出:"一切现实危机的最后原因,总是在这里:人民大众是贫困的,他们的消费是受着限制的,但是与此相反,资本主义生产的冲动,却是这样去发展生产力,好像只有社会的绝对的消费能力才是它的限制。"①

但是,经济危机同时又是资本主义生产和消费之间的矛盾的暂时解决办法。这就是说,生产只有猛烈减缩到和消费大致归于平衡,生产才能继续进行,经济危机恰好起着减缩生产的作用。在危机中,中小企业倒闭了,大企业减缩生产,一部分生产设备遭到破坏,堆积的商品被削价拍卖,一部分商品被烧毁了。一次危机往往使资本主义生产倒退几年、十几年,甚至几十年。生产减缩至一定的程度,又和消费恢复平衡,生产就得以继续进行。既然资本主义不是用提高工人消费水平的办法而是用破坏生产的办法来解决生产和消费之间的矛盾,这种解决就不能不是暂时的。为了增强自己的竞

---

① 马克思:《资本论》(第三卷),郭大力、王亚南译,人民出版社1953年版,第622页。

争力量,为了攫取更多的利润,随着生产的恢复,资本家又要扩大生产,又把工人的消费降到更低的水平上,于是又慢慢地发生另一次经济危机。经济危机就是这样循环地发生的。资本主义的生产就是这样从危机到高涨,又从高涨到危机间歇地发展的。

不能认为生产过剩的经济危机单纯是由劳动者消费水平低下所造成的。劳动者消费水平低下是一切剥削制度共有的现象,而生产过剩的经济危机却是资本主义特有的现象。只有在生产有无限扩大的趋势的情况下,消费水平的低下才会导致生产过剩的经济危机。这是除了资本主义以外的任何社会制度所没有的。

生产和消费之间的对抗性矛盾,是根植于资本主义制度之中的,因此,经济危机也就是资本主义的必然产物。但是不能由此认为,有了资本主义就有了经济危机。在大机器工业生产出现以前,资本有机构成的提高并不显著,生产和消费没有发生冲突,也就没有发生经济危机。"经济危机是随同资本主义制度统治地位的产生而产生的"①,而大工业是资本主义生产得以占统治地位的物质基础。自大工业出现后,资本主义的生产就周期性地脱离消费,经济危机也就周期性地发生。

帝国主义时期以前,资本主义的生产只不过经历一两年左右的危机时期,就进入停滞,从停滞进入活跃,从活跃进入高涨。危机中生产下降的程度也不过是 10%—15%。帝国主义时期就不同了。1929 年的经济危机长达三四年之久,生产下降的幅度高达 50% 左右。为什么会这样呢?原因之一就是:垄断资本主义除了用老办法以外,还使用垄断价格以及战争和国民经济军事化等新办法来剥削工农大众,更加厉害地削减他们的消费总额,使生产和消费之间的矛盾更加深刻和尖锐,经济危机的破坏性也就更加严重了。

目前美国正爆发深刻的经济危机。在第二次世界大战中,美国工业生产能力扩大了一倍,然而人民的消费水平并没有提高。到 1948 年底美国就爆发了经济危机。这次危机经用扩充军备等办法才暂时延缓下来。1950

---

① 斯大林:《在联共(布)第十六次代表大会上关于中央委员会政治工作的总结报告》,唯真译,人民出版社 1954 年版,第 8 页。

年,美帝国主义发动侵朝战争,使它的工业生产有了某些活跃。实行国民经济军事化虽然能够人为地造成生产上暂时的高涨,但是由于它猛烈地削减了劳动人民的消费额,因此同时也孕育着更深刻的经济危机。尽管国民经济军事化已达到空前高度,自 1953 年下半年起,美国又爆发了经济危机,而且直到现在还没有好转的象征。

不随着生产的增长而提高劳动大众的消费水平,就不能消灭经济危机;不消灭资本主义制度,就不能随着生产的增长而提高劳动大众的消费水平。由此可见,要消灭经济危机,就要消灭资本主义制度。

四、资本主义生产的衰退

既然资本主义生产的目的是利润,而扩大生产以加强剥削又是增加利润的手段,所以,在一定限度内,资本主义是能够较迅速地促进生产的发展的。资本主义社会生产力发展的速度比奴隶社会和封建社会快得多,其原因就在于此。代替了封建主义的、新兴的资本主义生产关系能够推动生产力向前发展的重要因素也在于此。但是,自从资本主义生产确立统治地位以来,生产就周期性地和消费脱节,这种脱节是靠打断生产发展的经济危机来暂时解决的。生产力的发展开始受到消费低下的限制。资本主义消费的增长越来越落后于生产的增长,生产因消费不足而日益萎缩,消费终于制约了生产的发展。

资本主义的生产关系阻碍了生产力的发展。资本主义生产的日益衰退,首先表现在物质资料生产增长速度的日趋缓慢上。资本主义国家工业生产平均每年增长的百分数,从 1870 年至 1890 年是 6.3,从 1890 年至 1913 年是 5.8,从 1913 年至 1929 年是 3.0,从 1929 年至 1937 年是 0.4。工业生产的发展逐渐缓慢是很明显的。在垄断时期以前,资本主义生产发展的速度虽然逐渐下降,但它的绝对额还是增长着,也就是说,一个资本主义周期(从一次经济危机到下一次经济危机的时间)中,生产的最高点还是超过了上一个周期中生产的最高点。垄断时期,尤其是资本主义总危机时期,生产的周期性虽然依旧存在,但是,生产并没有什么显著的增长。如果把

1929 年资本主义世界工业生产的指数当作 100,那么,直至 1937 年这指数才变为 102.5,八年中才增长 2.5％。为什么会这样呢? 原因之一就是:垄断资本主义对工农大众的变本加厉的剥削,使他们的消费总额即使在人口增加的情况下也没有什么增长。在一般情况下,整个资本主义世界消费总额没有什么显著的增长,生产的显著增长是不可能的。

消费水平低下限制了生产发展的事实,最好拿美国的情形来说明。即使像在 1925 年至 1929 年这样经济高涨的年代,美国制造工业的生产能力才利用了 80％,1954 年黑色冶金业的生产能力才利用了 70％。

资本主义生产增长速度的逐渐下降,可由国民收入增长速度的日益缓慢明显地反映出来。国民收入的增长是劳动生产率增长和物质生产中劳动总量增长的结果。美国国民收入平均每年增长的百分数,在 19 世纪最后 30 年是 4.7,从 1900 年至 1919 年是 2.8,从 1920 年至 1938 年是 1.0,从 1945 年至 1952 年是 0.8。

技术发展日益停滞是资本主义生产衰退的重要内容。为了追求额外利润,资本家会采用能够提高劳动生产率的新技术,以便相对减缩工人在产品中所占有的份额。但是,假如资本家能够用绝对减缩工人消费量的办法来增加利润时,他就不会采用新技术,而宁可使用手工劳动了。资本主义的最初阶段,还没有什么失业者,还不可能用绝对减缩工人消费量的办法来增加利润。于是,以提高劳动生产率、增加剥削为特征的手工制造业、机器工业就相继出现,技术的发展相当迅速。马克思和恩格斯指出:"资产阶级占得阶级统治地位还不到一百年,而它所造成的生产力却比先前一切世代总共造成的生产力还要宏伟众多。"[①]但是,机器的使用比较普遍了,而机器排挤工人,失业人口也出现了,就有可能用压低工人消费量的办法来增加利润。因此,当某一部门采用了新技术而解雇工人时,另一部门就可以利用这些失业者来压低工人的工资,就可以不必采用新技术而同样增加利润。资本主义不可能在国民经济各部门中普遍采用机器的原因即在于此。垄断资本主义时期,垄断价格是压低工人的消费量、保证垄断资本家攫取最大限度利润的工具,所以垄断集团对于采用新技术是更不感兴趣的。新发明被垄断资

---

① 马克思、恩格斯:《共产党宣言》,人民出版社 1949 年版,第 38 页。

本家收买起来锁在保险箱里。资本主义总危机时期失业常备军的存在,使非垄断企业也能用压低工资的办法来增加利润,而不采用新技术。这样,技术发展就有停滞的趋势。

技术发展的停滞最突出地表现为垄断资本主义不肯把原子能利用在和平生产上。原子能的发现,使人类能够进一步控制自然,利用自然为社会谋福利,但是,垄断资本家却把它用来制造杀人的武器,把它作为攫取最大限度利润的手段。

资本主义生产的衰退亦表现为对物质资料和社会劳动浪费的增加。生产无政府状态、经济危机、失业就是巨大的浪费。随着资本主义的发展,这种浪费不断地增加。1929 年至 1932 年的经济危机,美国的损失达 3 000 亿美元,与第二次世界大战所造成物质上的损失相等。随着生产和消费之间矛盾的日益尖锐,商品的销售日益困难,商业纯粹流通费用日益增加。巨量的物质资料就这样既不是供生产也不是供个人消费而白白地浪费了。资本主义腐朽性的增长,表现在商店店员、银行职员、官吏、士兵和资产阶级的奴仆人数的增长。这些非物质生产工作者的增长,同失业者增长一样,都是对劳动力的巨大浪费。战前英国人口登记,仆役、厨师、马夫、看狗的佣人比农业生产的男子还要多。1948 年,美国商业中的店员为 974 万,比 797 万农业生产者还要多些。这一切说明,资本主义越来越不能把物质资料和劳动力用来扩大生产。

帝国主义的辩护者认为,不断地发展军火生产就能促使资本主义生产增长。这是十分错误的。不错,军火生产能够暂时促进工业生产的发展,1937 年以来资本主义工业有了一些发展,主要就是由军火生产的增长而引起的。但不应忘记,军火商的顾客是资产阶级国家,国家是靠增加税收和增发通货来订购军火并保证军火商人攫取垄断利润的。军火生产的发展正意味着人民购买力的减低,人民消费量的下降,归根结底民用工业生产品的销路就会更加困难,经济危机更加严重。军火生产是不可能无止境地发展的:一方面,无产阶级会反对这事情,因为军火生产扩大的程度,也就是他们所能忍受的消费下降的程度;另一方面,军火生产扩大意味着用来进行再生产和用来供个人消费的物质资料的减少,片面地发展军火生产必然会导致整个国民经济的崩溃,社会生产无论如何不能长期建立在不断扩大的军火生产上。

以军火生产增长为特征的国民经济军事化,对物质资料和社会劳动是一种巨大的浪费。目前,资本主义国家的军费支出吞噬了国民收入很大的一部分。美国 1952 至 1953 年度的军费占国民收入的 1/5。目前美国的工业生产有 1/4、英国的工业生产有 1/6 是军火生产。1954 年,美国服军役者增至 340 万人,比 1939 年增加了 8 倍多。

这一切说明资本主义生产是在如何地衰退着的。资本主义的生产关系已经严重地束缚了生产力的发展,具有社会性质的生产力要求建立生产资料的公有制。只有生产资料公有,人民生活水平才能不断提高,生产力才能一日千里地向前发展。但是,不能认为资本主义生产的衰退本身会使资本主义灭亡,腐朽透顶的资本主义生产关系是要靠资本主义的掘墓人——无产阶级来予以摧毁的。不断恶化的物质生活状况促使无产阶级的革命积极性日益提高,共产党的教育、领导和组织使无产阶级的阶级觉悟不断提高,力量不断壮大,资本主义制度终于会因无产阶级社会主义革命的成功而告灭亡。

第三章　社会主义制度下生产和消费的关系

一、生产和消费的联系是直接的

无产阶级自觉地运用生产关系一定要适合生产力性质的规律,消除资本主义生产关系和生产力之间的冲突,消灭生产资料私有制和剥削制度,建立社会主义社会。在社会主义制度下,生产资料是公有的。社会主义所有制有全民所有制和集体农庄合作社所有制两种形式。不论在社会主义所有制的哪一种形式下,生产资料都是劳动人民的公共财产。既然劳动者成为生产资料的主人,劳动力就不是商品,生产资料就不是剥削手段,因为占有生产资料的劳动者不能自己雇佣自己,生产资料不能剥削它的所有者。由于生产资料公有制的确立和剥削制度的消灭,就消除了生产和消费之间的对抗性矛盾,社会主义的生产直接就是为消费服务的。

在社会主义制度下,成为社会主人的劳动者在同志间的互助合作下使用着公有的生产资料进行生产。既然生产资料为劳动者公共所有,剥削阶级和剥削制度已经消灭,生产的目的就不可能是剥削者的寄生性消费或剥削者的利润,而只能是劳动者的需要(包括了个人的需要和集体的需要)。最大限度地满足人们日益增长的物质和文化生活的需要,成为社会主义生产的直接目的。社会主义制度的性质和这个生产的目的本身,排除了用剥削和掠夺作为达到这个目的的手段的可能性。达到这个目的的手段,只能是在高度技术基础上使社会主义生产不断增长和不断完善。社会主义基本经济规律的主要特点和要求就是:"用在高度技术基础上使社会主义生产不断增长和不断完善的办法,来保证最大限度地满足整个社会经常增长的物质和文化的需要。"①这规律决定了社会主义生产和消费的直接联系。在社会主义社会,人们的需要是生产的目的,生产直接是为了消费。

只有不断扩大生产和提高劳动生产率,生产才能不断增长和不断完善,社会经常增长的需要才能得到满足。扩大生产和提高劳动生产率的必要条件是生产资料生产的优先增长,也就是重工业的优先增长。这就是说,生产资料的生产要比个人消费品生产增长得快些,重工业的发展要比其他的经济部门的发展快些。这样,才能不断以高度的技术来装备重工业本身、交通运输业、轻工业和农业,才能高速度地扩大社会生产和提高劳动生产率,才能生产出更多的消费品来满足劳动者不断增长的需要。因此,社会主义生产资料生产发展得更快,为的是更快地提高人民的消费水平。而人民消费水平的不断增长又推动了社会主义生产不断发展。

在社会主义社会,劳动力既然不是商品,劳动力价值的规律也就失去了作用。劳动者的消费水平自然不由这个消失了的规律来决定。社会主义劳动者的消费水平不是由一个固定的最高点所限制,也不是像在资本主义制度下那样由失业人数的增减、物价的涨落等自发的经济力量来调节,而是直接依存于生产增长和生产完善的程度,是根据生产发展的水平按计划提高的。最大限度地满足人们的需要,并不是说人们的需要有一个不变的最大的限度,而是说在生产增长和生产完善程度的允许下,去最大限度地满足人们的需要。

有人说,社会主义生产的目的是满足社会的需要,而社会的需要除了人本身的消费需要以外,还包括了对生产资料的需要。这是不正确的。这种说法把社会主义生产的目的和达到目的的手段混为一谈,这就必然认为社会主义生产包含有为生产而生产的因素。其实,在社会主义制度下,生产生产资料只是当作一种手段,而不是目的,它的目的是生产满足人们需要的消费品。所以,社会主义一切物质资料的生产只有一个目标,就是满足人们的消费。

连接社会主义生产和消费的中间环节是它的分配和流通。由于剥削制度的消灭,劳动者新创造出来的产品(国民收入)再也不分为必要产品和剩余产品,而是按照社会主义基本经济规律的要求,分为归自己的产品和归社

---

① 斯大林:《苏联社会主义经济问题》,人民出版社 1953 年第 2 版,第 35—36 页。

会的产品。归社会的产品构成积累基金和社会消费基金。积累基金用于扩大生产，建立各种后备，以及增加文化生活方面的非生产基金（包括住宅建筑基金）。社会消费基金分为三部分：第一部分用于科学、教育、保健事业的费用，社会主义城乡居民相当大一部分教育和保健的需要是靠国家出钱得到满足的，科学、教育、保健工作者也从这里得到他们的工资；第二部分用作居民的养老金、补助金和抚恤金；第三部分用作管理费用，国家机关工作人员从这里得到他们的工资。在帝国主义包围依然存在的条件下，归社会的产品有一部分要用在国防支出上。归自己的产品构成物质生产劳动者的劳动报酬基金，并根据按劳取酬的分配原则分配给各个物质生产的劳动者。这种基金的形式，在国营企业是职工的货币工资，在工艺合作社是社员的货币工资，在集体农庄是庄员的货币收入和实物收入。由此可见，社会主义劳动者的需要是通过两条道路来满足的：一条（最主要的一条）是通过按劳分配的原则个别地予以满足的；另一条是通过国家举办社会文化设施和企业举办福利设施集体地予以满足的。

社会主义制度下商品生产和商品流通的必要性，是由社会主义所有制具有两种形式、因而社会主义生产也就具有国营企业和集体企业两种形式所决定的。国营企业的产品（主要是工业品）属于国家，集体企业的产品（主要是农产品）属于集体农庄和合作社。为了保证工业和农业间的经济联系，商品生产和商品流通就有必要。斯大林同志说，社会主义的商品生产"并不是通常的商品生产，而是特种的商品生产，是没有资本家参加的商品生产，这种商品生产基本上是与联合的社会主义生产者（国家、集体农庄、合作社）的商品有关的。它的活动范围只限于个人消费品"①。社会主义基本经济规律决定社会主义商品生产的任务，就是生产出质量最好的、价值不断降低的商品以满足人们的需要；社会主义贸易的任务，就是要以低廉的商业费用、迅速地把消费品分配到人们手中，指导人们消费新的商品，对生产部门提出人们对消费品的要求。社会主义贸易是在社会成员间分配消费品的基本形式（集体农庄庄员向农庄领取实物报酬不经过贸易），人们日益增长的需要，很大的一部分要通过这种形式来满足。

① 斯大林：《苏联社会主义经济问题》，人民出版社1953年第2版，第15页。

二、生产和消费的对比关系由国民经济计划决定

要不断地进行生产,生产和消费就不能相互脱节。社会主义生产和消费的对比关系是由国民经济计划决定的。工人阶级领导的国家之所以有可能和有必要以国民经济计划来管理国民经济,是由于在生产资料公有制基础上产生了国民经济有计划(按比例)发展的规律,这一规律和其他社会主义经济规律一样不能自发地发生作用,国家必须以计划来反映它的要求。这个规律的要求是:国民经济的发展必须是按比例的,生产的各个部门与再生产各个方面(生产、分配、交换、消费、积累)必须是有比例的,必须最合理最有效地利用物力、人力和财力。但这个规律既不能反映国民经济发展方面的任务,因而也不能确定这些比例的性质。社会主义国民经济中比例的性质是由社会主义基本经济规律决定的。社会主义国家制订国民经济计划只是一个手段,这手段要达到的目的是不断提高整个社会的生产以便不断提高人民的生活水平。这也就是共产党和政府的工作的最高准则。

社会主义的生产和消费直接地相互作用着。物质资料生产增长了,人民的消费也就能够增长;生产增长得越快,人民消费的增长也就越快。人民生活水平的适当提高,能够刺激生产的发展。但是,生活水平过分提高,物质资料中用作消费的部分就很大,用作扩大生产的部分就很小,这样,生产的进一步增长就很慢。生产增长缓慢了,消费水平的进一步提高也只好缓慢下来。这就是说,在每一个时期里,社会主义生产和消费总是有相对的矛盾的,在一个时期内,消费的过分增长,会影响到生产增长的速度;生产的过分增长,同样会影响到消费增长的速度。但从长期的观点看来,两者的利益又是完全一致的。因为生产发展了,消费也就跟着增长;消费增长了,又促使生产发展。因此,必须很好地研究在不同的历史条件下,社会主义基本经济规律如何发生作用,慎重地确立生产和消费的对比关系,使它们完满地结合起来。

生产和消费的对比关系,就是在一定时期内所生产的物质资料与所消费的个人消费品的对比。这个比例的大小对下一时期生产的扩大和消费的

增长有直接影响。生产和消费的对比关系对消费和积累的对比关系亦有直接的影响。前面说过,在生产出来的物质资料中扣除了耗费掉的生产资料后,其余的物质资料便是供社会用作消费和积累的国民收入。如果消费基金在国民收入中占的比重很大,积累基金占的比重就很小;反之,也就相反。消费基金增长的速度是决定消费增长速度的因素,积累基金增长的速度与生产增长的速度有关。由此可见,生产和消费的对比关系归根结底也就是生产增长速度和消费增长速度的对比关系。

社会主义生产和消费都是不断增长的,但在一般情况下,生产增长的速度是超过了消费增长的速度的。这是因为,生产增长与生产资料生产增长相联系,消费增长与消费品生产增长相联系,而社会主义生产资料生产增长的速度,如前面说过的,要比消费品生产增长的速度快些。同时,以生产总值来计算的生产增长速度,在一般情况下,比以生产净值(在生产总值中扣除了生产资料的价值)来计算的国民收入增长速度快些(由于劳动生产率提高,生产资料在生产总值中占的比重增大,生产净值占的比重减小),而消费基金增长的速度一般不超过国民收入增长的速度,否则将是积累基金增长速度的降低,生产增长的缓慢。但是,由于国民收入中用于行政管理和国防的支出,对人民的消费水平没有直接的关系,因此,降低行政管理费用,削减国防支出,就可把一部分国民收入转为积累基金,或与人民消费直接有关的基金,使积累基金或与人民消费直接有关的基金的增长速度有可能超过国民收入增长的速度。

社会主义生产增长的速度到底要比消费增长的速度快多少呢? 这是由社会主义国家当前的政治经济任务来决定的。在资本主义国家存在的条件下,社会主义国家生产增长的速度一般都超过资本主义国家生产增长的速度,这是由制度的优越性所决定,也是和资本主义进行经济竞赛所必需的。在这个总的前提下,国家就可根据当前国际形势和国内经济状况订出具体的计划。譬如,帝国主义在加紧发动战争,需要巩固国防,或者国内经济技术很落后,需要加速实现国家工业化,在这些情况下,就要特别加速发展生产,使生产增长超过消费增长的程度就要大些;反之,就可小些。

从物质形态来看的社会主义生产和消费的对比关系就是这样。

由于社会主义还存在着商品生产和货币流通,这种对比关系就又有了它的价值形式。

社会主义生产不断增长的物质形态是使用价值的数量和品种的增加。但在商品生产存在的条件下,促使生产增长的各种因素,对价值所起的作用是不同的。社会劳动生产率不断增长,使用价值量增大,总价值不变,而单位商品的价值则下降(国民收入以不变价格计算时依然增大)。投到生产中社会劳动量的绝对增大,使用价值量增大,总价值量亦增大,而单位商品的价值并没有变。前一个因素是提高人民生活水平最主要的物质基础。

在劳动生产率提高的条件下,可以用两种方法来提高人民生活水平。一种方法是:随着商品价值下降而降低消费品的价格,这样,人们的货币收入不变,但所能购买的消费品增加了。另一种方法是:随着商品价值下降而提高人们的货币收入。这样,消费品价格虽然不变,但人们的收入所能购买到的消费品增加了。在社会主义制度下,这两种方法同时采用。这是因为劳动生产率的提高应该造福于全体社会成员,而降低消费品价格正是惠及全体社会成员的。但是,劳动生产率的提高,到底只是物质生产劳动者和非物质生产劳动者努力工作的直接和间接的结果,与没有参加劳动的人无关。因此,为了鼓励劳动者提高劳动生产率,就要在物价降低的同时增加他们的货币收入,使他们享受到两重好处。

在增加劳动者货币收入同时降低物价的条件下,要使消费基金增长的速度不超过国民收入增长的速度,就要遵守下面的条件:假使国防费用和管理费用在国民收入中所占的比重没有变化,那么,国营企业职工的平均工资的增长速度就要慢于劳动生产率增长的速度,而且还要考虑平均工资增长和物价下降之间的联系,要使平均工资增长和物价下降两者合起来所发生的作用还不致使消费基金增长的速度超过国民收入增长的速度。这就是说,如果平均工资增加很多,物价下降的程度就要小些;反之,物价下降的程度很大,平均工资的增加就要少些。集体农庄庄员的收入,包括货币和实物两种,问题比较复杂,这里不去细谈。

除了货币收入以外,人民还受到免费的教育、医疗、保健,领取各种补助金和养老金。这些费用来自国家预算中社会文化设施的支出。这费用既然是用来满足人民的共同需要,所以增长得很迅速,其速度常常超过了国民收入增长的速度。因此,决定平均工资时,不仅要考虑物价的水平,而且还要考虑社会文化设施费用的大小。

从货币收入(庄员有一部分实物收入)、物价水平、社会文化设施的支出几方面合起来看的人民的收入,就是实际收入。在一般情况下,实际收入增长的速度不宜超过国民收入增长的速度。

三、苏联几个五年计划时期生产和消费的对比关系

由于社会主义基本经济规律发生作用的历史条件不同,由于社会主义国家面对的国际形势和国内状况不同,国民经济计划所规定的生产和消费的对比关系也是不同的。这可以从苏联几个五年计划中看出来。

苏联在从资本主义到社会主义的过渡时期中(1917 年 10 月革命至1936 年),生产关系一定要适合生产力性质的规律要求在整个国民经济中建立社会主义生产关系。社会主义生产关系首先在大工业中产生,社会主义基本经济规律也随这一经济成分的产生而产生,并发生作用。除社会主义经济以外,国民经济中还存在着资本主义和个体经济;个体经济的小商品生产有自发的资本主义趋势。过渡时期经济的基本矛盾是垂死的资本主义和新生的社会主义之间的矛盾。工人阶级的任务就是迅速地消灭资本主义和以社会主义原则改造个体经济。当时的苏联是一个为资本主义所包围的孤岛。当时(从资本主义到社会主义的过渡时期中),摆在全国人民面前的任务就是:通过社会主义国有化掌握国民经济命脉;建立社会主义工业同农民经济的商业结合,以消费品供应农村;实行国家的社会主义工业化,以先进技术设备供应农村,建立同农村的生产结合;实行农业集体化,在农村建立社会主义的经济基础。为了完成这些任务,就要把有限的国民收入首先用到工业化的事业上去,人民的消费水平虽然不能不提高,但也不能提得很高。

苏联人民于 1918 年至 1920 年在帝国主义武装干涉和国内战争中赢得胜利,并于 1925 年完成国民经济恢复工作之后,1927 年 10 月就开始了发展国民经济的第一个五年计划。当时,国内外的政治经济状况决定了第一个五年计划的基本任务是:创立强大的重工业,把苏联从技术落后的国家变成

具有新的、现代技术的国家,从落后的农业国变为在经济上不依赖资本主义国家的先进的工业国;在这个过程中,彻底排除资本主义经济成分,扩大社会主义经济成分,把散漫细小的个体农业转移到巨大集体农业的轨道上,并在国内创造一切经济上和技术上的必要前提来最高限度地提高国防能力,以致能彻底打垮一切武装侵犯。这就决定了生产的增长必须大大超过消费的增长。

第一个五年计划规定五年中要完成以下的重大任务:大工业增加179%,其中重工业增加229.5%,轻工业增加144.6%;农作物增加57.6%;国民收入增加75.3%;工人的实际工资增加70.5%,农民的收入增加67%。执行计划的结果,积累基金在国民收入中的比重,从1927年至1928年的23.1%增加为1932年的26.9%;五年中,国民收入增加82%,积累基金增加1.3倍,消费基金增加70%。

由此可见,第一个五年计划的特征,是以比消费基金更快的速度增加积累基金。积累基金比国民收入增长得更为迅速。人民的消费水平已经提高了不少,但与生产增长的距离还是相当大。重工业和整个国民经济的迅速发展使工资基金迅速扩大,但轻工业和农业生产的增长却落在后面。苏联工业化初期曾发生过严重的粮食问题。为了解决购买力增长速度超过消费品增长速度所产生的矛盾,苏联除了坚持首先发展重工业以便用头等技术来提高消费品的生产这一政策以外,为了保证人民经济生活的稳定,还自1928年底起在各大城市实行食品和日用品的配售制(对工人规定的配售额较高),还特别奖励居民储蓄,由国家发行公债,使居民现在的一部分购买力延到将来实现,把一部分的消费基金暂时变为积累基金,使消费品的生产和人民对消费品的需要达到平衡。

为了迅速完成国家的工业化,苏联人民曾付出了很大的代价。斯大林曾经说过,为了建立重工业,"就必须甘愿担受牺牲,在各方面实行极端节省,节省饮食,节省教育经费,节省布匹,以求积累创立工业所必要的资金"①。

第一个五年计划提前完成了,苏联已成为具有头等重工业的国家,工业

---

① 斯大林:《列宁主义问题》,苏联外国文书籍出版局1949年版,第647页。

在整个国民经济中的比重增为 70%。在工业中失业现象消灭了，富农阶级被消灭了，中农贫农加入了集体农庄。

在第一个五年计划已有成就的基础上，1933 年苏联开始了第二个五年计划。由于国内状况已有了变化，第二个五年计划的基本任务是：彻底消灭一切剥削阶级，彻底消灭人剥削人和使社会分为剥削者与被剥削者的根源；把劳动人民的消费水平提高到一倍半到两倍；完成整个国民经济的技术改造。正如莫洛托夫同志所说："第一个五年计划的任务是建立重工业，即建立全部经济在技术上重新装备的基础。我们已经完成了这个任务。现在我们有可能把重工业和轻工业一起加速向前推进，并作到特别加速日用品的生产。"①

第二个五年计划规定五年中要完成以下的重大任务：工业总产量增加114.1%，其中生产资料增加 97.2%，消费品增加 133.6%，消费品增长的速度超过了生产资料增长的速度（后来由于战争威胁加重，为了巩固国防，执行计划的结果是生产资料生产增长的速度较大于消费资料增长的速度）；农产品增加 1 倍；国民收入增加 1.2 倍；工人实际工资增加 1.1 倍，农民收入亦提高；消费基金增加 1.4 倍，消费基金增加的速度超过了国民收入增长的速度。与此相应，执行计划的结果，积累基金在国民收入中的比重，从 1932 年的26.9%减为 1937 年的 26.4%；五年中，国民收入增加 1.11 倍，消费基金增加1.13 倍，积累基金增加 1.08 倍。

第二个五年计划的胜利完成，剥削阶级全被消灭，个体经济基本上消灭了，苏联建成了社会主义并进入向共产主义过渡的新阶段。国民经济的技术改造完成了。苏联的技术水平已占世界第一位。由于第二个五年计划中，消费基金的增长速度不仅超过了国民收入的增长速度，而且也超过了积累基金的增长速度。第二个五年计划完成后，工人的实际工资增加了 1 倍，集体农庄庄员按劳动日分配的货币收入增加了 3.3 倍，人民消费水平提高了1 倍多。由于消费品的生产大大增加，就逐步取消了食品和日用品的配售制。

---

① 莫洛托夫：《第二个五年计划的任务》，载《论苏联社会主义经济建设》（高级组第四册），人民出版社 1954 年版，第 396 页。

苏联第三个五年计划是与逐步过渡到共产主义的要求相适应的,它的经济任务是:开始在经济上赶上并超过最发达的资本主义国家。这就是说,苏联按人口平均计算的工业品数量要赶上并超过最发达的资本主义国家,以便保证人民有最丰裕的消费品。

第三个五年计划是1938年开始的。当时,德国、意大利、日本等法西斯主义国家正在发动战争,其他帝国主义国家正在阴谋策动反苏战争。在这种形势下,苏联人民就不得不更注意国防,更迅速地发展重工业,把人民消费水平的提高只好放缓慢些。

第三个五年计划规定五年中要完成以下的重大任务:工业增加88%,其中生产资料增加103%,消费品增加69%;农业增加52%;国民收入增加80%;工人平均工资增加35%,农民货币收入增加70%。

第三个五年计划只执行了三年半,就因法西斯德国背信弃义进攻苏联而中断。1941年6月至1945年,苏联处于卫国战争时期。为了消灭法西斯强盗,国家集中了物力、财力和人力首先满足战争的需要。国家收入中用于军费的部分较战前增加了两倍,这就不能不减小国民收入中消费基金的比重,人民的消费就不能不受到很大的影响。

即使在战时,苏联工人的工资水平,尤其是后方新建重工业企业中工人的工资水平还是有所提高。但由于战争的破坏和适应战争的需要,1944年,消费品产量仅为1940年的54%,生产资料产量则为1940年的136%,减产后的消费品不能满足人民的需要。这时候,国家一方面又实行了食品和日用品的配售制(对于不同部门劳动者的配售标准各不相同)。为了保障人民的生活,无论商品生产成本如何增高,配售商品的价格始终保持在战前的水平上。除配售制外,工人和职员还可以用他增长着的货币收入,在国营商店以商业价格和在集体农庄市场以市场价格补充购买粮食和其他的消费品。另一方面,苏联人民缴纳的税款和购买的公债增加了,并且还有人自动捐献巨额的国防基金,把一部分的消费基金暂时变为积累基金。苏联人民忍受了如此巨大的牺牲,终于保卫住社会主义祖国,击溃了法西斯强盗。

战争使苏联工业的发展拖延了将近两个五年计划的时间。1946年开始的第四个五年计划的基本任务,就是要恢复遭受战争灾难的区域,使工农业生产恢复到战前的水平,并在很大程度上超过战前水平。这样,就不得不对人民消费水平的提高加以约束,以特别迅速地发展重工业。

第四个五年计划规定五年内比 1940 年增加的各种指标如下:工业增加 48%,农业增加 27%,国民收入增加 38%,并用逐步降低物价的方法提高人民的生活水平。

第四个五年计划各项主要任务在 1950 年度已大大超额完成。工业比战前增加了 73%,谷物总收获量比战前增加了 3.45 亿普特[①]。在这基础上,1947 年底就取消了食品和日用品的配售制,并开始连续降低消费品的价格。国民收入增加了 64%,职工和农民的收入增加了 62%。积累基金在国民收入中的比重为 76%,消费基金的比重为 24%。

由以上的说明可以看出,苏联共产党和苏联政府,无论在什么时候,都坚定不移地执行着在首先发展重工业的基础上提高人民生活水平的政策。写了完成社会主义工业化、实现对非社会主义成分的社会主义改造的艰巨任务,为了打击法西斯敌人,为了恢复被战争破坏的国民经济,苏联人民曾用适当约束消费的办法,来特别加速发展重工业。这情形可以从苏联几个五年计划执行结果中工业生产两大部类之间的对比关系上看出来。

苏联工业产品中生产资料生产增长与消费品生产增长之间的对比关系(以百分比表示)[②]如表 1-1 所示。

表 1-1　生产资料与消费品增长情况

年份	1932 年 (以 1918 年为 100)	1937 年 (以 1932 年为 100)	1950 年 (以 1940 年为 100)
生产资料	293	238	205
消费品	184	200	123

表 1-1 说明,越是在艰苦的时期里,生产资料增长的速度就越比消费品增长的速度快,人民生活水平的提高就越比生产的增长慢。

苏联人民恢复了为战争所破坏的国民经济之后,又向共产主义迈进了。根据向共产主义过渡的要求,1951 年开始的第五个五年计划的基本任务是:

[①] 俄罗斯的重量单位。1 普特=16.38 千克。——编者注

[②] 阿·别钦:《马克思再生产理论的基本原理对于社会主义经济的意义》,《经济译丛》1954 年第 1 期,第 98 页。

保证国民经济各部门的进一步发展以及人民物质福利、保健事业和文化水平的进一步提高。

第五个五年计划规定完成以下的重大任务：工业生产水平提高70％，其中生产资料增长80％，消费品增长65％，谷物增加40％—50％，各种原料作物增加40％—70％，肉类和油脂增加80％—90％，羊毛增加100％—150％，国民收入至少增加60％，职工实际工资至少增加35％，集体农庄庄员货币和实物收入至少增加40％。从这些数字里可以看出，生产资料增长的速度和消费品增长的速度比较接近，人民的生活水平也大大提高。

1953年，第五个五年计划的第三年，计划的执行有了很大的成就。但是，为了更好、更迅速地提高人民的生活水平，现有的消费品生产显然还要大力发展。从1925年到1953年，苏联整个生产资料的生产大约增加了54倍，消费品增加了11倍。过去由于首先集中力量发展重工业，就不可能以很高的速度来发展轻工业和食品工业；现在重工业有了相当基础，那么，在保持重工业优先发展的条件下，自然有足够的条件来加速轻工业的发展，以提高人民的生活水平。为此，苏联共产党和苏联政府提出了大大提高人民消费水平的任务，并作出了一系列相应的决议。

苏共中央和苏联部长会议在《关于扩大日用品生产及改进其质量的决议》和《关于扩大食品生产及改进其质量的决议》中分别规定：必须在两三年内尽量加速发展轻工业，扩大消费品的生产，要大大提前完成五年计划所规定的消费品生产任务。当前要大大增加织品、服装、鞋类、器皿、家具、其他文化用品和家庭用品的生产。若干重工业企业也要生产消费品。与扩大生产的同时，还要改进产品品质，以便更好地满足人们的需要。决议指出，在两三年内还要大大提高肉类和肉类制品、鱼类和鱼类制品、油类、糖、糖果糕饼、罐头及其他食品的供应量，大大提前完成五年计划中所规定的食品生产任务，并改进食品质量，使它更适合消费者的口味。

为了进一步发展轻工业、食品工业和急速提高人民消费水平，还必须相应地发展农业。1952年，苏联的谷物总收获量是80亿普特，足够人民的直接消费。以前认为最严重的谷物问题，已经胜利地解决了。但是农业生产的增长仍落后于需要的增长，畜牧业和生产马铃薯、蔬菜的部门尤其落后，这就妨碍了轻工业和食品工业的发展，使轻工业和食品工业的产品也不能满足人民日益增长的需要。

为此,苏共中央 1953 年 9 月的全体会议决定采取一系列经济的和政治的措施,来促进农业的发展;1954 年 2—3 月的全体会议又通过了《关于进一步扩大苏联谷物生产和关于开垦生荒地和熟荒地的决议》。决议规定在 1954 年与 1955 年两年内,开垦 1 300 万公顷的生荒地和熟荒地,在 1955 年要从这些土地上收获 11 亿至 12 亿普特的谷物。苏联人民热烈地响应了这个号召。同年 8 月,苏共中央和苏联部长会议检查了这一工作的进行情况后,又提出了追加的任务,规定到 1955 年至少再开垦 1 500 万公顷荒地。这样,1955 年苏联将有 2 800 万到 3 000 万公顷新开垦的土地来播种谷物和其他农作物。这些土地最低限度能出产 18 亿普特的谷物。苏联增加了谷物生产以后,不仅能够满足人民的消费,可以保证出口和建立必要的储备,而且可以利用一部分谷物作为牲畜的饲料,增加猪和其他牲畜的头数,这就是说,可以把谷物变成肉类、奶类和毛皮,以满足人们的需要。最后还可以把一部分种植谷物的土地用以改种其他作物,如棉花、甜菜等。根据科学的计算,苏共中央 1955 年 1 月全会,提出了要在 1960 年以前把谷物年产量增至 100 亿普特,把畜牧业的重要产品增加两倍或两倍以上。赫鲁晓夫同志说:"我们必须给自己提出这样一个任务,就是使食品消费达到以科学为根据的、一个健康的人全面协调发展所需要的营养标准的水平。"[①]现在已经开始执行这个任务。

除此以外,苏联政府还相应地采取了种种财政经济措施,使工人、职员和农民的实际收入迅速增加。1951 年,国民收入增加了 12%,职工与农民的实际收入增加了 10%;1952 年,国民收入增加了 11%,职工实际收入增加 7%,农民实际收入增加 8%;1953 年,国民收入增加 8%,职员和农民的实际收入增加 13%。国民收入中消费基金的比重稍微增加一点,积累基金的比重就稍为减小一点。1954 年,国民收入增加 11%,工人、职员和农民实际收入增加 11%。

由于加速消费品的生产,1953 年,苏联消费品生产增长的速度略微超过了生产资料生产增长的速度。为了进一步提高人民消费水平,为了保证社

---

① 　赫鲁晓夫:《关于进一步发展苏联农业的措施》,人民出版社 1954 年版,第 68—69 页。

会生产的两大部类达到正确的配合,在某一个时期内使消费品生产增长得比生产资料生产快些,这是可以的。第二个五年计划原来的规定也是如此。

但有些经济学家由此认为,在过渡到共产主义时期,应该让消费品生产增长的速度超过生产资料生产增长的速度,仿佛只有这样才符合社会主义基本经济规律的要求。这是完全错误的。赫鲁晓夫同志对这种意见作了这样的批评:"这些可怜的理论家错误地理解社会主义基本经济规律并把它庸俗化,企图引用这个规律来证明,到了社会主义建设的某一个阶段,发展重工业就不再是主要任务了,而轻工业则可以而且必须比其他一切工业部门优先发展。这种见解是非常错误的,是反马克思列宁主义的。……只有在发展重工业和全国电气化的基础上,我们才能做到在国民经济的一切部门中广泛采用最新的技术,才能有计划地提高劳动生产率。只有在重工业高度发展的基础上,我们才能愈来愈快地用现代技术来装备农业。只有在重工业既得成就的基础上,我们才能做到进一步发展轻工业、食品工业和其他工业,才能做到发展农业。"[1]由此可知,只有保证重工业的优先增长,才能促使消费品生产迅速地发展,以便最大限度地满足人们经常增长的需要。这才是社会主义基本经济规律的要求。

四、生产不断增长,人民生活水平不断提高

社会主义基本经济规律决定要不断地扩大生产,来提高人民的消费水平。人民消费水平的不断提高,又促进生产的不断发展。

社会主义生产增长取决于以下四个因素。

第一是生产领域中劳动数量的增加。在其他条件不变时,物质资料的产量随着生产它的劳动数量增加而增加。大家知道,在社会主义制度下,劳动者的工作时间不是在延长而是在慢慢地缩短,劳动者的劳动强度也不是在增加而是在慢慢地减轻,这样,要增加生产领域中的劳动数量,就要增加物质生产部门中劳动者的人数。精简行政管理人员、使其转入物质生产部

---

[1] 赫鲁晓夫:《关于增加畜牧业产品生产》,《人民日报》1955 年 2 月 22 日。

门固然是增加劳动者人数的一种办法,但最根本的办法还是增加劳动者的绝对量,归根结底地说,就是要增殖人口。只有很好地提高劳动者的物质生活,人口的增殖率才能提高。1926年至1939年,苏联人口平均每年约净增200万人,即1.23%。同一时期,美国为0.67%,英国为0.36%,法国仅为0.08%。最近几年,苏联人口每年净增300万人以上。这是人民物质生活水平大大提高的结果。

第二是劳动生产率的提高。劳动生产率提高了,就可以在同样劳动时间内增加物质资料的产量。劳动生产率取决于许多因素,其中最重要的是技术水平和劳动者劳动的熟练程度。只有随着生产的发展提高劳动者的生活水平,他们才会自觉地关心生产过程,关心技术革新,才能掌握高度的技术;只有很好地提高劳动者的物质和文化生活水平,提高他们的教育程度,才能提高他们的劳动熟练程度。社会主义按劳取酬的分配原则将劳动者的消费量和他对社会贡献的劳动直接联系起来,这就能促进技术革新、提高劳动熟练程度,促进生产的发展。

以上两点说明,只有不断地提高劳动者的生活水平,才能促进生产的发展。

第三是对物质资料节约的程度。越是厉行节约,同量的物质资料就能生产更多的产品。社会主义经济核算制和劳动报酬中的奖励制度,使劳动者从物质利益上关心节约。劳动者既然清楚地看到,节约物质资料不仅能为社会创造更多的产品,也能够增加自己的劳动收入,劳动者就会关心节约物质资料,这就成为促进生产发展的因素。

第四是生产资料的增加程度。劳动数量和劳动生产率的增加与提高,要求生产资料的数量也有相当的增长。节约生产资料的耗费固然重要,但是,最重要的还是增加生产资料的绝对数量,也就是要增加积累。积累的增长取决于国民收入的增长和国民收入中积累基金所占的比重的增长。生产的扩大使国民收入增长。从生产和消费两方面的长远利益出发所制订的国民经济计划,确定了每一时期中积累基金和消费基金的对比。社会主义国家预算保证积累基金首先用来发展生产资料的生产,因此,扩大再生产就能顺利地进行。

由此可见,促进社会主义生产发展的因素与人民的消费有很密切的关系,人民消费水平的适当提高能促使社会主义生产向前发展。

苏联虽然遭受过两次战争的破坏,生产增长的速度还是很高的。1953年,大工业总产量为1913年的30倍,其中生产资料产量为50倍,消费品产量为14倍。1952年,农作物总产量为1913年的2.2倍。1953年,国民收入为1913年的13倍。

劳动生产率和国民收入的迅速增长,是人民消费水平提高的基础。社会主义国家人民的生活水平是根据国家的国民经济计划逐步提高的。以下我们将分五点来说明苏联人民生活水平提高的情形。这五点中的前三点,除说明苏联人民生活水平提高的情形外,并着重指出:在社会主义制度下,促进生产增长的因素同时也是促进劳动者收入增长的因素。

第一,在社会主义经济制度下根本没有失业现象,日益增长的生产保证每个有劳动能力的人都找到适合的工作。苏联宪法规定苏联公民有劳动的权利。苏联职工人数从1928年底的1 080万,增为1954年的4 700万人。这样就大大提高了每一个家庭的收入。

第二,劳动者的收入随着自己的文化技术水平、劳动熟练程度的提高而提高。按照工资等级制度的规定,工人劳动的熟练程度越高,他的级别就越高,工资也就越高。全体工人劳动的熟练程度普遍提高了,熟练劳动者在劳动者中的比重增大了,工人的平均工资也就提高了。按照集体农庄按劳动日分配的规定,庄员的劳动熟练程度越高,所得到的劳动日数量就越多。全农庄的劳动生产率普遍提高了,每个劳动日所包含的实物和货币的数量也就增加,庄员的收入也就普遍增加。

第三,在劳动生产率不断提高的基础上系统地降低物价,是提高人民收入的重要方法,也是促使生产合理化的重要方法。自第二次世界大战结束至1954年,苏联日用品的零售价格已降低了七次,价格的总水平差不多降低了56.5%。这就是说,现在以43.5个卢布,就能购买从前值100卢布的日用品。在降低物价时,工业品价格下降的速度大于农产品价格下降的速度,这样就能彻底消灭历史上遗留下来的工农业产品价格的"剪刀差"问题,使农民收入增长的速度大于工人收入增长的速度,使工人、农民的生活水平逐渐接近,使工农联盟更加巩固。

第四,国家对社会文化设施(包括教育和文化、保健和体育、社会保障和社会保险)支出的不断增加,在提高劳动者物质生活和文化生活方面有很大的作用。苏联对这方面支出的增长速度超过了整个国家预算支出的增长速度。第四个五年计划和第一个五年计划相比,用于前者的支出增加了44倍,而后者才增加了19.7倍。苏联公民有受教育的权利。目前,国家实行了7年至10年的免费国民教育。高等学校优等生由国家发给津贴费。1914年,沙俄中等学校学生共70万人,高等学校学生共11.7万人;1953年的苏联,前者增为2 140万人,后者增为156.2万人。苏联公民有休息的权利。国家除了逐渐缩短工人职员的劳动时间外,每年还给他们以保留原薪的休假,设立了许多疗养所、休养所和俱乐部供劳动者享用。苏联年老、患病及丧失劳动能力的公民,享有物质保证的权利。年老者有养老金,患病者由国家免费医治,残废者有抚恤金。国家特别保护母亲及其子女的利益。多子女母亲及单身母亲有补助金,妇女产前产后有保留原薪的休假。由于国家用在以上各方面的支出年年增加,劳动者享受到的福利也就年年提高。目前苏联职工由这方面得到的收入,平均计算约等于他们货币工资的1/3。

在苏联,国家每年对社会文化设施的支出,偿还公债的支出,在预算中作为降低物价的支出,合起来超过了人民每年向国家缴纳的税款和购买的公债,这就是说,人民从预算中得到的收入大于他们向预算的缴纳。这也是提高人民生活水平的重要方法。第五个五年计划的头四年,人民的收入和国家对社会文化设施的支出尽管大大增加,而国家发行的公债额却绝对地减小,农业税总额亦绝对地减小。这样,人民从预算获得的收入就大于向预算的缴纳。这两者间的差额,1952年为610亿卢布,1953年为1 300亿卢布,1954年为1 750亿卢布。

第五,在提高人民生活水平上有重大意义的是居住条件的改善。苏联国家预算对国民经济的拨款包括了对住宅事业的支出。由于土地是国有的,建筑住宅是为了满足人们的需要,因而房租是很低廉的。第二次世界大战后,苏联有5 000万公民获得了设备完善的新住宅。第五个五年计划规定,国家对住宅方面的基本建设拨款比第四个五年计划增加一倍。

由以上几个因素的综合作用,1953年,苏联职工实际工资大约比革命前提高了五倍。

人民生活水平的提高,使零售商品流转额大大增加。1954年,苏联的零售商品流转额比1950年增加了80%。商品流转的结构亦大大改善,即工业品和贵重日用品所占的比重不断增加。1940年,苏联工业品在商品流转总额中占36.9%,1953年增为45.3%。1954年,苏联肉类销售量比1940年增加1.8倍,毛织品增加2倍,丝织品、钟表、自行车、收音机等的销售量大大增加,但还不能满足日益增长的需要。

日益增长的消费不断向生产提出了要求。每个时期内社会主义生产达到的水平和群众迅速增长着的需要之间的非对抗性的矛盾,是促进生产与消费新的高涨的动力。这种矛盾是用进一步发展生产的方法来解决的。

社会主义的生产和消费就是这样相互作用而不断向上增长的。

第四章　我国第一个五年计划时期生产和消费的问题

人民对消费品的购买力增长的速度超过了消费品生产增长的速度,是我国当前生产和消费对比关系中最突出的问题。

我国现在有三种性质不同的生产资料所有制,因而也有三种性质不同的生产和消费的关系。由于社会主义基本经济规律不仅直接在社会主义经济中发生作用,而且也在整个国民经济中发生重大的影响,由于对非社会主义经济成分进行社会主义改造,由于党和政府的正确的政策,我国物质资料的生产是不断增长的,人民的物质和文化生活水平是逐步提高的。

在经济恢复时期,物质资料的生产,尤其是消费品的生产,和人民对消费品的需要大体上是适合的,没有发生过重要消费品供不应求的现象。其所以如此,原因有两点。第一,因为恢复时期生产增长得很迅速。1949年,全国工业产量较历史上最高水平减少了将近1/2,农业产量比抗日战争前下降了1/4。但在1952年,工业生产中除个别产品外,普遍都超过了历史上最高水平,其中棉布超过60%,面粉超过6%;农业中粮食产量超过抗战前水平9%,棉花超过52%。第二,1949年前几年工农大众的生活水平特别低下,恢复时期虽然提高得十分迅速(如国营企业职工工资增加了60%—120%),但同生产比较起来,这个水平还不是太高的。由于这两个原因,人民对消费品的购买力的增长还不会超过消费品生产的增长,因而就没有发生消费品供不应求的现象。

随着第一个五年建设计划的开始,情形就不同了。

我国第一个五年计划的基本任务是:集中主要力量进行以苏联帮助我国设计的156个单位为中心的、由限额以上的694个建设单位组成的工业建设,建立我国的社会主义工业化的初步基础。这与苏联在第一个五年计划时期就完成了社会主义工业化的情形是不同的。这一方面说明我国的经济技术基础比当时的苏联还要落后,工业化的任务更为艰巨;另一方面也说明我们还没有足够的物质力量来发展轻工业和农业。人民生活水平的提高就不能很快。

依照我国第一个五年计划的基本任务,我们要发展部分集体所有制的农业生产合作社,并发展手工业生产合作社,建立对于农业和手工业的社会主义改造的初步基础。在第一个五年计划期间内,我国农业虽然可以基本上实现半社会主义的合作化,但由于工业还没有相当基础,农业还不能全面实行机械化,而只能作初步的技术改良。这与苏联在对农业进行社会主义改造时,集体化和机械化同时进行的情形不同。因此,农业产量就不可能增加得很多。

依照我国第一个五年计划的基本任务,我们要基本上把资本主义经济分别地纳入各种形式的国家资本主义的轨道,建立对于私营工商业的社会主义改造的基础。这与苏联第一个五年计划时期内城乡资本主义已接近消灭的情形是不同的。私营工商业的存在,一方面固然可以发展生产,供应人民以消费品,但另一方面又会盲目经营、投机倒把,对国计民生产生破坏作用。

由以上的说明,就不难看出我国第一个五年计划时期生产和消费的关系的特点。

我们先看生产增长的情形。1957年比1953年,我国的工业总产值将增长98.3%,农业及其副业的总产值将增长23.3%。五年内,工业基本建设的投资中,制造生产资料工业的投资占88.8%,制造消费资料工业的投资占11.2%(1953年和1954年两年中,国家对重工业的投资占工业投资总数的82.2%,轻工业占17.8%)。重工业的迅速发展是我们国家富强独立、人民生活幸福的物质基础。但它并不直接生产消费品。生产消费品的轻工业虽然发展了,但比较缓慢。特别值得注意的是供应粮食和轻工业原料的农业生产的情形。如前面说过的,五年内,我国的农户约有1/3组织到现有的初级形式的农业生产合作社里来,五年内,可对农业实行初步的技术改良,这样能使粮食的产量达到3 856亿斤,比1952年增长17.6%。1953年和1954年两年中,由于严重的自然灾害,我们的农业增产计划没有完成。1955年比

1954 年计划增产粮食 200 亿斤，即增加 6％。1954 年的棉花产量略低于 1952 年，1955 年比 1954 年计划增产 450 万担①。我国目前有些轻工业由于原料不足，还不能充分发挥它的生产能力。农业生产的增长特别缓慢，使农产品和部分以农产品为原料的轻工业品显然不能满足人民日益增长的需要。

　　人民对消费品的需要情况是怎样的呢？由于国家正在进行以重工业为中心的国家社会主义工业化，发展文化教育事业，国家在工业建设上的投资一天天扩大，因此，劳动就业人数也一天天增加。1953 年，全国职工人数比 1952 年增加了 15％。职工的平均工资又有适当的提高，于是，工资基金迅速增大，人们对消费品的购买力就增加了。恢复时期农民的收入本已大有增加，现在，随农副业生产的增加，国家必须向农村收购大量的土特产品，组织出口，换回机器，支援重工业建设。扩大土特产品的收购数量固然增加了农民的收入，但重工业并不能马上向人民提供大量的消费品，于是，农民购买力增长的速度也要超过消费品生产增长的速度。1953 年，农村居民的购买力比 1950 年增加了 76％。农民除了扩大对生产资料的需要外，也扩大了对消费品的需要。随着国家经济建设的进行，私营工商业者收入增加，也扩大了对消费品的需要。人民对消费品的购买力增加得如此迅速，以致它的速度超过了消费品生产增长的速度，若干日用消费品有供不应求的现象。

　　前面说过，粮食的产量已超过战前水平。近两三年来，虽然产量增长较慢，但毕竟还在不断增长。商品粮食在增加，但也很慢。1953 年粮食年度，农民出卖的商品粮食增加了 7.92％，人们对粮食的需要却增加了 25％（随着工业化的进行，城市工矿人口增加了，生产原料作物的农民增加了，对粮食的需要也就增加）。这就是 1953 年开始发生的粮食供应情况紧张的根本原因。部分粮商的非法活动，使问题更加严重。

　　1936 年是中华人民共和国成立前棉布产量最高的一年。那一年全国人民平均得到的棉布为 13 尺②，而 1953 年就增为 23 尺。棉布生产是大大增加了，但棉布的销售增加得更快：1951 年的产量比 1950 年增加 19％，而销售

---

　　①　全称"市担"，市制重量单位。1 担＝100 斤＝50 千克。——编者注
　　②　全称"市尺"，市制中的长度单位。1 尺＝0.1 丈＝10 寸＝1/3 米。——编者注

量增加了 31％；1953 年的产量比 1952 年增加 27％，而销售量增加了 47％；1950 年的产量是 7 000 多万匹，销售量是 5 000 多万匹；1953 年的产量是 1.4 亿多匹，销售量是 1.3 亿匹。这就是说，国家棉布的库存量虽然还充裕，但是产量增长的速度显然落后于需要增长的速度。如果不"未雨绸缪"，及早取消自由市场，实行统购统销，棉布的供应也会因私商的盲目经营造成紧张状态的。

我国油料作物的产量虽然还没有达到抗战前的最高水平，但 1949 年以来年产量每年都是增加的，只是需要增长的速度更快，因此油料的供应情况也很紧张。

其他副食品的产销情况也大致一样。

因此，把我国目前若干消费品的供不应求的原因归于这些消费品生产量的减少，是不合乎事实的。1949 年前之所以没有发生过这种现象，并不是由于那时的生产水平比现在高，而是由于那时的消费水平太低的缘故。

同时，把我国目前若干消费品的供不应求的原因归于国家对这些消费品出口过多，也是不合乎事实的。这里，我们且不去谈组织物资出口对于支援国家工业化的重大意义，不谈今日出口贸易和 1949 年前的出口贸易在本质上的不同，这里，只要从一些实际的数字就可看出，国家为了保证人民的需要，对于粮食、油料、肉类的出口数量是有限的。1950 年到 1953 年四年中，粮食出口量平均每年 31 亿斤，仅比 1927 年到 1930 年平均每年的出口额多 8 亿斤。这数字在 1949 年后每年粮食增产数量中所占的比重是不大的。油的出口量比 1927 年到 1930 年每年平均出口量还要小些。既然现在粮食、油料的出口量和战前差不多，既然在国民经济恢复时期也有过相当数量粮食和油料出口，可是那时都没发生供不应求的现象，而建设时期就发生了这一现象，可见原因并不在于出口。

从以上所引用的材料及分析中可以清楚地看到，我国目前某些消费品供不应求的根本原因不是别的，而是人民对这些消费品需要增长的速度超过了这些消费品生产增长的速度。人民的需要之所以增长得如此迅速，是因为国家正在实行以重工业为中心的大规模经济建设，大大提高了人民购买力的缘故；消费品的生产之所以增长得比较慢，是因为国家必须首先发展重工业，轻工业生产只能相应地发展的缘故；若干消费品之所以供不应求，是因为农业以及以农产品为原料的轻工业的生产,受到小农经济的限制,在增产速度上赶不上人民购买力增长的速度的缘故。这是一个落后的农业国在实行社会主义工业化过程中必然要发生的现象。随着社会主义工业化的进展,随着小农经济的被改造,问题就可逐步获得解决。因为重工业有了相当基础以后,就能加速轻工业的发展,就能改造农业并加速农业的发展,就能生产更多的消费品以满足人们的需要。这情形就和当时的苏联一样。

但是,要彻底解决这一问题,还要经过相当长的时间。在这时间内,为了保障人民生活和经济建设,为了对农业和资本主义工商业实行社会主义改造,国家便先后实行了对粮食、食油、棉布的计划收购与计划供应,由国家把收购来的粮食、食油、棉布等按时、按量有计划地供给消费者。随着我们生产的消费品的增长,计划供应的数量也将逐步增加。生产大量增长以后,计划供应将来一定也会取消。但是计划收购这个政策,今后还要继续实行下去。因为它是使农民免受剥削的社会主义步骤。

为了实现国家第一个五年计划,我们应该学习苏联人民艰苦奋斗的精神,努力生产,厉行节约,适当约束自己的消费,服从国家计划。我们应该将节省下来的货币认购国家公债或者储蓄起来。我们应该以目前的利益服从长远的利益,以个人的利益服从集体的利益。这样才能把发展生产和提高生活水平这两个要求很好地统一起来。

结　论

　　人们生产物质资料,归根结底是为了满足自己的消费。生产增长了,消费才可能提高;消费增长了,生产才能进一步发展。在不同的社会制度下,生产的直接目的是不同的,生产和消费的联系是不同的,生产和消费发展的规律性也是不同的。

　　资本主义生产的目的是利润,达到这一目的的手段是残酷地剥削劳动人民,消费只有在保证资本家取得利润的前提下才是需要的;社会主义生产的目的是满足人的需要,达到这一目的的手段是以高度的技术来发展生产,生产是直接为消费服务的。

　　资本主义制度下劳动者的消费由劳动力的价值规律决定。不论生产如何增长,劳动者在最好的情况下只能维持起码的生活;社会主义制度下劳动者的消费不是由劳动力的价值而是由劳动者贡献给社会的劳动的质与量决定的,因此它不为一个不变的最高点所限制,而是随着生产的增长而增长的。

　　资本主义生产的发展是由追逐利润所引起的。随着生产的发展,劳动者的消费不仅相对地而且绝对地下降;资本家的财富越来越大,寄生性的消费日益增长。社会主义生产增长是由满足人们的需要而引起的。生产增长是劳动者消费提高的基础,促进生产增长的因素同时也促进劳动者消费水平的提高;随着生产的增长,劳动者个人的收入增加了,国家为满足劳动者共同需要的支出也在增加。

　　生产扩大和消费相对下降之间的矛盾,是资本主义生产过剩经济危机的基础。经济危机是资本主义生产和消费发生冲突的形式,同时又是使生产与消费之间的矛盾暂时获得解决的办法。资本主义是通过经济危机大量破坏生产力来达到生产和消费间的平衡的。只有经济危机削弱了生产力,生产才能继续进行。社会主义生产和消费之间的对比关系是由国民经济计划决定的。国家根据当前的政治经济情况,从生产和消费的长远利益出发,确立每一计划时期生产和消费的对比关系,使目前利益服从长远的利益,使生产和消费彼此协调起来。只要保证生产资料生产的优先增长,就能迅速扩大消费品的生产,就能不断提高人民的生活。

由于劳动者消费的下降,资本主义的生产日益衰退。帝国主义时期劳动者的物质生活状况更加恶化,资本主义生产更有停滞不前的倾向。在社会主义社会,劳动者消费水平不断提高推动社会主义生产不断增长,社会主义生产进一步的发展又促使劳动者消费水平进一步提高。

资本主义的生产和消费因矛盾而引起的冲突,将随无产阶级社会主义革命的胜利而告结束,社会主义的生产和消费将日益向上发展。

第二部分

社会经济史

（本部分内容根据陈其人先生著、复旦大学出版社 2005 年 3 月出版的《陈其人文集——经济学争鸣与拾遗卷》一书中的"第六部分：社会经济史"校订刊印）

引　言

自然条件在社会发展中具有重要的作用。由它制约的农村公社的消灭和存在,西方和东方不同,由此又决定它们的发展不同,即前者较易进入资本主义社会,后者则否。这涉及马克思的亚细亚生产方式理论应如何理解的问题。

这里收入的《里查德·坎蒂隆的经济思想——一种以分析土地关系为基础研究社会经济形态的理论》这篇文章,是分析英国从封建领主经济过渡到资本主义经济的各种经济形态的。它也可收入经济学说史部分①。我现在这样做,是为研究中国半封建半殖民地的经济形态提供方法。具体地说,是试图解决先师王亚南教授遇到的困难。

---

① 此处是指原书《陈其人文集——经济学争鸣与拾遗卷》的第七部分。——编者注

一、农村公社发展的辩证法

——恩格斯关于农村公社的论述[①]

农村公社理论是马克思主义两位创造者共同提出的。如果说,马克思对此的主要贡献是论述:农村公社的二重性或过渡性;农村公社中的私有制如何发展为三种继起的私有制社会;仍然大量存在着农村公社的第一个私有制社会就是亚细亚生产方式;农村公社的大量存在使社会发展迟缓;在特定历史条件下农村公社有可能直接过渡到共产主义社会,这个社会就是高级的新型的农村公社。那么,恩格斯对此的主要贡献则是论述:亚细亚生产方式是奴隶制社会两种形式中的一种;农村公社私有制产生的意识,在第一个私有制的社会即罗马社会中集中地表现为罗马法——这是以私有制为基础的法律的最完备的形式;罗马奴隶制社会的矛盾导致它灭亡,而它自身不能解决矛盾,是灭亡罗马的处于氏族社会或农村公社阶段的日耳曼蛮族,以其氏族或公社的原则使欧洲社会获得新鲜的血液;在封建制度内部开始产生、而在资本主义制度下起着调节生产作用的平均利润规律,其历史根源就是农村公社的平均主义原则;农村公社直接过渡到共产主义的社会条件。本文主要论述恩格斯的理论。由于他的理论有些是对马克思有关理论的发展和补充,需要时我们也谈到马克思的理论。

(一)

亚细亚生产方式是马克思在《政治经济学批判》(1859)的《序言》中提出来的,将它作为几个继起的社会经济形态中的第一个。他说明排在末尾的

---

① 原书注"载《复旦学报》,2000 年第 1 期",但实际未见此文。陈其人先生在《复旦学报(社会科学版)》1999 年第 6 期发表有《农村公社在社会发展中的作用——马克思和恩格斯关于农村公社的论述》一文,内容上有部分重合之处。——编者注

资本主义生产方式是最后的对抗形态,意即他论述的是几个对抗的生产方式。他在论述亚洲社会的典型即印度时,详细描绘了印度(农村)公社已经存在着种姓(由社会分工引起的最初的阶级分化),以及在它们之上存在着中央专制政府的情况。他在其最重要的著作《资本论》中,多次将古希腊、罗马同古亚细亚相提并论:这一切说明在马克思的心目中,亚细亚生产方式不可能是无阶级的原始社会。但是,到底是什么他没有说明。

恩格斯解决了这一问题。早在1853年,他在给马克思的信中,就论述了印度(农村)公社和中央专制政府的存在,同自然条件恶劣、农业生产需要人工灌溉有关。同年马克思论述英国在印度统治的论文就引用了恩格斯这一观点。那时他们都认为自然条件恶劣是印度(农村)公社产生,而不是它不易解体的原因。其后,恩格斯在《反杜林论》中,论述国家的几个历史形态,即古代是占有奴隶的公民的国家、中世纪是封建贵族的国家、现在是资产阶级的国家时,将亚细亚国家排除在外,尽管它存在着中央集权的专制政府,这意味着他认为:亚细亚国家不像上述国家形态是属于相应的独立的生产方式的政治上层建筑那样,它不是一种独立的生产方式所产生的国家形态,换言之,已经暗含着认为亚细亚生产方式不是一种独立的生产方式的思想。在《自然辩证法》中,恩格斯提到东方家庭奴隶制:"家奴制是另一回事,例如在东方:在这里它不是直接地,而是间接地构成生产的基础……"①这种东方家庭奴隶制的思想,在他为执行马克思的遗言而写的《家庭、私有制和国家的起源》中,就发展为是两种奴隶制之一:古代(希腊、罗马)的劳动奴隶制和东方(印度、中国等)的家庭奴隶制②。但是,后者是怎样产生的,还没有回答。他最后是在1887年写的《英国工人阶级状况》美国版的《序言》中解决了这个问题的。他说:"在亚细亚古代和古典古代,阶级压迫的主要形式是奴隶制,即与其说是群众被剥夺了土地,不如说他们的人身被占有。"③这就是,东方的农村公社虽然产生了剩余生产物,但由于自然条件的制约仍不会解体,于是那些在争夺优良自然条件的战争中遭到失败的,就整个公社沦为集体的奴隶,即向胜利者提供贡纳。因此,家庭奴隶制不是说奴隶在奴隶主家

---

① 《马克思恩格斯全集》(第二十卷),人民出版社1971年版,第676页。
② 《马克思恩格斯全集》(第二十一卷),人民出版社1965年版,第178页。
③ 同上书,第387页。

里当奴仆,不在田野从事物质生产劳动,而是在公社内整个家庭成为奴隶,以家庭为单位提供贡纳。

这里要指出的是,恩格斯最后是根据马克思区分生产方式的方法得出这结论的。马克思说:"不论生产的社会形式如何,劳动者和生产资料始终是生产的因素,……实行这种结合的特殊方式和方法,使社会结构区分为各个不同的经济时期。"①又说:奴隶这种劳动力是靠战争、海上掠夺才不断得到的;这种掠夺是通过直接的肉体强制,对别人劳动力实行实物占有。恩格斯说的两种奴隶制,都是对别人土地和人身的占有,所以具有相同的本质,只是形式不同。

(二)

农村公社公有制的原则是平等,在这条件下由私有制产生的意识,就是私有者之间的平等;它上升为法律的基本原则后,由此产生的具体法律,对于完善和巩固私有制起了巨大的作用。

恩格斯指出,在最古的自发公社中,最多只谈得上公社成员之间的平等,妇女、奴隶和外地人自然不在此列。妇女的地位之所以如此,是由于这时农村公社中剩余生产物已大为增加,男性在生产中的作用日益重要,他的财产要由其确实无疑的子女来继承,这就要改为实行父权制。妇女只能有一个丈夫,违者丈夫可以将她处死;而丈夫却可以有一个以上的妻子。在希腊人和罗马人那里,人们的不平等要比任何平等受重视得多。如果认为希腊人和野蛮人、自由人和奴隶、公民和被保护民、罗马的公民和罗马的臣民(指广义而言),都可以要求平等的政治地位,那么这在古代人看来必定是发了疯。在罗马帝国时期,所有这些区别,除了自由民和奴隶的区别外,都逐渐消失了。这样,至少对自由民来说产生了私人的平等,在这基础上罗马法发展起来了,它是我们所知道的以私有制为基础的法律的最完备的形式。

邓初民在《社会史简明教程》中评论罗马法的历史意义时指出说,罗马征服了那时的全世界,统一了复杂无比而且充满矛盾的广大地方和众多的民族。为了维系这个庞大的帝国,它就缔造了规范的体系,这就是罗马法这

---

① 《马克思恩格斯全集》(第二十四卷),人民出版社1972年版,第44页。

一精神产品。在这里我们要指出的是,罗马法的精神和原则是彻底的私有财产原则。这是因为在奴隶社会已有了商品经济,商品经济的基础是生产资料的个人私有,例如农民私有其农具和土地,奴隶主私有其土地、农具和当作工具的奴隶。在家庭关系上,夫对于妻、父对于子,也是完全的或有限制的私有,就是说,夫可以卖妻杀妻,对子亦然。原因前面已说过了。罗马法就是这种秩序在立法上的表现。在被罗马征服因而施行罗马法的地方,它就成为以私有财产的精神和原则改造社会关系的重要工具。

从上述可以看出,体现在罗马法中的奴隶社会私有原则是最彻底和完备的。它不仅对物质资料实行私有,而且一部分人对另一部分人也实行程度不同的私有。这种私有是农村公社二重性中的私有制和阶级压迫的发展。从社会史看,这是范围最广的私有制——不仅私有物质资料,而且私有人。

其后这个范围就缩小了。对人逐渐变为不能私有,但对物质资料的私有则向两方面发展:一方面是深化,即在物质资料私有的基础上,产生出资本化的私有权,例如,有价证券、商标和名誉等的私有;另一方面是资本私有权在形式上的社会化,例如,信用和股份公司,即个人可以使用属于别人的货币和资本。随资本主义矛盾的深化,这最终导致生产资料的公有制。

(三)

恩格斯认为,氏族或农村公社中的自由、民主原则以及妇女仍然保有的崇高地位和人们的血缘关系,总之,是野蛮人的精神,在封建社会取代奴隶社会时,给封建社会输入了新鲜的血液。

奴隶制社会由于必然发生的矛盾就衰落了。对生产毫无兴趣的奴隶必然要释放。但是奴隶社会的意识却认为,从事物质生产劳动只是奴隶的事情;而现在奴隶都自由了,因而这个社会也就没有人从事物质生产劳动了。这就是说,奴隶制社会自己是没有出路的。恩格斯认为:解决这个危机的是处于氏族或农村公社阶段野蛮人的入侵;在罗马奴隶制社会荒芜的城乡中产生的新社会之所以充满生机,是由于征服罗马的日耳曼人的野蛮性。

鉴于有些历史著作对灭亡罗马时的日耳曼人社会组织的分析颇为混乱,这里有必要谈一谈恩格斯的看法。他认为,公元1世纪日耳曼人开始对罗马渗入时,是处于氏族制度阶段。氏族的迁移过程长达数百年,因而其组织就逐渐松懈,不同血缘的氏族就成为邻居,就是说组成地域性的公社。恩格斯说:日耳曼人居住在罗马时代被他们渗入的以及后来他们从罗马人那里夺取的土地上,不是由村落组成,而是由包括许多世代的大家庭公社所组成,这种大家庭公社耕种着相当大的地带,又和他们的邻居一起,使用四边的荒地,像一个共同的公社。① 5 世纪日耳曼灭罗马,将罗马 2/3 的土地,拿来自己分配,作为奖赏。分配是依照氏族制度的秩序进行的;由于征服者的人数比较少,广大的土地未被分配,部分地归全体人所有,部分地归各个部落和氏族所有。各个民族用抽签方法,将耕地和草地平均分配给各户。个别份地变为可以出让的私有财产。森林及牧场未被分配,而归公共使用;它们的使用,以及所分得的耕地的耕种方式,是由古代的习惯及全体公社的决定来调整的。氏族在它的村落里住得越久,日耳曼人与罗马人就越趋于融合,联系中的血族性质就越消失,而地域的性质就越加强;氏族在马克公社中消失了,但在马克公社内成员之间原先的亲属关系的痕迹还是显著的。② 很清楚,这样的社会组织,不管名称有无变换,已经是农村公社了。恩格斯还指出:日耳曼人曾按氏族(genealogiae)住在多瑙河以南的被征服的土地上。这里使用的 genealogiae 一词,与后来的马克或农村公社的意义完全相同。由于这样,我们就应将恩格斯关于日耳曼氏族制度对欧洲历史促进作用的论述,看成是关于农村公社(马克公社)某种意识之作用的论述。

恩格斯指出:使欧洲返老还童的,并不是日耳曼的特殊的民族特点,而只是他们的野蛮性,他们的氏族制度。这有以下几方面:他们个人的才能、勇武、爱好自由,将一切公共事务看作自己事务的民主主义,以及将生产看作是生活的一部分的本能。在氏族内部,并没有权利和义务的差别。例如,参加公共事务,实行血族复仇或接受赎罪,吃饭、睡觉和打猎,是权利还是义务? 这类问题对印第安人来说,是荒诞的,正是这种意识,使日耳曼人取代罗马奴隶社会而建立的封建社会,恢复了生机。他们母权制时代的残余,革新了古罗马的一夫一妻制、缓和了男子在家庭中的统治权,给予妇女比古代

---

① 参见《马克思恩格斯全集》(第二十一卷),人民出版社 1965 年版,第 161 页。
② 同上书,第 171—172 页。

世界任何时期所能有的更高的地位①。他们保存了一部分采取了马克公社形式的真正的氏族制度，并将它带到封建国家内，从而使被压迫阶级，即农民阶级，甚至在中世纪农奴制度的最残酷的条件下，具有能够形成地方性的团结及进行抵抗的手段，就是说，农奴虽然是个体劳动者，在生产中互不联系，但是氏族制度血缘关系的残余，使他们自然地按地区团结起来，对领主进行抵抗。从这方面看，无论是古代的奴隶阶级还是现代的无产阶级，都没有这种现成的武器。

最后这一点，我认为十分重要。过去，我们研究中世纪的农民战争，显然没有考虑这样的问题：同奴隶和工人从事的是大生产，在生产中自然就发生联系，生产条件本身就将他们团结起来不同，农奴和农民是个体生产者，彼此在生产中不发生联系，他们怎么能团结起来进行斗争呢？恩格斯这里论述的氏族制度的残余，即血缘关系对他们起了团结的作用。中国的太平军就是这样。他们的重要将领和大多数士兵，都是从中原南迁到两广的客家人，多半按同姓关系，数十乃至百余户住在一座庞大的土楼或称围屋里，每家住房结构和面积都相同。在漫长的中国封建社会里，住宅都是分等级的，唯独它们是绝对平均主义的。我个人认为，这是农村公社的残余。现在，闽西、赣南、粤东一带，仍存在着这种建筑和社会组织。

（四）

马克思认为，在资本主义自由竞争充分展开条件下，由价值和剩余价值转化而成的生产价格和平均利润，是资产阶级的共产主义。因为平均利润就是资产阶级"共剩余价值之产"。

恩格斯对这个问题的重要贡献在于论证：相等的利润率，在其充分发展的情况下本来是资本主义生产的最后结果之一，而这里在其最简单的形式上却表明是资本主义的历史出发点，甚至是马克公社直接生出的幼枝。

---

① 这里涉及中世纪领主对农奴或农民结婚时对新娘具有的初夜权，是否意味着此时妇女地位突然降低了的问题。这其实是一种婚姻习俗的遗留。培培尔在其《妇人与社会主义》中说："初夜权和原生的母权时代相关……自从古代家族制度消灭之后，这种习惯，变成新娘在新婚当夜，对同族男子开放。后来这种权利渐受限制，终归宗教的领袖或祭司所有。封建时代的王侯，因为对于所属领地的人民的权利关系，遂将此权收回己有。"《妇人与社会主义》，沈端先译，开明书店 1949 年版，第 90 页。

恩格斯从中世纪的商业开始分析。他说:"中世纪的商人决不是个人主义者;他像他的所有同时代人一样,本质上是共同体(即公社——引者)的成员。在农村,占统治地位的是在原始共产主义基础上成长起来的马克公社。……每个农民都有同样大小的份地,其中包括面积相等的各种质量的土地,并且每个人在公共马克中也相应地享有同样大小的权利。"①他还说:"自从马克公社变成闭关自守的组织,没有新的土地可以分配以来,份地由于继承遗产等等原因而发生了再分割,与此相适应,马克的权利也发生了再分割;但是,由于仍旧以每份份地作为一个单位,结果产生了二分之一、四分之一、八分之一的份地,以及相应地在公共马尔克中分享二分之一、四分之一、八分之一的权利。以后一切同业公会(手工业行会和商业行会——引者),都是按马克公社的样子建立起来的,首先是城市的行会,它的规章制度不过是马克的规章制度在享有特权的手工业上而不是在一定的土地面积上的应用。"②恩格斯还指出:以上所说也完全适用于经营海外贸易的商人公会。③ 这就是:每个民族都在各自的商场建立完整的商业公会;它们主要是为了对付竞争者和顾客;它们按照相互商定的价格来出售商品;商品都有一定的质量,要经过公开的检验并且往往盖上印记作保证;它们还共同规定了向当地居民购买产品时支付的价格;等等。就是说商人有意识地和自觉地使这个利润率对所有参加者都是均等的。对大贸易公司来说,利润要按投资的大小来分配是理所当然的事情,就像马克的权利要按份地的大小来分配一样。

(五)

马克思分析资本主义积累的历史趋势时指出:"从资本主义生产方式产生的资本主义占有方式,从而资本主义的私有制,是对个人的、以自己劳动为基础的私有制的第一个否定。但资本主义生产由于自然过程的必然性,造成了对自身的否定。这是否定的否定。这种否定不是重新建立私有制,而是在资本主义时代成就的基础上,也就是说,在协作和对土地及靠劳动本

---

① 《马克思恩格斯全集》(第二十五卷),人民出版社 1974 年版,第 1019—1020 页。
② 同上书,第 1020 页。
③ 同上。

身生产的生产资料的共同占有的基础上,重新建立个人所有制。"①对马克思这一论述的理解一直有分歧。我认为,马克思谈的就是建立新型或高级的农村公社。这里说的:对土地和生产资料的共同占有,在这基础上从事的集体劳动是为公的(不排除个人也能从中获得生活品),由个人或家庭占有的生产资料,在这基础上从事的是个体或家庭的劳动,完全是为了全面发展个人的。很清楚,这是新型的农村公社。

马克思这种理想社会观,年轻时就产生了。1844 年,他说:"共产主义是私有财产即人的自我异化的积极的扬弃……这种复归是完全的、自觉的而且保存了以往发展的全部财富的。……它是人和自然界之间、人和人之间的矛盾的真正解决……个体和类之间的斗争的真正解决。"②这里值得注意的是个体和类之间的斗争及其解决的提法。那时,他是从哲学的角度对矛盾加以分析后提出看法的。

正由于马克思的理想社会是建立新型的农村公社,所以,他对摩尔根在《古代社会》中这段论述十分赞同:"人类的智慧在自己的创造物面前感到迷惘而不知所措了。然而,总有一天,人类的理智一定会强健到能够支配财富……社会的瓦解,即将成为以财富为唯一的最终目的的那个历程的终结,因为这一历程包含着自我消灭的因素……这将是古代氏族的自由、平等和博爱的复活,但却是在更高级形式上的复活。"③恩格斯同样赞扬摩尔根这段话,他的《家庭、私有财产和国家的起源》一书就是以这段话来结束的。

由于理想的社会是建立新型的农村公社,所以马克思认为像俄国这样大量存在着农村公社,并有共同劳动习惯的社会,就不要破坏这种公有因素,而在俄国革命与西欧各国革命互相补充、在同它并存的资本主义生产为它提供集体劳动的一切手段,即在同世界市场发生联系、取得先进技术的条件下,农村公社就可以不必经过破坏,不必经过私有制社会的几个阶段,尤其不必经过发展为资本主义之后,才过渡到公有制的社会,即可以跨越过"卡夫丁峡谷"。这是马克思关于农村公社的公有因素,直接发展为更高级

---

① 《马克思恩格斯全集》(第二十三卷),人民出版社 1972 年版,第 832 页。
② 《马克思恩格斯全集》(第四十二卷),人民出版社 1979 年版,第 120 页。
③ 《马克思恩格斯全集》(第四十五卷),人民出版社 1985 年版,第 397—398 页。

的公有制社会的设想。

对于这一点,恩格斯补充说:发生在商品生产和私人交换以前的一切形式的氏族公社同未来社会只有一个共同点,就是一定的东西即生产资料由一定的集团公共所有和共同使用。但是,这一个共同特性并不会使较低的社会形态能够从自己本身产生出未来的社会主义社会,后者是资本主义社会本身的最后产物。每一特定的社会经济形态都应当解决它自己的、从它本身产生的任务;要处于较低的经济发展阶段的社会来解决只是处于高得多的发展阶段的社会才能产生的问题和冲突,这在历史上是不可能的。然而不仅可能和不可置疑的是,当西欧无产阶级取得胜利和生产资料转归公有之后,那些刚刚踏上资本主义生产道路而仍然保存了氏族制度残余的国家,可以利用这些公社所有制的残余和与之相适应的人民风尚作为强大的手段,来大大缩短自己向社会主义社会发展的过程,并可以避免我们在西欧开辟道路时不得不经历的大部分苦难和斗争。但这方面必不可少的条件是:由目前还是资本主义的西方做出榜样和积极支持。①

恩格斯还认为,组成新型的农村公社,是欧洲农民和美国在肥沃土地上经营的农业相竞争应该采取的手段。他说:全欧洲的农业经营方式,在美洲的竞争下失败了。怎么办呢?"采用恢复马克的办法,但不用陈旧的过时的形式,而用新的形式;采用这样一种更新公社土地占有制的方法,以便使这种占有制不但能保证小农社员得到大规模经营和采用农业机器的全部好处,而且能向他们提供资金去经营(除农业以外)利用蒸汽和水力的大工业,不用资本家,而依靠公社本身的力量去经营大工业。"②换句话说,"就是使目前在耕种自己土地的大部分小农的农业劳动变为多余。要使这些被排挤出农业的人不致没有工作,或不会被迫集结城市,必须使他们就在农村中从事工业劳动,而这只有大规模地、利用蒸汽或水力来经营,才能对他们有利"③。

究竟怎样组织呢?能够帮助农民的,只有社会民主党人。恩格斯这种思想,后来在《法德农民问题》中,就发展为在社会主义革命中组织农业合作社的纲领。

---

① 《马克思恩格斯全集》(第二十二卷),人民出版社 1965 年版,第 502 页。
② 《马克思恩格斯全集》(第十九卷),人民出版社 1963 年版,第 369 页。
③ 同上。

农村公社理论是马克思主义的重要内容之一。它科学地说明农村公社的二重性,即从公有制的社会中产生私有制,而在农村公社中两者并存——既有公有、又有私有,既有为公的为集体的劳动、又有为个人的为家庭的劳动。其中的私有制发展为三种继起的私有制,即奴隶制度、封建制度和资本主义制度,这三种在社会生产中占统治地位的、以奴役他人劳动为基础的私有制,是对农村公社的否定——既是对其中公有制的否定、又是对其中的以个人或家庭劳动为基础的私有制的否定。由农村公社公有制和私有制分别产生的意识能独立存在,在不同的私有制社会里产生巨大的作用。最终取代私有制社会的未来社会是高级的或新型的农村公社,这里既有生产资料公有制,以及为集体的共同劳动,又有生产资料的个人或家庭所有制,以及为了全面发展个人的个人或家庭的劳动,这是对私有制社会的否定、又是对原始农村公社的否定之否定。正是从这里可以看出:在东方的私有制社会中,仍大量存在的农村公社,在社会发展中具有独特的作用。这就是农村公社的辩证法。

二、关于亚细亚生产方式和
历史发展规律问题

——兼论中国农村公社问题①

《马克思主义来源研究论丛》发表了大量研究马克思人类学笔记的论文,其中有些论点我觉得可以商榷。主要理由是,按照这些论点,《资本论》有些地方就读不通了。我很赞同《马克思主义来源研究论丛》(第11辑)前言所说的:必须从不同的学科出发来研究这些笔记。我现在从政治经济学出发,从这一角度研究亚细亚生产方式和历史发展规律的问题。为了更好地提出问题,要从马克思和恩格斯对人类进入阶级社会的不同道路的论述谈起。此外,我还谈一谈中国的农村公社问题。这是因为,在我看来,这问题说清楚了,上述几个问题在中国的表现就可以得到统一的解释。关于中国问题,我只是介绍邓初民和王亚南的有关论述。所有这些,都是提出问题,供大家讨论和进一步研究。

(一) 进入阶级社会的不同道路

马克思明确指出:"相同的经济基础——按主要条件来说相同——可以由于无数不同的经验的事实,自然条件,种族关系,各种从外部发生作用的历史影响等等,而在现象上显示出无穷无尽的变异和程度差别……"②这对我们研究的问题,具有方法论的意义。这里主要研究人类在东方和西方,各自在没有外来种族影响的条件下,如何因其赖以生存的自然条件不同,进入阶级社会的道路就不同。

---

① 原载于《马克思主义来源研究论丛》(第17辑),商务印书馆1995年版,第48—71页。
② 马克思:《资本论》(第三卷),人民出版社1975年版,第892页。

我们从农村公社的变化谈起。这是因为马克思明确地指出,农村公社既有公有因素,又有私有因素;是原生社会形态的最后阶段,所以它同时也是向次生的形态过渡的阶段,即以公有制为基础的社会向以私有制为基础的社会的过渡。

这里要指出的是,1832 年以前,西方的学者不了解什么是土地公有制,什么是原始社会,也不知道农村公社的存在。这种情况,到 1832 年英国在印度的总督梅特加夫的报告提到印度大量存在的村落都是一些"小共和国",才发生变化。它引起了西方学者研究和调查农村公社、原始社会和土地公有制。从这时起,东方和美洲发现大量现存的农村公社;西欧则有它的残余。这一方面表明,农村公社并不是东方所特有的,从印度到爱尔兰,都存在和存在过这种社会组织;另一方面又表明,进入阶级社会后,在东方例如印度直到英国侵入时,它仍大量存在,在西方它仅残留着,以致如果不是梅特加夫报告的启发,学者还不知道它的存在。以后我们将说明,东方进入阶级社会后,长期存在着这种公有因素、工农生产相结合,并有其相应的政治上层建筑的农村公社(区别于原始社会的农村公社),是使东方历史发展与西方不尽相同的重要原因。

现在的问题是:进入阶级社会后,农村公社的存亡为什么有如此显著的不同。根据马克思的研究,我们可以看出,自然条件不同是一个重要原因。

马克思对印度进入阶级社会后,仍然长期大量存在着农村公社之原因的分析,在我看来适合于同样情况的东方国家。马克思很重视自然条件在这里发生的作用。他说:气候和土壤条件,特别是从撒哈拉穿过阿拉伯、波斯、印度的鞑靼区直到亚洲高原最高地区这一广袤的荒漠地区,使利用运河和水利工程进行灌溉成了东方农业的基础。无论在埃及和印度,亦无论在美索不达米亚和波斯以及其他各国,都是利用泛滥来肥田,河中涨水则被利用来灌溉沟渠。节省和共同用水是基本的要求。这种要求在西方,例如在佛兰德尔和意大利,曾使私人企业家结成自愿的联合,但是在东方,由于文明程度太低和地域宽广,不能产生自愿的联合,所以就迫切需要有集中统治的政府来干预。在印度,一方面,其人民像东方各国人民一样,把作为他们的农业和商业的基本条件的大规模治水公共工程交归中央政府去管;另一方面,其居民散居全国各地,因有农业和手工业劳动相互间的宗法性联系而聚集于各个很小中心地点。由于这样,印度从最古的时候起便产生了一种特殊的社会制度,即农村公社。它使每一个这样的小团体具有独立的性质,并使其陷于孤独存在的地位。这些公社的边界很少变动。虽然公社本身有时被战争、饥荒或疾病所严重损害,变得非常荒凉,可是同一的村名,同一的边界,同一的利益,甚至同一的家族,却一个世纪又一个世纪地继续维持下来。

马克思的分析现在仍然值得我们重视的,应该不是自然条件所引起的治水的必要成为农村公社产生的一个条件,因为他的人类学笔记已说明氏族公社如何发展为家庭公社,家庭公社又如何发展为农村公社,并认为这是既适用于西方,也适用于东方的普遍规律;而应该是治水的必要,使工、农生产相结合,因而商品生产不发达,而又有中央集权的专制政府作为其政治上层建筑的农村公社不易瓦解。

由于东方在阶级社会中仍然大量存在着农村公社,这里的阶级剥削形式,有一种就是对整个公社进行剥削的,亦即在公社内部,其成员是同过去一样的自由人,但整个公社要向剥削者提供由其成员提供的剩余产品——纳贡或租税①。我个人认为,恩格斯在《家庭、私有制和国家的起源》中,其将奴隶制分为两种,即西方或古代的劳动奴隶制和东方的家庭奴隶制,原因就在这里。

我不知道恩格斯是否有对这两种奴隶制形成过程的具体分析。他在《反杜林论》中关于阶级形成的两条道路的分析,是适用于奴隶制一般的;并非只是分别适用于古代的劳动奴隶制和东方的家庭奴隶制。在农村公社有较高的劳动生产率因而已产生剩余产品的条件下,担任社会公共事务的社会公仆会变成社会主人,也就是说,社会分工的规律就是阶级划分的基础,这是一条道路,很显然它适用于两种奴隶制,但有的论者认为这只适合于东方的家庭奴隶制②;另一条道路是,在上述条件下,就有可能吸

---

① 考茨基曾指出,掠夺方式不仅有一次性的强行占有别人的成果,而且有经常性的用纳贡方式不断占有这些成果这两种手段。后者是与原始村社相联系的。在英属印度推行的税收制度以及在荷属印度替外国剥削者干活的整个农业徭役制,都是建立在这种"共产主义"基础之上的。下面我们将研究这个问题在中国的表现。

② 参见吴大琨:《中国的奴隶制经济与封建制经济论纲》,生活·读书·新知三联书店 1963 年版,第 9—10 页。

收一个或几个外面的劳动力到家族里来,公社本身不可能提供这样的劳动力,战争中的俘虏却是这样的劳动力,这样奴隶制就产生了,很显然它同样适用于两种奴隶制,因为单独的俘虏可以成为奴隶,在农村公社没有瓦解的东方,在为争夺优良自然条件(主要是土地)而发生的争斗中归于失败的公社,就整个公社成为奴隶,但有的论者认为这只适合于古代的劳动奴隶制[①]。

现在我提出另一个问题:马克思在人类学笔记中,概括了从氏族公社经过家庭公社到农村公社的过程,并指出农村公社是最早的没有血统关系的自由人的社会联合,对农村公社的这种说明,是否更适用于西方,不大适用于东方,因为东方即使在阶级产生了很久,大量存在的农村公社仍然是以同一血统即同一父系祖先为纽带的,这在我国表现为李家村、张家村。这个问题下面再谈。

(二) 关于亚细亚生产方式问题

亚细亚生产方式指的是什么,这个问题已经发生两次大的争论。一次在 20 世纪 20 年代和 30 年代,另一次是从 70 年代到现在,后者是在出版了马克思关于人类学的笔记的条件下进行的。我个人认为,对它的解释,同对进入阶级后农村公社在东西方社会的存在和消亡的理解,有密切的关系。

我们都知道,亚细亚生产方式是 1859 年马克思在《政治经济学批判·序言》中,首次作为社会经济形态发展的几个时代中的一个时代提出来的,并且将它置于古代的、封建的和现代资本主义的生产方式之前,亦即认为这四者是历史上继起的生产方式,而不是空间上并存的生产方式。

在第二次争论中,有的论者叙述了马克思和恩格斯对历史上继起的生产方式命名的变化,以及亚细亚生产方式在这种变化中的出现和消失,然后据此断定他们使用亚细亚生产方式这概念时,其含义是什么,亦即它是历史上哪一种生产方式。这些论者指出,马克思和恩格斯在 1845—1846 年的《德意志意识形态》中的提法是:部落所有制、古代公社和国家所有制和封建的或等级的所有制。如前所述,马克思在 1859 年的《政治经济学批判·序言》

---

① 参见吴大琨:《中国的奴隶制经济与封建制经济论纲》,生活·读书·新知三联书店 1963 年版,第 9—10 页。

中的提法是:亚细亚的、古代的、封建的和现代资本主义的生产方式①;这两种提法的不同是,以亚细亚的和古代的取代部落所有制以及公社和国家所有制。从19世纪70年代末开始,马克思就再不使用亚细亚生产方式这一概念了,而用其他更精确的概念取代它。至于恩格斯是怎样对待亚细亚生产方式这一概念的,他们没有说及。

他们认为,论述历史上继起的生产方式时,马克思之所以用亚细亚生产方式来取代部落所有制,是由于在马克思看来,后者隐藏着奴隶制,因而不是历史上最早的生产方式,用古代的即奴隶制生产方式来取代古代公社和国家所有制,是由于后者的奴隶制不仅发展了,而且存在着君主。写作《政治经济学批判》(以及写作《资本论》)时,马克思研究了当时有关亚细亚,尤其是印度公社所有制的文献,认为一切文明民族历史初期都存在过这种公社所有制②,于是称之为亚细亚生产方式,并认为它具有世界性的普遍意义。这就是说,亚细亚生产方式是古代社会即奴隶制生产方式以前的原始社会。为了证实这一点,他们还引用了马克思在《政治经济学批判》和《资本论》第二版(1873)中都出现过的一段论述:"仔细研究一下亚细亚的、尤其是印度的公社所有制形式,就会得到证明,从原始的公社所有制的不同形式中,怎样产生出它的解体的各种形式。"③他们认为,这段话能够说明,当时的马克思认为,亚细亚生产方式是原始的生产方式,其他的生产方式都是其派生物。至于从19世纪70年代末开始,马克思再不使用亚细亚生产方式这一概念来表示原始社会,是因为这时出版了新的文献,它们表明亚细亚生产方式这一概念赖以产生的当时的印度以及东方,已经存在着私有因素,因而这一概念不能确切反映不存在私有制的原始社会。此外,新的文献还表明,当时的印度农村公社还不是最原始的,因为它是从家庭公社发展而来的,家庭公

① 很奇怪,所有论者都没有提及马克思在上述两本著作写作之间的另一本著作,即《雇佣劳动和资本》(1847年的演讲,1849年发表)。此书对这一问题提法有变化:古代社会、封建社会和资本主义社会是人类历史发展的几个阶段。研究马克思思想的这种变化是很重要的。但本文不拟涉及。

② 后面我们将看到,在这两本著作中的印度公社都是处于解体中的,即从内部看它仍然是既有公有因素又有私有因素的组织,成员是自由人,但它的外部却存在着国家和君主,即存在着对农村公社的剥削。

③ 马克思:《资本论》(第一卷),人民出版社1975年版,第95页脚注;或见《马克思恩格斯全集》(第十三卷),人民出版社1962年版,第22页注1。

社则是从氏族公社发展而来的。由于这种种原因,马克思晚年就再不使用亚细亚生产方式这一概念来表示原始社会,而改用其他的概念,其中就有氏族公社、家庭公社和农村公社。

为了我们的目的,这里只研究马克思使用亚细亚生产方式这一概念时,指的是不是原始社会,如果不是,又是什么。研读了马克思和恩格斯的有关论述后,我认为它指的不是原始社会,而是原始社会解体后的阶级社会,更精确地说就是:在《政治经济学批判》中,它指的是古代社会之前的阶级社会,亦即原始社会解体后最初的阶级社会就是亚细亚社会,它再发展为古代社会;在《资本论》及其后的著作中,它指的是同古代社会并列的奴隶社会,两者无正宗和变形之分。亚细亚生产方式的含义之所以有变化,是由于马克思深化了对区分生产方式之标准(拟另文阐述)的认识,此外又认为它不可能发展为古代社会。我的理由如下。

首先,它指的不是原始社会。我们这里要再研究一下前面引用过的在《政治经济学批判》和《资本论》中出现过的论述:"研究亚细亚的、尤其是印度的公社所有制形式,就会得到证明,从原始的公社所有制的不同形式中,怎样产生出它的解体的各种形式。"许多论者引用这论述来证明马克思使用亚细亚生产方式概念时,指的是原始社会。我认为只要仔细地研究这整段论述,并且将它和马克思在同卷《资本论》中有关亚细亚生产方式和印度公社的论述联系起来理解,就会得出不同的结论①。让我们详尽地研究这问题。

我觉得这整段论述,按现在的语言表述和中文译文来看,不是很清楚的。为了解决问题,我特别查阅了《资本论》法文版第一卷(全部经过马克思校订,1872年出版)的中译本,相应的论述如下:公社所有制的原始形式"直到现在我们还能在印度人那里遇到这种形式的一整套图样,虽然它们已经残缺不全。深入研究一下亚细亚的、尤其是印度的公社所有制形式,就会得到证明,从这些形式中怎样产生出解体的各种形式。例如,罗马和日耳曼人

---

① 我阅读了《马克思主义来源研究论丛》第11—13辑的有关文章,发现只有一位作者不是将此段引文中的亚细亚生产方式理解为原始社会,而是相反,认为亚细亚生产方式和古代的、日耳曼的,可能还有斯拉夫的生产方式倒是从不同形式的公社或部落组织中产生的。这位作者是英国的J·西蒙。参见《马克思主义来源研究论丛》(第13辑),商务印书馆1991年版,第293页。

的私人所有制的各种原型,就可以从印度的公社所有制的各种形式中推出来"①。这里值得注意的是:公社所有制的原始形式在印度虽有整套图样,但已残缺不全;从这些形式中产生出解体的各种形式;罗马和日耳曼私人所有制的各种原型,可以从印度公社所有制各种形式,即解体的各种形式中推出来。这说明印度公社是残缺不全的,在解体中产生出各种形式,从中已看到私有制的各种原型。既然这样,存在着这种印度公社的社会,即亚细亚生产方式,怎么可能是原始社会呢?

这段论述只是一个附注,在接着它的正文中,马克思说:"在古亚细亚的、古希腊罗马的等等生产方式下,产品变为商品,从而人作为商品生产者而存在的现象,处于从属地位,但是共同体越是走向没落阶段,这种现象就越是重要。"②这里值得注意的是在亚细亚之前加上一个"古"字,然后将它和古希腊罗马并列;这德文版的论述,在法文版中改为"在古亚细亚的、一般说来古代世界的生产方式下……"③即将古亚细亚等同于古代世界的生产方式,从叙述内容看,这两者也相同。因此它不可能是原始社会。

两种版本的《资本论》第一卷都详尽描绘了印度公社的内容,其中值得我们注意的是:产品剩余部分才变成商品,而且首先到了国家手中,从远古以来就有一定量的产品作为实物地租归国家所有;除了从事同类劳动的群众以外,还有兼任法官、警官和税吏的"首领",缉捕罪犯、保护旅客的官吏……④这就说明,这种公社已是解体形式。

如果我们再探究一下,这种公社为什么要向国家交纳地租,就可以清楚地看出,公社从内部看是残缺不全,从外部看则已受最高的统治者——国家——的剥削,即整个公社成为被剥削者。论述地租时马克思说:印度的小农使用的土地不属于他所有,他独立地经营农业和与农业相结合的家庭工业,"这种独立性,不会因为这些小农(例如在印度)组成一种或多或少带有自发性质的生产公社而消失,因为这里所说的独立性,只是对名义上的地主

① 马克思:《资本论》(根据作者修订的法文版第一卷翻译),中国社会科学出版社 1983 年版,第 58 页注 29。
② 马克思:《资本论》(第一卷),人民出版社 1975 年版,第 96 页。
③ 马克思:《资本论》(根据作者修订的法文版第一卷翻译),中国社会科学出版社 1983 年版,第 59 页。
④ 参见马克思:《资本论》(第一卷),人民出版社 1975 年版,第 395—396 页。

而言的"①。在公社内部产生独立经营的小农,这表现公社已残缺不全。他们为什么要交地租呢? 这是因为在亚洲,"国家既作为土地所有者,同时又作为主权者而同直接生产者相对立,那么,地租和赋税就会合为一体,或者不如说,不会再有什么同这个地租不同的赋税"②。这表明整个公社成为一个集体的被剥削者。以后论述中国的农村公社时就会说明这一点。存在着这种关系的亚细亚社会,怎么可能是原始社会呢?

其次,它指的是原始社会之后、古代社会之前的阶级社会。这从《政治经济学批判·序言》关于历史上继起的生产方式的排列中,可以得到证明。这个排列不可能包括原始社会,亦即居于排列首位的亚细亚生产方式不是原始社会,这除了前面列举的理由外,还可以从马克思和恩格斯合著的《德意志意识形态》和《共产党宣言》(1847年)对历史发展论述的变化中,得到证实。在前者,正如上面已谈过的,提到部落所有制,但其中隐藏着奴隶制;在后者,则明确指出,迄今存在过的一切社会历史都是阶级斗争史。这表明他们这时并不确切了解无阶级的原始社会。这种条件制约了马克思写作《政治经济学批判》。这就说明《政治经济学批判·序言》所列的历史上继起的生产方式,指的是历史上继起的阶级社会。更重要的是,如果说,在上述排列中,由于亚细亚生产方式是排在古代的生产方式之前的,而后者就是历史上第一个由非阶级社会发展而来的阶级社会,这样,如果孤立地看这种排列,就可以将亚细亚生产方式理解为原始社会,那么,下面的论述由于是将亚细亚的和古代的并列,这就除了说明亚细亚生产方式含义的变化外,更反过来说明无论如何不能将它理解为原始社会。

再次,它指的是同古代社会一样即并列的奴隶社会。这从《资本论》第一卷德、法文版的有关论述中可以看出来。这是1872年的法文版的文句。它和前引的德文版略有不同:"在古亚细亚的,一般说来在古代世界的生产方式下,产品变为商品,只起从属的作用,但是随着共同体接近于解体,这种现象越来越重要。真正的商业民族只存在于古代世界的空隙中……"③这不

---

① 参见马克思:《资本论》(第三卷),人民出版社1975年版,第890—891页。

② 同上。

③ 马克思:《资本论》(根据作者修订的法文版第一卷翻译),中国社会科学出版社1983年版,第59页。

仅表明亚细亚生产方式不同于共同体（原始社会），而且表明它和希腊罗马是两种并列的古代生产方式，即奴隶制。同样的思想在1864—1865年写成的《资本论》第三卷的手稿中也有表现。这就是："前人总是低估亚洲的、古代的和中世纪的商业的规模和意义……"①我在这里想指出的是，如果将这里的亚细亚生产方式理解为原始社会，《资本论》的有关论述就读不通了。

应该指出，将在《资本论》中的亚细亚生产方式和古代社会一样，看成是奴隶制社会的两种形态，是在本文开头恩格斯将奴隶制区分为东方家庭奴隶制和古代劳动奴隶制的思想渊源。恩格斯是在马克思逝世后一年（1884年）出版的《家庭、私有制和国家的起源》中提出这看法的。恩格斯于1878年出版的《反杜林论》，事实上是他和马克思的共同著作，其中在论述国家时是这样写的："在古代是占有奴隶的公民的国家，在中世纪是封建贵族的国家，在我们的时代是资产阶级的国家。"②值得注意的是，尽管他们两人都认为亚细亚生产方式的政治上层建筑是中央集权的专制国家，但是在论述历史上继起的国家形态时，却不提亚细亚国家，因为它已包括在古代国家中了，亦即古代社会包括古亚细亚和古希腊罗马。亚细亚生产方式是两种奴隶制中的一种，恩格斯这种认识一直保持到生命终结之时。1887年恩格斯67岁时，他在为1844年写的《英国工人阶级的状况》的美国版写的序言中说：在亚细亚的和古典的古代，阶级压迫的支配形态，就是那不只剥夺大众的土地，并还占有他们的人身的奴隶制。③ 可以这样说，恩格斯从写作《反杜林论》开始，一直认为奴隶制有两大类型，亚细亚生产方式是其中的一种。

（三）关于历史发展规律问题

现在有一种观点认为，马克思并不主张社会经济形态的发展经历五种生产方式，即历史的发展不是单线的，而是多线的，即有的民族的发展不逐一经历五种生产方式。在多线论者中，有的认为亚细亚生产方式是同五种生产方式一样的独立的生产方式。因此，在他们看来，历史上不是五种而是

① 马克思：《资本论》（第三卷），人民出版社1975年版，第372页注49。
② 《马克思恩格斯全集》（第二十卷），人民出版社1971年版，第305页。
③ 参见《马克思恩格斯全集》（第二十一卷），人民出版社1965年版，第387—388页。这看法在1892年版中仍保留。

六种生产方式,每个民族经历的只是其中一部分,并且各不相同。在我看来,这个问题的解决,同对农村公社在世界各地的不同变化的理解有关。当然也涉及其他问题。

在这里,我首先要指出的,20 世纪 70 年代就有一种看法认为,提出五种生产方式的是斯大林,即他在 1938 年出版的《联共(布)党史简明教程》中提出这种看法①。然后又认为,由于大家都知道的原因,这种看法就长期束缚着苏联的理论家。我个人认为,束缚说或者可以成立,但斯大林首先提出五种生产方式说则不能成立。这是因为,即使撇开马克思分散在其重要著作《资本论》各处的有关论述不谈,最迟在 1878 年的《反杜林论》中,恩格斯在论述了农村公社的不同变化后就指出:"不论是大农业还是小农业,按照各自所由发展的历史前提,可以有十分不同的分配形式。但是很明显……大农业以阶级对立为前提或者造成阶级对立——奴隶主和奴隶,地主和劳役农民,资本家和雇佣工人。"②恩格斯是在论述政治经济学的对象时谈到这一点的。这样,我们就可以看到,上述阶级对立的三种形式,正是奴隶社会、封建社会和资本主义社会的阶级内容;这三者再加上他和马克思多次论述的原始社会和共产主义社会,就是五种生产方式。这个问题应该是清楚的。

即使在俄国或苏俄和苏联,最早提出这一看法的也不是斯大林。俄国的亚·波格丹诺夫的《经济学简明教程》初版于 1897 年,列宁在对该书的评论中十分赞同作者的方法和观点,即它是"按经济发展的各个时期顺序讲下来的,也就是依次叙述原始氏族共产主义时期,奴隶制时期,封建主义和行会时期,以及资本主义时期。政治经济学正应该这样来叙述"③。这四个时期再加上一个共产主义,就是五种生产方式。作者这种方法和观点在该书 1919 年版中仍然保留着。此外,在《联共(布)党史简明教程》出版前,于 20 世纪 20 年代后半期和 30 年代前半期在苏联很有影响的一本政治经济学教科书,即拉皮杜斯和奥斯特罗维强诺夫合著的《政治经济学教程》,就明确提出五种生产方式。

---

① 吴大琨:《关于亚细亚生产方式的研究——为〈马克思与第三世界〉中译本所写的前言》,载翁贝托·梅洛蒂《马克思与第三世界》,高铦、徐壮飞、涂光楠译,商务印书馆 1981 年版。
② 《马克思恩格斯全集》(第二十卷),人民出版社 1971 年版,第 161 页。
③ 《列宁全集》(第四卷),人民出版社 1958 年版,第 33 页。

在中国,1933 年陈豹隐在讲授经济学时,就明确地说:"自有人类以至现在,生产关系和生产样式至少有五次变动——原始共产经济,奴隶经济,封建经济,资本经济,以及苏联的过渡时期的社会主义经济。"①

历史发展多线论者认为,人类社会发展经历五种生产方式论,是历史发展单线论,他们加以反对。他们的论据首先是,各民族农村公社的发展不同,在希腊罗马发展为奴隶制,在日耳曼发展为封建主义,在东方发展为亚细亚生产方式(他们认为亚细亚生产方式不是原始社会),而只有封建主义才发展为资本主义。这就是说,他们认为各民族都从原始社会走向共产主义,但不一定都经历奴隶制、封建主义和资本主义。这就是历史发展多线论。

让我们进一步研究这个问题,并逐层加以论述。第一层是农村公社在希腊罗马发展为古代的劳动奴隶制,在东方发展为家庭奴隶制(这是我们分析过的),在日耳曼则发展为封建主义,这能否说明历史的发展是多线的。马克思认为,日耳曼封建的生产方式,是日耳曼这个征服民族和罗马这个被征服民族,发生一种相互作用,而产生的一种新的综合的生产方式。② 具体地说就是:"趋于衰落的罗马帝国的最后几个世纪和蛮族对它的征服,使得生产力遭到了极大的破坏;农业衰落了,工业由于缺乏销路而一蹶不振了,商业停顿或被迫中断了,城乡居民减少了。在日耳曼人的军事制度的影响下,现存关系以及受其制约的实现征服的方式发展了封建所有制。"③在这里要指出的是,日耳曼人的军事制度是受其正在瓦解的原始公社所制约的。日耳曼人作为"定居下来的征服者所采纳的社会制度形式,应当适应于他们面临的生产力发展水平,如果起初没有这种适应,那么社会制度形式就应当按照生产力而发生变化"④,就是说,采取封建主义这种形式的社会制度,是接轨于奴隶制的。换言之,"封建主义决不是现成地从德国搬去的;它起源于蛮人在进行侵略的军事组织中,而且这种组织只是在征服之后,由于被征

---

① 陈豹隐:《经济学讲话》,北平好望书店 1934 年版,第 46 页。
② 《马克思恩格斯全集》(第十二卷),人民出版社 1962 年版,第 748 页。
③ 《马克思恩格斯全集》(第三卷),人民出版社 1960 年版,第 27 页。
④ 同上书,第 83 页。

服国家内遇到的生产力的影响才发展为现在的封建主义的"①。下面我们将看到,我国由周朝开始建立的封建主义②,情况和日耳曼的封建主义十分相似。

因此,我们如能将民族的相互作用加以考虑,并且进一步将国家政治疆界这种政治因素去掉,从世界范围看,正如下面将进一层阐述的,就不存在相互对立的历史发展单线论和多线论,而只有世界各民族发展的一般规律了。

人们会问,如果不发生两个民族的相互作用,不发生征服和被征服关系,那么,封建主义还会随着奴隶制之后而产生吗?这个问题我们将在下面论述中国问题时再谈。

第二层是亚细亚生产方式不能发展为封建主义,当然也不能发展为资本主义,在这条件下,它因某种有待论述的原因而发展为共产主义,这能否说明历史发展是多线的。按照多线论者这种提法,亚细亚生产方式之所以能发展为共产主义,当然不是由于它自身的原因(在他们看来,它自身是不发展的),而是由于外部即其他民族的作用。这样,根据前面论述过的相互作用的原理,就可以否定多线论,而得出世界各民族的发展是有其一般规律的结论。但是,这样做还没有真正指出多线论者在这个问题上是如何具体违反马克思的有关论述的。我这里指的是,在多线论者看来,马克思认为亚细亚生产方式是最坚韧和延续最长的,但是他决不认为,这种生产方式是永远不变的。

这是最重要的有关论述:"在资本主义社会以前的阶段中,商业支配着产业;……商业对于那些互相进行贸易的共同体来说,会或多或少地发生反作用;……它由此使旧的关系解体,……不过,这种解体作用,在很大程度上取决于从事生产的共同体的性质。"③既然东方的农村公社不能完全排除商品交换,由于商品交换的反作用,就不能不使农村公社瓦解,只不过这种瓦解非常缓慢。正因为这样,马克思在考察印度与中国同英国通商前的社会

---

① 《马克思恩格斯全集》(第三卷),人民出版社1960年版,第83页。

② 中国传统历史学家所说的封建主义,是从政治制度着眼的,马克思说的封建主义是从生产关系着眼的。

③ 马克思:《资本论》(第三卷),人民出版社1975年版,第369页。

经济形态时指出，"在印度和中国，小农业和家庭工业的统一形成了生产方式的广阔基础"；又指出："此外，在印度还有建立在土地公有制基础上的村社的形式，这种村社在中国也是原始的形式。"①很明显，前者指的是村社瓦解中的个体经济，后者是一直存在着的农村公社。这说明，在马克思看来，亚细亚生产方式是发展的。

至于马克思加以考察的当时的印度和中国的社会性质，在我看来是封建制度的地主经济阶段，它是由封建制度的领主经济阶段发展而来的。这个问题留在下面论述农村公社在中国时再谈。

多线论者的第二个论据是马克思认为：农村公社内部由于具有公有和私有两种因素，谁战胜谁，有两种可能的结局，这要取决于不同的历史条件；俄国由于生存在现代历史环境中，同资本主义世界市场相联系，这样就为村社提供了大规模地进行共同劳动的物质条件，使它能够不通过资本主义的"卡夫丁峡谷"，而吸收资本主义的成果，这样，就有可能发展和改造农村公社的古代形式，使它获得新生。从这里出发，马克思对英国破坏印度公社的看法发生了明显的变化，即从认为推进历史的发展，变为使历史后退。这表明像农村公社这种社会经济形态，可以跨越资本主义而进入共产主义。这说明历史发展多线论似乎是马克思提出来的。

其实，在现实生活中，很多民族都是"跨越"发展的。例如，美洲的大多数印第安人从原始社会进入资本主义，非洲裔的美国南部黑人从奴隶制进入资本主义，中国某些少数民族从前资本主义进入社会主义，等等。但是，深入分析一下就可以认识到，它们都受到当时历史条件，有的是受到世界市场的影响，才能"跨越"发展的。因此，从各民族相互作用，或者将政治疆界抽掉，再加以观察，我们还是看到世界民族发展的一般历史规律。

多线论者的第三个论据是马克思认为，如果有人一定要把他关于西欧资本主义起源的历史概述，彻底变成一般发展道路历史哲学理论，认为一切民族，不管其所处的历史环境如何，都注定要走这条道路，这样做会给他过多的荣誉，同时也会给他过多的侮辱。这就表明，马克思本人似乎是历史发展的多线论者。

---

① 马克思：《资本论》(第三卷)，人民出版社 1975 年版，第 373 页。

在我看来,这种看法是不符合马克思的思想的,是将马克思置于自相矛盾的境地中。这是因为,按照这种解释,《资本论》中许多有关的论述就读不通了。

关于资本主义的起源,马克思是在谈论历史哲学理论的基础上,再具体论述它在西欧,尤其是在英国的情况的。关于"起源"的历史哲学,马克思指出:"资本积累以剩余价值为前提,剩余价值以资本主义生产为前提,而资本主义生产又以商品生产者握有较大量的资本和劳动力为前提。"①因此,"创造资本关系的过程,只能是劳动者和他的劳动条件的所有权分离的过程,这个过程一方面使社会的生活资料和生产资料转化为资本,另一方面使直接生产者转化为雇佣工人。"总起来说就是:"资本主义社会的经济结构是从封建社会的经济结构中产生的。后者的解体使前者的要素得到解放。"②关于"起源"的历史情况,马克思写道:"对农业生产者即对农民的土地的剥夺,形成全部过程的基础。这种剥夺的历史在不同的国家带有不同的色彩,按不同的顺序、在不同的历史时代通过不同的阶段。只有在英国,它才具有典型的形式,因此我们拿英国作例子。"③英国的例子最突出的就是对农民土地的剥夺集中地使用了暴力。其原因在于:新航路和地理大发现,为西欧资本主义突然开拓了广大的市场;这就要加速资本主义生产的发展,就要用暴力加速资本原始积累的完成;英国的资本主义逐渐超过许多其他国家,为保持优势,它必须这样做。

因此,只要我们从具体过程中看历史哲学,就不会认为资本主义的起源仅限于西欧。在这里我附带指出,在关于中国资本主义发生的讨论中,有一种看法就是将资本原始积累在英国的表现,即集中地使用暴力剥夺农民的土地这件事,看成是资本原始积累的本质,即上述的创造资本关系的过程,然后指出中国没有这种情况,就认为中国虽有资本主义产生,但否认中国有资本原始积累的存在。

如果认为资本主义的起源仅限于西欧,那么,马克思这段论述就是毫无意义的了。马克思说:"资本主义生产一旦成为前提,在其他条件不变并且

---

① 马克思:《资本论》(第一卷),人民出版社 1975 年版,第 781 页。
② 同上书,第 783 页。
③ 同上书,第 784 页。

工作日保持一定长度的情况下,剩余劳动量随劳动的自然条件,特别是随土壤的肥力而变化。但绝不能反过来说,最肥沃的土壤最适于资本主义生产方式的生长。……资本的祖国不是草木繁茂的热带,而是温带。"①如果西欧以外不能产生资本主义,这段话岂非多余?

更重要的是,如果资本主义起源仅限于西欧,《资本论》第一卷第一版序言中这一段论述就不通了:"一个社会即使探索到了本身运动的自然规律……它还是既不能跳过也不能用法令取消自然的发展阶段"②,"工业较发达的国家向工业较不发达的国家所显示的,只是后者未来的景象"③。

总之,按照多线论者的看法,《资本论》有些地方就读不通了。

(四) 中国的农村公社问题

土地改革之前,农村公社的残骸仍在中国存在。蔡和森在其《社会进化史》中说:"原始母系氏族的共产社会,在中国久已湮没无痕迹了,独村落集产社会的痕迹还多少可耐寻索,不仅张家村李家村等现还普遍存在于各地,而所谓三代以上的'井田制'……莫不为远古集产制度之遗影。相传一块井田为九百亩,中为公田,以其余八百亩分配于八家,每家得一百亩,即所谓一夫百亩。'夫'就是指已婚成家的家长……"④关于井田制问题,下面详细谈。

我们知道,农村公社的特点是其内部既有公有因素又有私有因素。土改之前的中国农村,总的说来是土地私有制,但在同姓聚居的村落,仍有一些属于该姓氏的公田,由族长或绅士管理,租给私人,所得租金,贪污之余,则用于祭祀祖先。《中国农村》1935年第1卷第5期孙晓村的《浙江的土地分配》一文指出:"浙江各县祠堂的普遍……乃是人尽共知的事实。如以杭州来论,凡所谓绅士人家者,几乎没有一家没有几百亩以至几千亩(如横河桥许家)的祭产,在东阳,所谓'公常田'(即祭田),数目也很大。"⑤

农村公社中共同劳动的残余,在中国农村中也可以看到。一项调查指

---

① 马克思:《资本论》(第一卷),人民出版社1975年版,第561页。
② 同上书,第11页。
③ 同上书,第8页。
④ 转引自邓初民:《社会进化史纲》(据神州国光社1949年版影印),上海书店1989年版,第59页。
⑤ 薛暮桥、冯和法编:《〈中国农村〉论文选》(上),人民出版社1983年版,第464页。

出:"广西农村中的雇佣劳动虽已相当普遍,但……有一种互助制度,农民遇有需要多数工人通力合作的巨大工程,可以鸣锣召集邻近农民,不必支付工资,只要供给丰富膳食。"调查者认为,"这种邻里互助显然还是封建社会的残迹,它同资本主义的工资劳动并无相同之点。"①其实,这不是封建社会的残迹,而是农村公社共同劳动的残余。这一点,看看下面的论述就清楚了。

在中国的少数民族地区,有的还存在着农村公社。一项调查指出:"徭民的农业,仍旧带着原始共产社会形态。当他们开垦土地的时候,第一步手续是伐木……第二步是用火烧尽地面上的草木,第三步集合许多徭民来耕起埋在土中的树根,而那些草木灰便成为天然的基肥。这样一块土地垦成以后,便算是某甲的土地了。第二天某甲和其余的徭民再来为某乙去开垦,如此轮流开垦下去,直到所有参加工作的徭民,每人都得到一份土地为止。"②

由此可以推论,中国曾经存在过农村公社。那么,它在汉人的祖先那里,表现为什么呢?就是说,它在日耳曼人那里叫作马克,在俄国人那里叫作米尔,在汉人的祖先那里叫作什么呢?

前面提到,蔡和森认为这就是井田制。但是关于井田制是否存在,学者们有争论。胡适否认它的存在;廖仲恺认为它是从游牧到田园、从公有到私有中的过渡制度,但论述不详;周谷城、范文澜肯定其存在,但认为凡耕地必呈井字形状,因此无特殊的社会史的意义;郭沫若从否定到肯定其存在,肯定时持的理由与周、范相同;邓初民、王亚南等,则论证其为农村公社,王亚南更论述它在中国历史发展中的作用。我认为邓、王的看法正确,特将其论述简介如下。

邓初民说:"中国传说中的井田,不也是像马克、米尔的组织及其性质一样的东西吗。"但是,"仅仅肯定井田制的存在是不够的,还要追究它存在于何种时代,它在这一时代的性质怎样,另一时代的性质又是怎样?"他认为:"农村公社式的井田,中国在西周以前,毫无疑义的,是普遍的存在过。"在周以前的"夏殷两代土地属于国家所有,这是亚细亚的特征之一。其国有土地

---

① 薛暮桥、冯和法编:《〈中国农村〉论文选》(上),人民出版社 1983 年版,第 442 页。
② 蒋学楷:《徭民社会的原始生活》,载中国农村经济研究会编《中国农村描写——农村通讯选集》,新知书店 1936 年版,第 162 页。

的形成,一是由氏族所有转化为国家所有,一是把被征服的异族土地收归国有。而被征服的异族既已降服,则成为征服者之代理人或收税吏,并不变更其原有关系,所以甲骨文中有既破而又封之的记载。但多有把被征服的异族人民,俘虏以为奴隶,其土地则在收归国有的原则下,把它再赐给本种族内的贵族或自由民,而使用奴隶(即降服人民)以耕种之,其形态仍重组为农业公社,所以甲骨文中又有作邑或封邑的记载。"而在西周时代,"它便变质了。它的土地占有形式便变为封建社会的土地占有形式,它的存在也不普遍"①。这就是说原始社会后期的农村公社在中国就是井田制;到夏殷奴隶社会时,它仍普遍存在,这就是亚细亚生产方式,这时,井田中的公田,由组织在公社中的奴隶耕种;到周时,它不普遍存在,井田中的公田,由组织在公社中的农奴耕种。

王亚南对井田制的研究是一个发展过程。1936年他说:"我们如注意周代紧承殷末氏族共同体之事实,则知《周礼》所传的理想化的计划化的井田制,固不会存在,但同时也不能抹杀中国原始农业共同体制之残骸。"他认为:"此种共同体在作为初期封建制度基础出现的时候,曾再组织过,即曾附加以农奴的关系,但虽如此,它同时却还多分保存其本来的姿态,并由此直接转化为井田。"②这里提出的"再组织"原则,成为他以后深入研究的指导思想。

1954年他明确指出,西周封建制的基础,就是将被征服者殷所存在的农村公社加以再组织而形成的井田制。他说:"生产方式并不是可以任意选择,任意创造的。作为它的一个方面的生产力,总是把前一社会遗留下来的劳动条件,作为原料,加以再组织;而作为它的另一个方面的生产关系,则在基本上要求适合生产力的性质。可是生产方式,虽不能任意选择,但毕竟是可以有条件的或在条件许可范围内加以选择的。"他认为:"日耳曼人征服了罗马帝国的时候,他们就把自己正从原始共同体瓦解过程中产生出的军事组织,和那正从罗马奴隶制胎内成育的半奴隶或农奴的倾向结合起来,成功为封建的生产方式。"同样,"周代的征服者,也是在这种因势利导,因时制宜

① 邓初民:《中国社会史简明教程》,文化供应社1942年版,第104—105、106、83、107页。
② 王渔村(王亚南笔名):《中国社会经济史纲》,生活书店1936年版,第64—65页。

的利害打算中,进行他们的选择的。他们首先要计算好的,就是如何巩固并加强他们的统治,这不能不使他们考虑到,如何把征服者部族和被征服者部落,'诸夏'之族和'戎狄之邦',大部落和小集团,分化了的集团内部的首长和成员,分别加以部署和处理……结果'封建诸侯,以屏藩周室',和分别等第,以'颁田制禄'的一整套办法,就被……创制出来"。① 这就是中国传统学者区别于郡县制而称为封建制的制度。在这里就我们的问题来说,最重要的是,把农村公社"开始编组区划在一定面积的封疆里面,……使原来自然的依血统结合的单位,转变为人为的地域单位"。例如,分鲁公以殷民六族,分康叔以殷民七族,这就使农村公社再组织为被《周礼》所理想化的井田制。

前面说明:日耳曼灭罗马、周灭殷建立的封建主义,是由于征服者和被征服者的生产方式,即两种生产方式相互作用的结果。这就产生一个问题,即如果没有这种征服,奴隶制还会发展为封建主义吗? 我的看法是,罗马劳动奴隶制本身的矛盾会使奴隶演化为拥有个人经济的农奴,东方家庭奴隶制本身的矛盾会使公社成员突破公社的限制,发展为个体经营的农民。前者是领主经济封建制,后者是地主经济封建制。这是从历史哲学来考察的。

王亚南更从颁田制禄和井田制的突破,来说明中国封建社会如何从领主经济封建制,发展为地主经济封建制,两者的划分期大体是秦的建立。上述颁田制禄,分等配田、授土授民的井田制,是领主封建制。其特点是凭特权取得土地,政治统治者和经济剥削者同为一人即领主,税收和地租不分。然而,矛盾就在这里。因为领主的势力,不仅建立在占有的土地大小上面,更重要的还建立在为其提供无偿劳动的农奴多少上面,总之,建立在取得的租税多少上面;那些仍束缚在农村公社即井田制中的农奴,也努力开垦荒地以改善生活。这样一来,领主即诸侯间争地以战,争城以战,兼并土地,农奴的开垦荒地,无论从哪一方面看,都动摇了分等配田、授土授民的井田制。于是,各诸侯开始改变田制和税(租)法,其中以秦的商鞅变法最为彻底,这就是废井田,开阡陌,民得买卖,取得土地不凭特权而凭货币,变领主经济为地主经济,税收和地租分开,善于耕种的人,"复其身",获得人身自由,变农奴为农民。结果秦统一天下。其后,适应地主经济的需要,在政治制度上废

---

① 王亚南:《中国地主经济封建制度论纲》,华东人民出版社 1954 年版,第 59—60 页。

封建、置郡县,变贵族政治为官僚政治(到唐代确立科举制,通过考试取士为官)。这就是地主经济封建制。

王亚南认为,从经济上看,封建制度分为领主经济和地主经济两个阶段,东西方相同。不同的是:西方是在商品经济较为发达,从而农奴人身隶属关系松动,土地可以买卖时,领主经济就发展为地主经济的,这同时也是资本主义产生的条件;在中国,则是由于要突破颁田制禄的基础和井田制,才由领主经济发展为地主经济的,而与商品经济的发展关系不大,这不利于资本主义的产生。从时间上看,中国领主封建制,是从周的建立到秦统一天下,即从公元前 1122 年到公元前 221 年,约 900 年,中国地主封建制,是从秦代的建立到中华人民共和国成立,即从公元前 221 年到 1949 年(或 1951 年土改),约 2100 年;西欧领主封建制,是从日耳曼灭罗马到农奴制动摇,即从公元 476 年到 15 世纪,约 1 000 年,西欧地主封建制长约 300 年,因为 17、18 世纪便发生资产阶级革命。因此,中国封建社会特别长,中国社会发展迟缓主要在这一阶段。①

这里有一个中国古代史分期问题。应该说,中国奴隶制和封建制的区分是困难的,因为两者都存在着农村公社,劳动者从公社内部看情况相同。以商鞅变法中的"复其身"来说,我们认为是变农奴为农民,有人认为是变奴隶为农民;变法中还有一项是"民有二男以上不分异者倍其赋",对"倍其赋"的解释,我们认为民既然本来有赋,就不是奴隶而是农奴,有人认为是奴隶,因为公社中的奴隶也是有赋的。这样,对周秦社会性质的认识就不同。这都是由农村公社的存在引起的。

还有一个问题。根据王亚南的理论,由于农村公社的制约作用,中国地主封建制的产生,并不利于中国资本主义的产生,这与西欧不同。这能否适用于存在农村公社因而资本主义产生同样困难的印度,亦即印度是否也较早存在不利于资本主义产生的地主封建制?马克思的笔记肯定了印度地主封建制存在的事实,但他没有使用地主封建制的概念。他说:"土地在印度的任何地方都不是贵族性的,就是说土地并非不得出让给平民!"②根据上述

---

① 这里不可能论述这一问题。有兴趣的读者可阅王亚南的著作:《中国地主经济封建制度论纲》(华东人民出版社 1954 年版)和《中国官僚政治研究》(中国社会科学出版社 1981 年版)。

② 《马克思恩格斯全集》(第四十五卷),人民出版社 1985 年版,第 284 页。

可以看出,这就是地主封建制。那么,他又为什么认为,印度土地制度的变
化不是封建主义的呢?① 我认为,在马克思看来,封建主义就是领主封建制
亦即农奴制。至于地主封建制,在西欧就等于是资本主义产生时期,因此就
被隐没了,亦即在西欧,封建主义只等于有农奴存在的领主封建制。欧美学
者认为土地可以买卖的封建主义是不可理解的。这样,以西欧为标准,在东
方存在特别长久的地主封建制由于土地可以买卖就不是封建主义
(feudalism)。马克思说农奴制"不存在于印度"②,这符合印度当时的情况,
但不能由此认为印度不存在地主封建制。

---

① 《马克思恩格斯全集》(第四十五卷),人民出版社 1985 年版,第 269、284 页。
② 同上书,第 284 页。

三、再论"亚细亚生产方式"问题

——兼评两种亚细亚生产方式子虚乌有论①

亚细亚生产方式,是马克思在其1859年出版的《政治经济学批判·序言》中提出来的。他在论述历史唯物论的公式时说:大体说来,亚细亚的、古代的、封建的与现代资本主义的生产方式,是社会经济形态向前发展的几个时代;资本主义生产关系是生产过程的最后一个对抗形式。由于这种排列,就发生亚细亚生产方式指的是什么的问题。理论家们的讨论,绝大多数认为它是一种生产方式,只是在是哪一种生产方式的问题上发生争论。但是,近来有一种看法,竟认为它是不存在的子虚乌有。本文旨在澄清这些问题。

(一) 20世纪30—40年代学者对亚细亚生产方式的理解

我国大革命失败后,为了总结教训,论坛上便发生关于中国社会性质和由此而引发的中国社会史的论战。不论参加者的政治倾向如何,事实上论战不是按照中国传统历史学的观点,而是在赞成或反对马克思的社会发展史理论上进行的。这确实反映了十月革命后,马克思传播到中国来以后的威力。由于这样,中国社会史的论战,就必然涉及马克思所说的亚细亚生产方式是什么的问题。参加论战的有苏联、中国、德国和日本的学者。中国学者侯外庐认为,首先要根据马克思的理论,说明什么是生产方式,那就是:特殊的生产资料和特殊的劳动力相结合的方式;这种结合方式不是技术上的,而是生产关系上的。例如,如果是用购买生产资料和购买劳动力的办法,然后使两者结合起来进行生产,那么,这就是资本主义的生产方式。大多数参加者是遵守这方法论的。

---

① 写于2002年。

学者们对亚细亚生产方式的理解,根据我国侯外庐、彭迪先、王亚南等人的介绍,情况综合如下[①]:

——东方历史上的一种独特社会构成(形态);东方社会的地理条件(例如,需要治水),将东西方的历史划出一条分界线;主张者为马扎亚尔、威特福格、哥金、巴巴扬等。

——世界历史发展上的一般构成(形态),是马克思的理论假设;但论者却把它看成是封建社会构成;主张者为哥德斯、波卡纳夫;我个人认为,我国的李达,也是这种主张。

——世界历史发展中的一般构成,即奴隶制社会的东方变种;主张者为柯瓦列夫;我个人认为,假如撇开变种问题,即认为是奴隶制社会两种形态中的一种形态,那么,我国的侯外庐也是一位,并且是最有建树的一位。

——历史发展中的一种过渡形态或混同形态,介于共同体与古代社会之间;主张者为雷哈德等;我认为,其后,我国顾海良也是一位。

——异族征服者的共同体对被征服者的共同体取得贡纳,这样一来,异族的共同体就不再向被征服的共同体渗透,使社会不发展为奴隶制,它不是一个独特的社会构成,而是氏族社会到奴隶制社会的过渡;主张者为早川二郎;其后,埃及的阿明也认为是贡纳制,但认为是一种独立的社会形态。

此外,郭沫若、森谷克己和王亚南则认为:亚细亚生产方式指的是原始社会。应该说,这种看法,错误是明显的。因为,马克思在提出亚细亚生产方式的几个社会形态之后,接着就说:这是几个对抗的社会形态。这一点,侯外庐在50多年前就指出来了。既然如此,那么,亚细亚生产方式,明显地就不是不存在阶级对抗的原始社会。后来,王亚南修改了这种看法,认为是奴隶制社会两种形态中的一种。

---

① 参见侯外庐:《苏联历史学界诸争论解答》,建国书屋1947年版,第27—29页;彭迪先:《世界经济史纲》,生活·读书·新知三联书店1949年版,第147页;王亚南:《中国地主经济封建制度论纲》,华东人民出版社1954年版,第35—36页。此外,顾准认为:"马克思的'亚细亚'或'东方',是大陆务农的领土国王或帝国。那些领土国王或帝国,王朝的威力所寄,在于农民的贡献和'徭役——兵役',这和滨海的工商业城邦,国家的威力所寄是海上贸易和海军是不一样。"参见顾准:《顾准文集》,贵州人民出版社1999年版,第290页。坚毅认为:"亚细亚生产方式就是居住在亚细亚的古代闪米特人和雅利安人社会的生活方式……从自然关系来说是游牧社会,从社会关系来说是家庭公社。"参见坚毅:《我对社会发展道路多样性的理解》,《学术界》2002年第1期,第134页。我无法将它们归入下面的类别。

（二）马克思人类学笔记出版后，学者对亚细亚生产方式的理解

1972 年马克思人类学笔记出版，其后介绍到我国。1986 年，中共中央编译局、福建省社会科学院、中国社会科学院马列所和商务印书馆发起举行第一次"马克思晚年人类学笔记学术研讨会"，会后将参会论文编辑，由《马克思主义来源研究论丛》结集出版。阅读了一些研究马克思晚年的人类学笔记而写成的论著后，我有一个印象，就是：现在有一种倾向，即认为马克思在 19 世纪 70 年代以前使用的亚细亚生产方式概念，指的是原始的无阶级的社会，这和第一次讨论亚细亚生产方式时不同，那时还有不少人认为它指的是发育不全的奴隶制社会。同时，我也感到，持这种看法的人，多半是离开论述亚细亚生产方式最多的《资本论》去解释亚细亚生产方式的，以至按照其解释，多处论述亚细亚生产方式的《资本论》就读不通了。对于他们的解释，我在其他地方已表达了不同的看法①。

这里我想说明王亚南对亚细亚生产方式理解发生变化的经过。他在 1954 年说："在我买到一批柏林新版的马克思恩格斯文献，把有关文句再加以比照研讨之后，始觉得我以往的推论，完全是对于作者原意的误解，那是应该提出来自行检讨的。亚细亚生产方式，不是指原始社会，也不是指封建社会，而是指奴隶制阶段，在恩格斯的晚期著作，曾这样明白告诉我们：'在亚细亚的和古典的古代，阶级压迫的支配形态，那就不只剥夺大众的土地，并且还占有他们的人身的奴隶制。'②当我依据恩格斯的这个指示，再回头来仔细体会马克思在其他场合讲到的有关文句时，我才确实认识到自己原来的想法是错了。马克思在 1857—1858 年写成，作为政治经济学批判草稿的《前资本主义生产形态》中，就已经把他所提示的三种财产形态的第一种形态，看作亚细亚生产方式的基础。在《资本论》第三卷中，他还谈道：'前人总是低估亚洲的、古代的和中世纪的商业的规模和意义；与此相反，对它们异

---

① 参见拙作：《关于亚细亚生产方式和社会发展规律问题——兼论中国农村公社问题》，载《马克思主义来源研究论丛》（第 17 辑），商务印书馆 1995 年版，第 48—71 页。
② 《马克思恩格斯全集》（第二十一卷），人民出版社 1965 年版，第 387—388 页。

乎寻常地予以过高的估计,现在已经成了一种时髦。'①这里讲到的亚细亚的范围和意义,显然不能理解为是阶级分裂以前的状况,而依据他在《政治经济学批判》'序言'的顺序,把'亚细亚的'放在'古代的''中世纪的'或'封建的'以前,也显然不能把'亚细亚的'生产方式,理解为奴隶社会以后的阶级阶段。不仅如此,马克思还在其他场合,在'亚细亚的'这个词语前面附上一个'古'的帽子,比如说:'在古亚细亚的、古希腊罗马的等等生产方式下,产品变为商品、从而人作为商品生产者而存在的现象,处于从属地位……'②那又不只明白表示'古亚细亚的'和'古代的',通是就奴隶社会立论,并还暗示'亚细亚的古代',和希腊罗马的'古典的古代',是同一社会发展阶段的不同发展时期,也就是说,亚细亚的古代,只是代表奴隶社会的未发达的未成熟的状态,这就不但和恩格斯的前述文句完全符合,也可以解释《政治经济学批判·序言》(关于生产方式表述顺序)的疑团,至于马克思在当时(即写作《政治经济学批判·序言》的 1859 年)没有提到奴隶社会以前的原始共产生产方式,那用恩格斯(的有关说明),就益加证明他对于当时未曾完全用史实证实的那个生产方式,仍是极慎重地采取保留态度的。"③

上述恩格斯关于两种奴隶制的说明,是完全符合马克思对决定生产方式,即生产资料和劳动力的结合方式的方法论要求的。主要问题是奴隶这种劳动力的来源,不是由奴隶主让奴隶成立家庭、繁殖后代的办法来解决,而是直接占有成人人身来解决,原因是奴隶社会的劳动生产力太低,很难将婴儿喂养到成人,然后使用其劳动力——当奴隶,因而就或者奴役整个战败的共同体,使整个共同体连同家庭成为奴隶,或者直接使战俘和债务人成为奴隶:前者就是东方家庭奴隶制,后者就是希腊和罗马劳动奴隶制。

这里,我特别强调侯外庐的贡献:他在读到(1857—1858)手稿④之前,就已经根据马克思关于决定生产方式社会特征的因素的分析,即生产资料和劳动力的结合方式,指出亚细亚生产方式和奴隶制是同一的社会形态,不是变种而是正式的,这一点和当时(1947 年)他尚未能读到的恩格斯的论述,真是不谋而合。

---

① 马克思:《资本论》(第三卷),人民出版社 1975 年版,第 372 页注 49。
② 马克思:《资本论》(第一卷),人民出版社 1975 年版,第 96 页。
③ 王亚南:《中国地主经济封建制度论纲》,华东人民出版社 1954 年版,第 39—40 页。
④ 此处应该是指马克思的《1857—1858 年经济学手稿》。——编者注

(三) 评亚细亚生产方式子虚乌有论

如果说,上述的理解分歧,还只是在肯定马克思的理论前提下的分歧,对解释历史的发展还没有发生实质性的影响的话,那么,下述的亚细亚生产方式子虚乌有论,就不是这样了,它们会对历史的发展的解释起扭曲的作用,对具有亚细亚生产方式特征的社会发展起妨碍作用。

第一种是印度的萨拉夫提出来的。由于海道大通时,印度和英国的技术水平不相上下,因此,他就提出这样的问题:为什么工业革命不在英国之前发生于印度? 他自己的回答是:"当印度社会的转变客观上成熟时,它缺乏使其实现的主观力量。"[①]认为当时印度客观上已具备工业革命的客观条件,我认为是不正确的。我们知道,在英国开始工业革命后半个世纪(1832 年),英国驻印总督梅特加夫的报告还特别指出:印度到处都是独立的共和国即农村公社,它们几乎生产自己需要的一切。就是说,自然经济还占统治地位,这怎能说具备了客观条件呢? 萨拉夫的看法同他否认印度存在亚细亚生产方式有密切的关系。他认为亚细亚社会一词,只是马克思在他几篇文章中偶尔用之的一个探讨性的术语,并无实质性的意义。由此,他同样否认印度存在大量的农村公社。从他的论述可以看出,他对于大量讨论亚细亚生产方式的文献似乎不大了解;只是草率地甚至是武断地下结论。他说的印度不具备工业革命的主观条件,其具体表现为:印度的无产阶级还没有产生;印度的农民作为一个阶级,缺乏政治远见……这更使人不可理解。我们知道,工业革命是要资本主义发展到一定高度才能发生的。而资本主义本身就包含着两个阶级:资产阶级和无产阶级。既然这样,怎能说在印度具备工业革命的客观条件时,还没有无产阶级呢? 况且即使有了无产阶级,他们同工业革命又有什么本质的联系呢? 是劳动力方面的关系呢? 还是其他方面的关系? 这都是使人不可理解的。至于说农民作为一个阶级缺乏政治远见,这种提法,同样是使人不可理解的。当时印度的农民还是分散在孤立的农村公社里,确实是老死不相往来,作为一个阶级,严格地说都

---

① R. P. 萨拉夫:《印度社会:印度历代各族人民革命斗争的历程》,华中师范学院历史系翻译组译,商务印书馆 1977 年版,第 225 页。

还没有形成,何来政治远见呢?即使形成了农民阶级,根据马克思的分析,也是没有政治远见的。——农民阶级要是不跟资产阶级跑,就跟无产阶级跑,本身是不可能有什么政治远见的。因为他不代表任何一种新的生产方式。如果接受萨拉夫的理论指导,那就只能眼看着大量农村公社的存在,而不施加影响,不改变生产关系,坐等无产阶级成长了,才进行工业革命。这不是缘木求鱼吗?

第二种是德国的贡德·弗兰克提出来的。他是《白银资本:重视经济全球化中的东方》的作者,这本书现在我国很流行。他特地在该书中文版前言中说:"'亚细亚生产方式'是欧洲人特别是马克思发明的一个神话,其目的在于证明子虚乌有的欧洲'独特性'。"[1]他在书中还写道:"我们无须深入考察这个概念(即亚细亚生产方式——引者)的争议史就能明白,它实际上从一开始就几乎是无稽之谈。我说'从一开始',是因为在'亚细亚生产方式'概念发明出来之前,世人就已经知道真实的世界根本不是那样的。本书援引的各种言论证明,甚至在欧洲,人们也知道埃及、西亚和东南亚在经济、政治、社会和文化上的进展。1776年,亚当·斯密证明,根据各种报道,中国和印度甚至在技术方面也领先于欧洲。那么他为什么还说中国似乎在五个世纪里没有变化?实际情况当然不是这样;但是如果是这样的话,这句话就意味着中国早就如此发达,欧洲甚至发展了五个世纪还追不上。实际上,中国当时还要发达,而且我们已经看到,它的经济还在扩张和发展。亚洲大部分地区也是如此。我们已经指出,"亚洲根本没有'停滞',人口、生产和贸易都在迅速扩张;经济和金融制度促成或至少允许这种扩张。"[2]

认为亚洲在这段时间内根本没有停滞,这是抹杀历史事实。亚洲,尤其是中国,在周代(公元前1046年)就进入领主经济封建社会,比西欧在日耳曼灭罗马时(公元476年)才进入领主经济封建社会要早得多;在秦代(公元前221年)就进入地主经济封建社会,比西欧在14、15世纪才进入地主经济封建阶段也早得多。但是,要指出的是:西欧虽然比中国晚进入领主经济封建社会,也晚进入地主经济封建阶段,可是它进入地主经济封建阶段,是同进

---

① 贡德·弗兰克:《白银资本:重视经济全球化中的东方》,刘北成译,中央编译出版社2000年版,中文版前言,第20页。

② 同上书,第428页。

入资本主义阶段重叠的,而后者掩盖前者。两者的动因皆为商品经济的发展,促使地租货币化,随着就发生土地买卖、土地租赁、农奴身份动摇:这既使领主经济封建制过渡到地主经济封建制,又使城市已经产生的资本主义向农村发展。所以,当中国还长期停留在地主经济封建社会时,西欧已经进入资本主义阶段,在社会发展阶段上,中国比它落后。确认东方或者中国封建社会,和西欧封建社会发展的同中有异,是解开中国历史之谜,即有的西方学者所说的东方只是个空间概念这一问题的钥匙。这一方法论是由中国杰出马克思主义理论家王亚南教授创建的①。这样,在特定的时间里,中国无论从技术发展来看,还是从社会制度来看,与西欧相比确实是停滞的。从技术发展看,所谓"李约瑟之谜"(当西方人在中世纪的黑暗中艰苦摸索时,中国在数学、天文学、地理、物理、化学、生物以及医学多方面大放异彩,直到16世纪欧洲人发现了通往美洲和亚洲的海路,因而促使资本主义发展以前,中国始终领先于欧洲,其后中国才相对落后于欧洲:对此事实,李约瑟未能解释其原因,因此,就成为一个谜),就是很好的说明;从社会制度看,尽管农民战争不绝于史,从秦末的陈胜吴广的揭竿而起,到清代的洪秀全的太平军运动,都是农民战争,但是,都只能导致改朝换代,地主经济封建制度的性质依旧,这确实是如马克思所说的:"亚洲各国不断瓦解、不断重建和经常改朝换代,与此截然相反,亚洲的社会却没有变化。这种社会的基本经济要素的机构,不为政治领域中的风暴所触动。"②中国农民战争的爆发,大多是由于农民活不下去,官逼民反,而不一定是由于生产关系确实已经妨碍了生产力的发展(如果是这样,这种战争就是由资产者领导的)。因此,中国的农民战争就成为改朝换代的工具。从社会制度看,认为中国没有停滞,就等于说:中国马克思主义理论家长期以来讨论的中国社会发展迟缓性或停滞性问题,简直是一场"庸人自扰"的笑话;罗伊尔写作《印度长期停滞不前状况的原因调查》,也是无的放矢。弗兰克的说法,不仅与中国马克思主义理论家,而且也与中国传统历史学家认为中国历史是循环倒退、周而复始的看法不同。

---

① 其重要著作为:《中国社会经济史纲》,生活·读书·新知三联书店1937年版;《中国经济原论》,经济科学出版社1946年版;《中国官僚政治研究》,时代文化出版社1948年版;《中国地主经济封建制度论纲》,华东人民出版社1954年版。

② 马克思:《资本论》(第一卷),人民出版社1975年版,第397页。

弗兰克反对欧洲中心论(首先反对欧洲中心论的是中国历史学家周谷城教授)。他认为从 1400 年(大体上是郑和开始下西洋)到 1800 年(大体上是欧洲开始工业革命),世界经济的中心是亚洲,尤其是中国;1800 年以后,才是欧洲,而欧洲人只是由于从美洲的金银矿开采,通过海洋贸易攫取到金银货币,才"买到一张通往亚洲的车票"的;今后,又是将是亚洲(他只看到几个因先行一步实行出口替代战略、而取得有待分析的成效的新兴工业化国家和地区,其他的就看不到了)。这是一种新的看法。我认为,马克思就是虽然看到并分析过上述重叠现象,但最后还是被其束缚,又由于以欧洲为中心,所以,就认为人们所说的亚洲的地主经济封建阶段,其土地由于能买卖,就不是封建主义,因为他只看到欧洲的领主经济封建制度,但欧洲的领主经济封建制度,其土地不是由买卖,而是由分封取得的,是采地。从这一点看,马克思是以欧洲为尺度来衡量世界的其余地区,似乎是欧洲中心论者了。但是,马克思也说过:把他关于西欧资本主义起源的历史概述,彻底变成一般发展道路的历史哲学,一切民族不管他们所处的历史环境如何,都注定要走这条道路:这样做,会给他过多的荣誉,同时也会给他过多的侮辱。这表明他又不是以欧洲为尺度来衡量世界的其余地区,似乎又不是欧洲中心论者。总之,我认为要具体分析。

弗兰克特别批评亚当·斯密,认为他的中国发展停滞论,全是谎言。我倒认为,斯密的伟大正在这里。他首先指出:"许久以来,它(中国——引者)似乎就停滞于静止状态了。今日旅行家关于中国耕种、勤劳、人口稠密状况的报告,与五百年前视察该国的马可·波罗的记述比较,几乎没有什么区别。也许在马可·波罗时代以前好久,中国的财富就已完全达到了法律制度所允许的程度。"[1]又说:"但若易以其他法制,那么该国土壤、气候和位置所可允许的限度,可能比上述限度大得多。"[2]斯密在这里事实上提出:封建的政治上层建筑对中国地主封建经济发展为资本主义经济的妨碍作用。弗兰克反对斯密的中国发展停滞论,举出的具体事实是:1400 年以后,由于打通海上丝绸之路,中国的瓷器、丝绸和茶叶的出口都在增加。这根本驳不

---

[1] 亚当·斯密:《国民财富的性质和原因的研究》(上卷),郭大力、王亚南译,商务印书馆 1972 年版,第 65 页。

[2] 同上书,第 87 页。

倒斯密。因为,这完全可以用改变生产结构的办法,不涉及人口和生产总量,来达到目的。

斯密在这里是向当时的经济理论权威、法国重农主义鼻祖、他的好友魁奈挑战。魁奈极力推崇中国自秦王朝开始建立起来的中央集权的专制制度。这个制度是适应于自这时开始建立的地主经济封建制度的。而法国建立这样的制度则是在 16 世纪,即政权还掌握在封建国王的手中,而资本主义经济已在发展,因而要求有一个统一的国内市场,并要求以国家为后盾以扩大国外市场之时。因此,这时兴起一股西方学习东方典章制度的热潮,尤以法国为甚。1767 年,魁奈在其被看作是崇尚中国的顶峰之作《中国的专制制度》(该文是魁奈为答赠两位回国的中国留学生而作的)中说:中华帝国由于遵守自然规律而得以年代绵长、疆土辽阔、繁荣不息,是一个稳定、持久和不变的范例,其统治所以能长久维持,应当归因于其内在的稳固秩序。斯密同他相反,认为中国的法律制度已经妨碍中国的经济发展。这种方法论启示,实在是太重要了。

王亚南就是在这种启示下,提出官僚政治特别是其中的科举制度对中国地主经济封建制度的巩固作用的。由于要突破亚细亚生产方式的基本要素(即农村公社,在中国的表现就是井田制)对生产力发展的束缚,就要改变根据公、侯、伯、子、男的身份分封土地,即颁田制禄的制度,承认在井田以外开垦荒地的既成事实,承认诸侯不受身份限制攻城略地的既成事实,并允许土地买卖,一句话,就要变领主封建制为地主封建制,与此相应,就要变贵族政治为官僚政治,而选拔官僚的办法,就是以科举考试取仕,此制度不问出身,只要十年寒窗,考中了就能为官,这样一来,阶级阵线被搅乱了,地主、商人、高利贷者、官僚成为四位一体的(前三者本人及其子弟通过科举考试就能成为官僚)、你中有我、我中有你的通家。就是说,科举制度能起这样的作用:"一个统治阶级越能把被统治阶级中的最杰出的人物吸收进来,它的统治就越巩固、越险恶。"①由于这样,中国的农民战争,就将这四者列为打击对象,在农民战争中,商人和高利贷者这些最有可能发展为资产者的人,以及他们积累起来的最有可能转化为产业资本的货币,都被杀掉和分光。这当

---

① 马克思:《资本论》(第三卷),人民出版社 1975 年版,第 679 页。

然不利于资本主义的产生。在西欧,尤其是法国,资产阶级革命,是第三等级,即平民(农民、未来的资产者和无产者),反对第一等级即僧侣,以及第二等级即贵族的革命:阶级阵线分明,有利于资本主义产生。

但是,我在上面的说明:什么资本主义呀、封建主义呀,都是弗兰克不能接受的概念。这样一来,我们就无法对话了。那么,好吧,我们就使用大家都能接受的工业革命这个概念。这样,根据弗兰克的说法,西欧是 1800 年开始工业革命。在他看来,工业革命就使用机器(我的看法是:英国显然比这早一些,即于 1785 年前后开始,一系列机器的发明和使用是标志;这还只是从技术方面看的,如果相结合地又从生产关系变革方面看,那么,英国的圈地运动的开始还要早)。这就必然发生两个问题:第一,西欧和其后的美国使用机器的原因是什么? 他认为是工资比东方高,因此就用机器代替人力;而工资比东方高的原因则是,人口没有东方稠密,即人对地的竞争较弱。如果此说正确,那么,今日的日本的工资水平就应大幅低于澳大利亚,但是事实却相反。我的意思是像弗兰克那样,离开生产关系就必然说明不了经济问题;第二,就发生东方(日本例外)为什么就不能立刻仿效也使用机器的问题,就发生有的非西欧国家或地区为什么至今都不能这样做的问题? 这里难道就没有一个内因在起妨碍作用? 这个内因,只要我们以中国的洋务运动(开始于 1862 年)和日本的明治维新(开始于 1868 年)作一比较,就很清楚了:中国处于地主经济封建制度阶段,土地能买卖,农民能离开土地,这表面上原是西欧工业革命所要求的社会条件,因而就似乎无须革除这种制度;日本则和西欧一样,处在领主封建制度下,就是马克思说的:"日本有纯粹封建性的土地占有组织和发达的小农经济,同我们的大部分充满资产阶级偏见的一切历史著作相比,它为欧洲的中世纪提供了一幅更真实得多的图画。"[①]日本由于土地不能买卖,农奴不能离地,这就妨碍工业革命的进行,因此,就及时改革领主经济封建制度。中国和日本的这些差别,说到底或者直接间接都与是否存在过或还存在亚细亚生产方式的因素或残余有关。

过去,人们通常认为外因的作用在阻挠我国的工业革命。诚然,外力是给我们带来很多困难,但是一对照日本获得的成功,我们就不能不找寻在同

---

① 马克思:《资本论》(第一卷),人民出版社 1975 年版,第 785 页注 192。

样的外因作用下而日本成功的内因了。关于这一点,只要我们研究一下明治维新有关土地制度的变革,就可看出来。这主要是:废除各藩领地所有制,"一律奉还版籍";领主无权向农民征收年贡,改由国家支付俸禄,后来俸禄的支付几经变易,终以公债赎偿方式废止;承认土地私有,四民得自由买卖;农民有利用土地、选种作物的自由、有离地迁徙的自由、有弃农选择职业的自由;改革土地税,税率一律为地价的 3‰,以货币交纳,承担纳税义务者为土地所有者,废止按村征收贡纳的方式。这样,直到明治六年(1874 年)实施"地租改正"后,日本就真正走上工业革命的道路。

抹杀亚细亚生产方式或其基本要素在东方的存在,其害处在于:使东方国家无视发展问题上的内因,以为自己一切都好,或者以为可以如像西欧那样办事,就能解决所有问题。这就是战后某些落后国家根据西方发展经济学原理制定的发展方略,必然无法解决其发展问题的原因。因为这些发展经济学原理不要求改变旧的生产关系,认为经济发展只是几个因素之间的函数关系,即使提出经济二元论的发展经济学也是这样。

(四) 评亚细亚生产方式子虚乌有论(续)

最近,在我国出现两种看法,实质是相同的,也是亚细亚生产方式子虚乌有论,因为它们否认亚细亚生产方式是一种独立的生产方式,而认为只是一个地域概念,指的其实就是亚细亚这个地区,主要是两河流域的生产方式,这地域经历了多少个社会阶段,亚细亚生产方式就有多少个与其相应的含义。马克思和恩格斯那时,它已经经历了原始社会,并进入奴隶制社会,因此,它指的就是原始社会和奴隶制社会的初期。例如,邵腾说:"亚细亚是个地域概念,因此亚细亚社会所经历的所有生产的生产方式和社会形态都是亚细亚生产方式和亚细亚社会形态。……马克思和恩格斯时代,亚细亚社会已经有过原始社会,并经历着原始社会向私有社会的过渡、即原生生产方式形态向次生形态过渡的历史阶段。"①到了当代,亚细亚生产方式就逻辑地可以包括资本主义生产方式和资本主义社会形态,也包括社会主义生产方式和社会主义社会形态。他又说:"实际上,'亚细亚社会'的概念在当时

---

① 邵腾:《马克思的社会形态两阶段论探索》,《学术月刊》2001 年第 10 期。

西方人中主要地就是原始社会……"①坚毅则在此基础上更进一步,认为:
"亚细亚生产方式就是居住在亚细亚的古代闪米特人和雅利安人社会的生
产方式,这本来就是一个地理概念,它与时代概念、性质概念有所不同,而且
有着交叉关系。亚细亚的生产方式,从自然关系来说是游牧社会,从社会关
系来说是家庭公社。人们一口咬定'亚细亚的'就是原始社会,这恐怕也只
是后人的一种理解,因为在当年,马克思(恩格斯)还没有发现原始社会。"②

　　这两位学者提出的是新的看法。但是,按照此说,第一,论述亚细亚生
产方式最多的《资本论》就读不通了。这里举些例子:"在古代亚细亚的、古
希腊罗马等等生产方式下,产品变成商品,从而人作为商品生产者而存在的
现象,处于从属地位,但是共同体越是走向没落阶段,这种现象就越是重
要。"③认为是原始社会,这段话就读不通了。《资本论》还指出:印度的小农
使用的土地不属于他所有,他独自经营农业和手工业相结合的家庭工业,
"这种独立性不会因为这些小农(例如在印度)组成一种或多或少带有自发
性的生产公社而消失……"④认为是游牧社会和家庭公社,这段话也读不通
了。恩格斯在《英国工人阶级状况》美国版序言中说:"在亚细亚古代和古典
古代,阶级压迫的主要形式是奴隶制,也就是说,群众不仅被剥夺了土地,甚
至连他们的人身也被占有。"⑤也读不通了。第二,游牧社会和家庭公社云
云,则表明社会成员尚未定居,还没有农业和农村公社。而马克思认为,亚
细亚生产方式最重要的基础是农村公社,即既有共有因素又有私有因素的
社会组织,在私有社会里仍然大量存在着。这一点,只要读一读他在19世纪
50年代论述印度的两篇著名文章,就可以了解。认为亚细亚生产方式是奴
隶制社会的另一种形式,其特点是东方奴隶制社会仍保留着大量农村公社,
就可以读通上述的文句了。

　　应该说,上述两位学者论证的目的,说明亚细亚生产方式是什么只是次
要的,更重要的是:邵腾认为从《政治经济学批判·序言》的新中译本,可以

① 邵腾:《马克思的社会形态两阶段论探索》,《学术月刊》2001年第10期。
② 坚毅:《我对社会发展道路多样性的理解》,《学术界》2002年第1期。
③ 马克思:《资本论》(第一卷),人民出版社1975年版,第96页。
④ 马克思:《资本论》(第三卷),人民出版社1975年版,第890—891页。
⑤ 《马克思恩格斯选集》(第四卷),人民出版社1995年第2版,第391页。

看出马克思主张全部人类历史,即最高层次的社会形态是分为两个阶段的,而旧中译本却使人们错误地认为马克思主张社会发展是五阶段的;坚毅则认为社会道路发展是多样性的,根据不同的标准,可以分为各种各样的阶段,并认为属于最高层次的阶段是不可以跨越的,而属于第二层次的阶段,如资本主义阶段是可以跨越的,但其中的商品经济阶段和工业化阶段则是不可以跨越的。现分别评论如下。

邵腾是从《政治经济学批判·序言》的新的、他认为正确中译本推论出最高层次社会形态"两阶段论"的。有关内容的新中译本是:"大体说来,亚细亚的、古代的、现代资产阶级的生产方式可以看作是经济的社会形态演进的几个阶段。"①而旧中译本则是:社会经济形态……由此,邵腾同志就认为,与经济的社会形态相对应的是非经济的社会形态,它主要是共产主义社会。两者的决定性区别是:"以物质生产为社会活动的主要内容,还是以发展人类自身能力本身为社会活动的主要内容。"②用马克思的哲学术语说,前者就是必然王国,后者就是自由王国。这个与非经济的社会形态相并列的经济的社会形态,或与自由王国相并列的必然王国就包括了:上述的亚细亚生产方式、古代的生产方式、封建的生产方式和现代资本主义生产方式。这四者合起来就是第二层次的社会形态。因此,结论就是:将共产主义社会和亚细亚等四种生产方式并列起来,由此构成五种生产方式论,是犯了将不同层次的范畴放在同一层次的范畴上的错误;并认为除了在逻辑上将亚细亚生产方式认为是原始社会之外,就不可能再有别的解释,因为如果将其解释为奴隶制的另一种形式,那么,原始社会这一明明属于经济的社会形态中的一个阶段,就不能重复地再与奴隶制一起放在经济的社会形态之中了。

对此,我提出不同的看法,供邵腾同志参考。第一,仅仅根据新的中译本,就认为马克思是主张社会两阶段论的,是没有充足理由的,因为20世纪30年代讨论亚细亚生产方式时,是有德国的马克思主义专家参加的,他们读本国文字,应不存在翻译问题。但是,他们并没有根据那一特定文句,提出马克思的社会发展两阶段论,相反的,却实实在在地探讨亚细亚生产方式是

① 邵腾:《马克思的社会形态两阶段论探索》,《学术月刊》2001年第10期。
② 同上。

社会发展的那一阶段;当然,这不是说邵腾同志的论据有问题,因为德国人看不出的德文含义,并不能说明中国人就必然不能看出。第二,认为亚细亚生产方式是原始社会的,邵腾同志是以两阶段论为基础,从逻辑推理得出来的结论;但是,生活逻辑不是这样。坚毅同志说得好:认为亚细亚生产方式是原始社会的,是出于后人的想象,因为马克思和恩格斯写《共产党宣言》时(1848),还不知道世界上有不存在阶级的原始社会。1888年,恩格斯对《共产党宣言》加注说,直到摩尔根的《古代社会》出版(1877)前,情况还是这样。既然如此,怎能说1859年写的《政治经济学批判·序言》就已经明确亚细亚生产方式是无阶级的原始社会呢?邵腾同志曾说:"阅读者对于本文的阅读过程,实际上是他们自己的选择、取舍、赋义和'创造'的过程,阅读者只会发现他自己想要发现的东西。"①看来他自己也是这样。

总之,邵腾同志认为马克思提出社会形态两阶段论,是一种很有启发性的见解,我从中得益不少,但是,其证实还存在许多问题。

坚毅同志认为,社会发展五形态论,(原始社会、奴隶制社会、封建社会、资本主义社会和共产主义社会)是斯大林的概括,并非马克思和恩格斯的本意。我认为,社会发展五阶段论是否正确是一个问题,它是否由斯大林首先提出来的,是另一个问题。前者是理论问题;后者是文献问题。记得20世纪70年代时,就有人指出,是斯大林在1938年出版的《联共(布)党史简明教程》中首先提出社会发展五阶段论的。但是文献却表明,早在1897年,俄国的波格丹诺夫在其《经济学简明教程》中,已经提出五阶段论。列宁对此是同意的②。在20世纪20年代下半期到30年代上半期,在苏联流行很广的《政治经济学教程》(拉皮杜斯和奥斯特罗维强诺夫合写),就明确提出五阶段论。就是在中国,1933年陈豹隐在讲授政治经济学时,就提出五阶段论③。所有这些都比斯大林肯定五阶段论要早得多。

坚毅同志的进一步看法是:社会发展的道路是多样性的。这种多样性的划分,可以用不同的标准:人的本质是否异化;阶级是否存在(无阶级、有阶级、无阶级三形态);所有制的公有和私有以及公有的原始型和高级型(公

① 邵腾:《马克思的社会形态两阶段论探索》,《学术月刊》2001年第10期。
② 《列宁全集》(第四卷),人民出版社1958年版,第33页。
③ 陈豹隐:《经济学讲话》,北平好望书店1933年版,第46页。

有制、私有制、更高级公有制三形态);社会的交换方式(自然经济阶段、社会化商品经济阶段、社会化产品经济阶段);生产力的发展程度(工具、机器和智能工具);以地质形成来比喻;实现人类崇高信念的阶段……

坚毅同志认为,在上述三形态中,每一形态又可以分为三个形态,这样就一共有九个社会形态。他认为其表现是:氏族公社、家庭公社、农村公社、奴隶社会、封建社会、资本主义社会、共产主义社会的低级阶段、共产主义社会的中级阶段和共产主义的高级阶段。在此基础上,他进一步认为:社会历史发展的规律表明,作为最高层次的三种社会形态是不可以跨越的,而三种社会形态中的某一阶段则是可以跨越的。原因何在?他没有具体的说明。

他接着说:"正因为这样,所以我们国家可以超越资本主义社会形态,但不能超越商品经济阶段、工业化阶段。因此我们要理直气壮地反对补资本主义社会的课,但又要老老实实地承认必须补充分发展商品经济(市场经济)的课,必须补实现工业化的课。"①这里,他是根据我国实际情况叙述一番,而缺乏分析。我认为,由于苏联曾在社会主义条件下进行再工业化,因此我们就看到工业化的载体,既可以是资本主义社会,也可以是社会主义社会,又由于我国在社会主义条件下实行市场经济,因此我们又看到商品经济的载体,既可以是资本主义社会,也可以是社会主义社会:由于这样,我们尽可以说:在社会主义条件下,补发展商品经济的课,补实现工业化的课。但是,很明显,他由于对我国目前存在着大量资本主义这一事实,应该怎样解释感到困难,因此,他就将资本主义经济视为"资本主义社会",然后理直气壮地说:反对补资本主义社会的课。如果资本主义经济确实就是资本主义社会,那么,谁都会反对资本主义社会复辟,即让其补课的。但是,这只不过是一种偷换概念的反对术。问题并没有解决。

---

① 坚毅:《我对社会发展道路多样性的理解》,《学术界》2002 年第 1 期。

四、论马克思的"跨越卡夫丁峡谷"设想①

(一)"跨越卡夫丁峡谷"设想缺少必要的政治条件

马克思晚年有过"跨越卡夫丁峡谷"的设想。其含义就是落后的国家如俄国,可以不必经历资本主义这个苦难的阶段,就跨越到共产主义社会。原因是俄国存在着大量农村公社(既有公有因素,又有私有因素),又有共同劳动的习惯;其中的公有因素和共同劳动的发展,就是共产主义社会。条件是:"假如俄国革命将成为西方无产阶级革命的信号而双方互相补充的话,那么现今的俄国土地公有制便能为共产主义发展的起点。"②由于这样,马克思晚年就改变了对农村公社的历史作用的看法。19世纪50年代,他认为农村公社的大量存在是妨碍历史发展的,并且认为英国人用蒸汽机破坏印度的农业和手工业相结合的农村公社是历史的进步,因为它为印度建设西方社会奠定了物质基础;80年代,他则谴责英国人破坏印度农村公社的罪行,因为这使印度不能跨越资本主义阶段而发展。

马克思在晚年即1881年,在对俄国的农村公社进行了多年的研究后,终于认为:农村公社的发展要取决于它所处的历史环境,并认为它的公有部分可以越过资本主义发展为共产主义,即有"跨越卡夫丁峡谷"的设想。与此同时,又认为英国在印度消灭农村公社的公有制,建立私有制,不是使当地人民前进,而是使其后退。这种认识,在他后来研究印度的柴明达尔和莱特瓦尔这两种土地制度时已打下基础。从这里可以看出,马克思在晚年,再不认为这两种土地制度是亚洲迫切需要的土地制度。

---

① 写于2002年。
② 《马克思恩格斯选集》(第一卷),人民出版社1995年第2版,第251页。

在这里，我想探讨一下马克思为什么认为，随着英国在印度进行建设，印度就会奠定了西方社会的、即资本主义社会的物质基础；与此相应，他根据对印度的研究就认为："工业较发达的国家向工业较不发达的国家（印度当时就是这样的国家——作者）所显示的，只是后者未来的景象"①的问题。这个预言在印度并没有实现。其原因，我个人认为同马克思对封建制度的认识只限于土地是由分封得到的，因而土地一旦可以买卖，就无条件地不再是与封建主义有关。封建主义(feudalism)这个词在西方就是凭身份取得采地这样的社会制度。所以，1949年前中国已无采地，土地可以买卖，而仍称为半封建社会，西方的马克思主义经济学家觉得难懂。其实，封建主义可以分为两个阶段：领主封建制和地主封建制；前者的土地是分封的，后者的土地是买卖的。（我国李达明显看到封建制一词只能表明领主封建制，不能概括土地可以买卖的地主封建制，于是就以农奴制取代封建制；它的好处是与奴隶制以及雇佣劳动制相对应：三者都是阶级对抗的社会形态；但是它也不能概括土地能买卖的地主封建制）农村公社瓦解后，土地逐渐变成可以买卖。马克思说：土地在印度的任何地方都不是贵族性的，土地并非不得出让给平民。可是，其性质仍然是封建主义性质的，是妨碍资本主义产生的。但是马克思囿于封建主义的概念，认为土地既然可以买卖，就标志着封建主义土地制度的瓦解。他又认为历史哲学是：封建主义的解体分化出资本主义的要素。这样，根据历史哲学和囿于封建主义的概念，当印度土地变得可以买卖，即被认为不再是封建主义时，它当然就会发展为资本主义了。预言没有实现，终于使马克思从研究俄国农村公社中得出新的看法：在一定的历史条件下，农村公社可以跨越发展为共产主义社会的初级阶段——社会主义社会。

当然，1905年的俄国革命并没有成为西欧无产阶级革命的信号；1906年，俄国斯托雷平政府破坏农村公社；整个20世纪西欧多国革命同时成功的形势并没有产生："跨越卡夫丁峡谷"的客观条件事实上不存在。但是，苏联和东欧国家，也是在落后的条件下建设社会主义的。从某一点看，也是跨越资本主义阶段。那么，它们成功了吗？没有。原因何在？我认为

---

① 马克思：《资本论》（第一卷），人民出版社1975年版，第8页。

是马克思没有提到跨越必须还要有另一种必需条件:政治民主化。专制主义的存在,民主政治的阙如,使她们跨越不成功。

亚细亚生产方式的基础——农村公社在私有制社会里仍大量存在,必然伴随着专制主义的统治;换言之,专制主义是亚细亚生产方式的政治上层建筑。这是因为,农村公社之所以在东方大量保存下来,不易解体,是由于东方自然条件的恶劣(需要治水和灌溉),需要一个首领统率公社成员,同一行动,去与恶劣的自然条件作斗争。19世纪中叶,马克思研究印度当时大量存在的农村公社,曾问恩格斯其原因何在。恩格斯回答说:是由于气候和土壤条件。因为从非洲撒哈拉穿过阿拉伯、波斯、印度和鞑靼区直到亚洲高原最高地区这一带广袤的荒漠地带,使利用运河和水利工程进行的灌溉成了东方农业的基础。因此,东方的行政管理部门,比西方多了一个公共工程部。马克思接受了恩格斯的解释。后来事实证明,在西方也存在过农村公社,只是较早就解体了。因此,恩格斯所说的,我认为就应该不是东方农村公社产生的原因,而是其不易解体的原因。

这个首领原来只是公社的公职人员,代表公社执行公共事务的职能,也就是没有政治职能的权威。这从我国传说的大禹治水,就可以理解。恩格斯指出:"这样的职位,在任何时候的原始公社中,例如在最古的德意志的马克公社中,甚至在今天的印度,还可以看到。这些职位被赋予了某种全权,这是国家权力的萌芽。……在这里我们没有必要深入研究:社会职能对社会的这种独立化怎样逐渐上升为对社会的统治;起先的社会公仆怎样在顺利的条件下逐步变为社会的主人;这种主人怎样分别成为东方的暴君或总督,成为希腊的氏族首领,成为克尔特人的族长等等。"但要说明:"政治统治到处都是以执行某种社会职能为基础,而且政治统治只有在它执行了它的这种社会职能时才能维持下去。"①由于这样,进入奴隶制阶级社会后,东方社会的专制主义的存在,就是必然的了。它甚至表现为:个人的财产"是间接的财产,因为这种财产,是由作为这许多共同体之父的专制君主所体现的统一总体,通过这些单个公社而赐予他的"②。这就是:普天之下,莫非王土。

① 恩格斯:《反杜林论》,人民出版社1971年版,第176—177页。
② 《马克思恩格斯全集》(第四十六卷上册),人民出版社1979年版,第473页。

专制主义的长期影响,恰恰是建设社会主义的障碍。

正当我写到这里的时候,在 2002 年 7 月 21—23 日的《报刊文摘》第 1667 期的第 2 版上,读到一篇文章,它介绍一本书:《一个朝圣者的囚徒经历……》。此书叙述一个名叫姚艮的中国共产党员,九一八事变后被党派到苏联求援,而被冤枉为"反革命",被劳改。原因是他到苏联后,在教当地中国工人汉语拉丁化拼音文字的时候,同时对工人讲授汉字的写法。殊不知在苏联"要不要打倒老汉字是大是大非问题",是"革命与反革命"的鲜明标志。这样,他就成了间谍,被劳改。你喊冤枉吗? 就对你说:"你要记住个人利益什么时候都要服从共产国际的利益、苏联的利益。"你喊冤枉,为此绝食,抗议不公正吗? 这就意味着"你在今天或将来告诉世人,苏联不公正,坏得很",这当然是"对抗苏联国家,对抗共产国际"。这是在苏联冤狱而提出申诉的人,经常听到的"大道理"。仅仅这个例子,就足以说明当时的苏联是如何的缺乏民主与法制。文章最后指出:"这本书有助于我们从一个侧面认识苏联,从中明白苏联共产党被下令解散,何以竟没有人站出来反抗乃至连抗议也没有一声,从中明白苏联何以终于解体。"[1]苏联内部情况又如何呢?2002 年 11 月 7 日《中国社会科学院院报》载文说:苏联解体后,1992 年 8 月3 日,俄联邦安全部公布了 1917—1990 年"由于犯刑事罪以及根据刑法典犯类似罪"的总人数,共 3 853 900 人,其中在 1937—1938 年"大清洗"中被判刑的大约为 130—150 万人。这些人绝大多数是不经法律程序就判刑甚至枪决的。这使苏联人民人人自危,比贫穷更威胁生命。仅仅这些例子,就足以说明苏联是如何的缺乏民主与法制。这是"跨越"不成,终于失败的政治原因。

因此,东方落后国家跨越到共产主义社会(社会主义是其初级阶段),在经济建设的同时,必须加紧政治建设——实行政治民主。我个人认为,建设政治民主这一上层建筑,最重要的是,要有相适应的经济基础,这就是大力发展商品经济。否则,这样的上层建筑是建立不起来的。因为正如马克思所说的:商品是天生的平等派,货币是比商品更进一步的平等派。商品经济的发展,不可避免地会产生政治民主。政治民主不建立,缺少这一上层建筑

---

① 牧惠:《一个朝圣者的囚徒经历……》,《报刊文摘》2002 年 7 月 21—23 日,第 1667 期第 2 版。

的反作用,商品经济也就不能进一步发展。落后国家的商品经济原来就是不发达的。因为农村公社的经济是农业和手工业生产相结合的经济,是自然经济的统治。它们跨越到社会主义社会后,由于传统观念的影响,又实行计划经济体制,这不仅不能消灭专制主义,反而助长了专制主义,因为计划经济体制必然产生一批计划长官,他们既掌握政治权力,又掌握经济权力。这一点,邓小平说得很清楚;他说:我国的官僚主义,"同我们长期认为社会主义制度和计划管理必须对经济、政治、文化都实行中央高度集权的管理体制有密切关系"①。苏联和东欧国家,跨越失败的原因,就是政治民主的阙如,就是僵化的计划经济体制,就是经济体制改革的蹒跚。

(二) 与俄国民粹派主张的异同

19 世纪 70 年代到 20 世纪初,俄国占统治地位的政治思想是民粹主义。它认为资本主义在俄国是没有前途的。但是,俄国存在大量农村公社(米尔),它可以发展为社会主义的经济组织。俄国的民粹派寄希望于米尔,并到农村去,带领农民前进。于是,就发生这样的问题:既然民粹派和马克思同样认为米尔可以发展为社会主义的经济组织,那么,在这个问题上,他们两者的看法是否完全相同呢? 我认为,单从认为米尔可以发展为社会主义的经济组织来看,是相同的;但是,他们的理论基础完全不同。民粹派的理论基础是西斯蒙第的再生产理论,他和马克思理论的不同是:接受斯密教条,否认不变资本即 C 的存在,即认为全部价值都分解为收入,不分解为资本,这样分析再生产时,就只看到个人消费,看不到生产消费,就认为生产等于消费,而今年的生产是由去年的收入来实现的,一旦有积累,一旦扩大再生产,价值就不能实现,随着小生产者的破产,市场缩小,资本主义再生产就不可能实现;而马克思则是批判斯密教条的,肯定不变资本即 C 的存在,并说明它在再生产中的作用,资本主义生产不存在根本不能实现的问题。这里,我们以民粹派的大理论家伏隆左夫和尼古拉·昂为例,分别说明这个派别的理论和目的。

卢森堡精确地摘录了伏隆左夫的理论:"生产物的主要目的是实现包藏

① 《邓小平文选》(第二卷),人民出版社 1994 年版,第 328 页。

其中的剩余价值。那么,这种使资本家发生兴趣的剩余价值是什么东西呢?在我国看来,这是国内生产超越消费的部分。每个工人所生产的,超过他自己所能消费的,而所有这些剩余价值部分都积累在少数人手里。这些剩余部分的所有者自己消费这些东西,为了这个目的,把它们用来在国内和国外,与种种必需品和奢侈品进行交换。可是,不管这些所有者尽量吃、喝、跳舞,他们不可能把剩余价值全部挥霍掉,势必有巨额的剩余,而这个剩余部分,尽管不能以之交换其他生产物,也必须加以处理。他们必须把它转化为货币,否则就很不好。既然资本家在国内找不到可以承担这个剩余的人,它就必须向国外输出。这就是为什么对于走资本主义道路的国家,国外市场是必要的。"①意即夺取不到国外市场,危机就是不可避免的;资本主义也就不能发展。而俄国是迟到者,国外市场已经被先进国夺走了。因此,俄国的资本主义前途无望。这是西斯蒙第思想的俄国版。

尼古拉·昂认为:挽救俄国的唯一救命圈,就是以土地公有制为基础的农村公社,即古老的"奥勃希那"(obshchina)。必须把近代大工业和科学技术的成就移植到农村公社上来,这样它就成为高级的生产和"社会主义化"形态的基础——至于怎样移植,对于尼古拉·昂来说,始终是一个谜。我认为尽管他没有回答这个问题,但是,能够提出"高级"的生产和"社会主义化"形态的基础,就是难能可贵的。在我看来,这里的论述,同马克思晚年致查苏利奇信(草稿)中的论述是相同的。这就是利用俄国大量存在的农村公社,以及村社农民的共同劳动的习惯,跨越资本主义阶段向社会主义过渡的设想。

尼古拉·昂的设想同《古代社会》作者摩尔根的思想是完全一致的。后者说:"人类的智慧在自己的创造物面前感到迷惘而不知所措了。然而,总有一天,人类的理智一定会强健到能够支配财富……社会的瓦解,即将成为以财富为唯一的最终目的的那个历程的终结,因为这一历程包含着自我消灭的因素……这将是古代氏族的自由、平等和博爱的复活,但却是在更高级形式上的复活。"②恩格斯十分赞扬摩尔根这段话,其《家庭、私有制和国家的

---

① 转引自卢森堡:《资本积累论》,彭尘舜、吴纪先译,生活·读书·新知三联书店1959年版,第215页。

② 转引自《马克思恩格斯全集》(第四十五卷),人民出版社1985年版,第397—398页。

起源》一书就是以这段话来结束的。

在这里,我感到不可理解的是:卢森堡在论述这个问题时,特别引用恩格斯在 1875 年的《亡命者文献》第五部分"论俄国的社会问题"中的一段话,以证明尼古拉·昂寄希望于俄国农村公社是错误的。恩格斯说:俄国沿着资产阶级路线的继续发展,将不需要俄国政府的"枪和鞭子"的干涉,即能逐步破坏公共所有制。在租税和高利贷的压迫下,土地公有制已不再是特权,而是一种桎梏。农民常常带着家眷或单身脱离了农村,丢掉了土地,作为一个流浪的劳动者而寻求生计。我们看到俄国农村的公共所有制老早已经度过了它的繁荣时期,现有的一切迹象表明它的没落已日趋接近了。① 根据这篇文章,卢森堡说:"恩格斯这些话,在尼古拉·昂的主要著作发表前 18 年,已准确地击中了农村公社问题的目标。如果尼古拉·昂后来以其新的勇气用符咒把公社的幽灵呼唤出来,那是一个恶劣的时代错误,因为约 10 年后,沙皇政府正式把农村公社埋葬了。"②卢森堡以为将共产主义主义寄希望于农村公社是错误的。

但是,恩格斯在同一篇文章,也论述了俄国农村公社的另一种发展可能性,大概是由于同尼古拉·昂的观点相同,或者是后者曾参考过的,不利于卢森堡对尼古拉·昂的批判,因此,她就不引用了。恩格斯这段话是:虽然如此,但也不可否认有可能使这一社会形式转变为高级形式,只要它能够保留到条件成熟的时候,只要它能够发展到农民已不再是个别而是集体从事耕种的程度;并且要实现这种走向高级形式的转变必须要俄国农民不经过资产阶级的小块地所有制的中间阶段。然而,这种转变只有在下述情况下才会发生,即西欧方面还在这种村社所有制彻底解体以前就胜利地完成无产阶级革命,而这个革命会提供给俄国农民以进行这一转变所必需的条件,其中也提供他们为了在整个农业制度中实行必然与其相联系的变革所必需的物资。③ 恩格斯这段话,同马克思致查苏利奇的信(草稿),以及 1882 年《共产党宣言》俄译本马克思和恩格斯共同署名的《序言》最后两段话的内容

① 参见《马克思恩格斯选集》(第三卷),人民出版社 1995 年第 2 版,第 281 页。
② 卢森堡:《资本积累论》,彭尘舜、吴纪先译,生活·读书·新知三联书店 1959 年版,第 225 页。
③ 参见《马克思恩格斯选集》(第三卷),人民出版社 1995 年第 2 版,第 282 页。

完全一致。

恩格斯在这里之所以强调俄国农民的土地不要经过小块土地所有制，是为了发展其公有因素和共同劳动。正是从这一角度出发，他又强调从西方输入公社所需的物资，即输入高级的生产力，即机器、轮船和火车，占有资本主义的一切积极成果，以巩固公有制和共同劳动。

恩格斯评论空想社会主义学说的历史地位时说，在经济学形式上是错误的东西，在世界历史上却可以是正确的：这也适用于民粹派的思想。

1906 年，沙皇政府大臣会议主席斯托雷平下令破坏农村公社，但到1916 年底，欧俄仍有 2/3 的农户和 4/5 属于农民的份地在农村公社里；就是说，俄国的农村公社在十月革命后还存在很久，直到全盘集体化才最终消失。对此，我不理解的是：苏联进行农业集体化时，根本没有研究过马克思的这一设想，无论赞成还是反对，都不予考虑。我查遍了斯大林的《列宁主义问题》和《联共（布）党史简明教程》，都没有关于苏联在农业集体化中，如何对待这些仍然存在的农村公社的记载。这两本著作中有关于农业公社的记载，但是，农业公社不是原有的农村公社，因为它不仅生产社会化，分配也社会化，个人所有制（自留地和副业）全部消灭，与农村公社既有公有因素，又有私有因素不同。当然，苏联进行集体化时，西方并没有发生无产阶级革命，就是说，缺少马克思设想中的政治形势。马克思的意思是：缺少这一条件，西方就不会对俄国的农村公社提供技术援助，公社的共同劳动就不易巩固。可是，苏联进行农业集体化时，西方正处在严重的经济危机中，这使发达国家的矛盾加深，苏联有可能利用的矛盾，从西方输进所需的民用技术。这有法国和德国利用英国的经济危机，从英国输入比较先进的技术，完成本国的工业化为例。苏联社会制度同西方国家不同，不是不能这样做的理由。苏联共产党对马克思的设想不予重视，使马克思的设想丧失实践的机会。这不能不说是一大遗憾！

（三）世界革命论还是东方社会主义道路？

如果历史真的如马克思晚年设想的那样，即大量存在农村公社的东方国家可以不经过资本主义而跨越发展，那么，大量存在农村公社的东方的历史发展就真的和西方不同了。邵毅所说的，亚细亚生产方式（在私有制的社会里仍然存在着大量的农村公社是其社会基础)其实是代表一条落后国家的发展道路,它可以包括资本主义社会形态和社会主义社会形态,但是却是落后的,原因是受农村公社存在的影响,这样的道路就确实存在了①。对此,张光明在《当代世界与社会主义》2003 年第 1 期上发表的《关于所谓"跨越资本主义峡谷设想"的真相》中认为,这个设想并不像某些学者所提出的那样,是马克思晚年思想发生了重大变化,提出了"东方社会主义理论",为落后国家走向社会主义指出了方向;这一思想的真实逻辑是,设想俄国革命引发西欧革命,支持这一设想的政治理论框架,是马克思一贯持有的世界革命论,而不是什么"东方社会主义理论"。马克思承认尚未达到社会主义革命成熟阶段的国家的革命权利,但认为只有世界革命才能保证它们向社会主义方向发展。所以,这一设想仍属于世界革命的范畴,而不是什么"东方社会主义"的新理论。

我认为张光明的看法大可商榷。从上述可以看出,马克思原来认为,农村公社的存在是妨碍社会发展的,因而英国在印度破坏农村公社,就为在印度发展资本主义奠定了物质基础。后来研究了俄国大量存在的农村公社,他才改变了看法,认为在俄国革命引起并和西欧革命的互相补充下,大量存在的农村公社可以直接发展为社会主义。这里所需的条件即"引起"和"互相补充",并不是他原有世界革命论,这里提出的明显是新的看法:"东方社会主义"论。就是说:"跨越论"和"东方社会主义论"是同一回事。在提出跨越论之前,如在印度问题上,他是没有东方社会主义论的。

让我们进一步研究这个问题。在我看来,马克思主义创始人的世界革命论包括两方面。(1)资本主义大工业建立了世界市场,将全球各国人民,彼此联系起来,致使每一国家的人民都受另一个国家的事变的影响。此外,大工业使所有文明国家的社会发展得不相上下,以致无论在什么地方,资产阶级和无产阶级都成了社会上起决定性作用的阶级,它们之间的斗争成了这一时代的主要斗争。因此,共产主义革命将不仅是一个国家的革命,而将在一切国家里,即至少在英国、美国、法国、德国大体同时发生。此外,资本主义各国发展和相互联系,又使生产过剩的经济危机成为世界性的,因而由

---

① 邵毅:《马克思的社会形态两阶段论探索》,《学术月刊》2001 年第 10 期。

经济危机导致的革命也是世界性的。(2)殖民压迫是阶级压迫的派生物,从这一点看,结束殖民地历史的,是无产阶级的社会主义革命运动。英国对爱尔兰统治方法的特点是将资本主义的生产关系输出到爱尔兰去,这就是说爱尔兰将和英格兰一样,无产阶级将随着资本主义经济的发展而成长。因此,马克思认为,解决爱尔兰问题的方针不是爱尔兰的民族运动,而是爱尔兰的无产阶级和英国的无产阶级联合起来,进行社会主义革命,既推翻英国的、也推翻爱尔兰的资本主义制度,这时爱尔兰的殖民地历史自然就结束,她和英国一起走上共产主义的光明大道。但是,这一纲领迄今都不能实现。问题在于英国无产阶级,即使在资本主义自由竞争阶段,正如马克思和恩格斯所说的,由于英国垄断世界贸易而得到垄断利润的缘故,就已经资产阶级化了;他们和资产阶级在某一点上有共同的利益。资产阶级化的无产阶级,或其上层分子,当然不能和被他们国家的资产阶级剥削的殖民地的无产阶级,或人民大众团结一致,反对本国的资本主义制度,反对本国对殖民地的压迫。这就是说,宗主国的无产阶级滋生一种同无产阶级国际主义完全对立的、狭隘的爱国主义或国家主义。由于这样,爱尔兰的工人就不仅不能同英国的工人团结战斗,流入英格兰的爱尔兰工人反而被英格兰工人仇视,被看成是争夺英国工人的饭碗。再加上他们的宗教信仰不同,矛盾更大。爱、英工人团结战斗进行社会主义革命既不可能,马克思就后退一步,提出爱尔兰实现民族革命的纲领,即使是由爱尔兰资产阶级领导的也可以。这样,爱尔兰就可以获得政治独立;如果不能立即摆脱同英国已经结成的经济联系,那就结成邦联,以继续这种联系,并谋求在独立条件下的进一步发展。

马克思关于印度结束殖民地命运的纲领与爱尔兰不同。他认为这取决于英国无产阶级革命,或者取决于包括工人、资本家和农民在内的印度人民,起来进行民族革命,取得政治独立。原因是英国对印度只是部分输出资本主义的生产关系;印度的资本主义、从而无产阶级都比爱尔兰的弱小;它远远未到实行社会主革命的发展阶段。

从上述可以看到:马克思的世界革命论是世界资本主义国家的无产阶级革命,其性质是社会主义革命,并不包括落后国或殖民地的民族、民主革命,因为后者是资产阶级性质的革命。至于其后,列宁,尤其是布哈林,将民族、民主革命包括在本来意义的世界革命论中,并且由社会主义(苏联)输出革命,也输出生产关系,这已不是马克思本来的世界革命论,不属于我们现在的研究的范围,不予论列。

现在,我们可以清楚地看到,马克思的"跨越卡夫丁峡谷"设想,就其落后国要自身发展农村公社的公有因素来看,不属世界革命论的范畴;在这设想中,西欧革命之所以必需,只是由于要取得西欧的技术援助,也就是通过输入西欧的先进生产力,以巩固发展起来的公有因素:它的发展和巩固,就意味着跨越资本主义阶段而到达社会主义社会。这就是东方社会主义道路。

对于这一点,恩格斯的解释更为清楚:发生在商品生产和私人交换以前的一切形式的氏族公社同未来社会只有一个共同点,就是一定的东西即生产资料由一定的集团公共所有和共同使用。但是,这一个共同特性并不会使较低的社会形态能够从自己本身产生出未来的社会主义社会,后者是资本主义社会本身的最后产物。每一特定的社会经济形态都应当解决它自己的、从它本身产生的任务;要处于较低的经济发展阶段的社会来解决只是处于高得多的发展阶段的社会才能产生的问题和冲突,这在历史上是不可能的。然而不仅可能和不可置疑的是,当西欧无产阶级取得胜利和生产资料转归公有制后,那些刚刚踏上资本主义生产道路而仍然保存了氏族制度残余的国家,可以利用这些公社所有制的残余和与之相适应的人民风尚作为强大的手段,来大大缩短自己向社会主义社会发展的过程,并可以避免我们在西欧开辟道路时不得不经历的大部分苦难和斗争。但这方面必不可少的条件是:由目前还是资本主义的西方做出榜样和积极支持。① "大大缩短……向社会主义社会发展的过程"就是东方社会主义的道路。

在中华人民共和国成立之前,或更正确地说在土地改革之前,中国仍存在着农村公社的残余。我们知道,中国农村的村庄,大都是以血缘关系为纽带的。解放以前,农民就有换工、变工的习惯,这其实是共同劳动的流传,即使现在也存在,如盖房子和插秧;在土地私有制完全占统治地位的条件下,聚居的同姓宗族也有公田,包括蒸尝田和学田,出租给私人,其收入用于祭祀祖先和对男性求学者的奖励(当然,其管理者大多是族长,亦即豪绅之流,

---

① 《马克思恩格斯全集》(第二十二卷),人民出版社 1965 年版,第 502 页。

收支均经其手,就化公为私),这是农村公社的残余,与同时的西欧社会相比,有很大的不同。不仅汉族是这样,有的少数民族也是这样。这是一段报道:"徭民的农业,仍旧带着原始共产社会形态。当他们要开垦土地的时候,第一步手续是伐木(他们的农田都在山坡),第二步是用火烧尽地面上的草木,第三步集合许多徭民来耕起土中的树根,而那些草木灰便成为天然的基肥。这样一块土地垦成以后,便算是某甲的土地了。第二天,某甲和其余徭民再来为某乙去开垦,如此轮流开垦下去,直到所有参加工作的徭民,每人都得到一份土地为止。"①这既是共同劳动,又是换工、变工。我记得土地改革时,这种换工形式是利用来发展农业生产合作社的。上述中国的农村公社残余,如换工形式,在新的民主革命中,也是跨越资本主义阶段,而进入社会主义的,这里难道是什么世界革命吗?

①　蒋学楷:《徭民社会的原始生活》,《中国农村》1934 年第 3 期。

五、自然条件在社会发展中的作用

——马克思论东西方发展差异的一个原因①

西方一般为发达国家,比东方较早进入资本主义,较早实现工业化和现代化。对于这个问题,经济学家和历史学家进行了大量研究,探究其原因,提出过不同看法。在我看来,依据马克思的有关论述,是可以做出正确的解释的。不仅如此,研究马克思的论述,将有助于那些尚未工业化的国家制定正确的发展战略。马克思说:"相同的经济基础……可以由于无数不同的经验事实,自然条件,种族关系,各种从外部发生作用的历史影响等等,而在现象上显示出无穷无尽的变异和程度差别……"②下面主要从自然条件在社会发展中的作用这一角度,来论述问题。

(一) 自然条件、自然力和社会生产力的关系

马克思说,自然条件在经济上可分为两类:"生活资料的自然富源,例如土壤的肥力、鱼产丰富的水等等",这在文化初期具有决定性意义;"劳动资料的自然富源,如奔腾的瀑布、可航行的河流、森林、金属、煤炭等等"③,这在较高的发展阶段只有决定性意义。第一类自然富源,除了能养活人(而人是生产力的因素),能以此影响生产力之外,由于其产品一般不能当作劳动资料,尤其是劳动工具(也许兽骨和树干例外),所以不能从这方面影响生产力。第二类自然富源与此不同。它不仅影响而且转化为生产力,和社会生产力结成相克相成的关系。在文化初期,洪水泛滥,毁坏田地,冲走鱼虾,"人或为鱼鳖",其破坏生产力的作用,十分明显;在较高的发展阶段,筑坝蓄

---

① 原载《复旦学报(社会科学版)》1992年第5期。
② 马克思:《资本论》(第三卷),人民出版社1975年版,第892页。
③ 马克思:《资本论》(第一卷),人民出版社1975年版,第560页。

洪,用以发电、灌溉和航运,其发展生产力的作用,也十分明显。生产力和社会发展相互促进。

但是,人类利用自然力使其转化为巨大的生产力,是受生产关系制约的。马克思说,"排水、筑堤、灌溉、开凿运河、修筑道路、铺设铁路",这无疑是能够发展生产力的,但是,这些"劳动过程由于劳动对象空间上的联系就需要协作"①,这种协作在个体所有制的条件下是很难实现的。再如,山涧的瀑布可以变为动力,它比用蒸汽为动力便宜,用来生产商品,就可以获取超额利润;但如果这座山属于私人,这超额利润就要转化为级差地租,滚入私人腰包,这样,生产者就不愿去利用这瀑布,使其转化为社会生产力了。马克思特别指出:"资本主义农业的任何进步,都不仅是掠夺劳动者的技巧的进步,而且是掠夺土地的技巧的进步,在一定时期内提高土地肥力的任何进步,同时也是破坏土地肥力持久源泉的进步。一个国家,例如北美合众国,越是以大工业作为自己发展的起点,这个破坏过程就越迅速。"②将自然力转化为现实的社会生产力,还受资本主义剥削剩余价值和垄断资本主义攫取垄断利润的限制。马克思明确指出采用机器或技术的资本主义界限是:它的价值要小于由它所代替的劳动力的价值③,这样,在工资特别低廉的地方,就不可能采用;对垄断资本来说,它的采用如果会导致产量扩大,因而总的垄断利润下降,也不会被采用。至于在封建社会末期产生的资本主义工业,必然受封建地租和资本利润孰高孰低所限,这问题以后谈。

共产主义制度不是这样。马克思指出,这种最高级的社会,是"在资本主义时代的成就的基础上,也就是说,在协作和对土地及靠劳动本身生产的生产资料的共同占有的基础上"④建立起来的,是一个自由人的联合体,他们用公共的生产资料进行劳动,并且自觉地把他们许多个人劳动力当作一个社会劳动力来使用⑤。

———————————

① 马克思:《资本论》(第一卷),人民出版社 1975 年版,第 365 页。
② 同上书,第 552—553 页。
③ 同上书,第 431 页。
④ 同上书,第 832 页。
⑤ 同上书,第 95 页。

（二）特别利用自然力的农业是社会生产的基础

人类利用自然力以发展社会生产力，首先发生在农业上，然后再发生在其他物质生产部门上。这是因为，为人类提供食物的农业生产，从一开始就同自然力结合在一起，农业劳动生产率的高低与自然力有关，它必须达到一定的高度，使其产品除了满足农业劳动者的消费外还有剩余，其他物质生产部门的劳动者才能独立存在，才有条件去利用自然力以发展社会生产力，社会才能发展。马克思说："农业劳动不只是农业范围内的剩余劳动的自然基础……并且是其他一切劳动部门所以能够独立经营的自然基础，因而也是这一切部门所创造的剩余价值的自然基础。"①这里说的就是这个意思。

马克思对农业生产是在协同和利用自然力中进行的这些特点作了详细的分析。他首先科学地区分了资产阶级经济学家至今仍在区分的农业和工业。他认为农业的劳动对象是处在生命的生长过程中，工业则不是这样②。因此，自然条件，如土壤、养分、水、温度、阳光，对农业产量有很大的作用。当然，农业不同于其前身——采集业，它不是采集野果、野稻，不是消极地接受自然的赐予，而是积极地利用自然力，使其转化为巨大的生产力，如经过人的耕耘、播种、施肥、管理等，农业产量增加。但是，即使这样，自然力仍有其作用。耗费同量劳动，在不同的自然条件下生产的农产品，数量和质量是不相同的。

当然，正如马克思所指出的，工业生产并不是不利用自然力。但是，第一，如前所述，工业之所以能够独立存在这件事本身，就以农业利用自然力，从而有剩余农产品为前提；第二，"在农业上面，人类劳动力的增进自始就要有自然力这样一个自动发生作用的物体的运用和利用，方才可以完成。但在工业上自然力这样大规模的利用，却是跟着大工业的发展方才出现"③。最明显的例子，就是工业中利用蒸汽的膨胀力作为动力。这是在技术方面

---

① 马克思：《剩余价值学说史》（第一卷），郭大力译，人民出版社 1975 年，第 16 页。
② 按照这个定义，酿酒是工业，捕鱼是工业，与实际生活中形成的看法矛盾。这是科学研究中常常遇到的。
③ 马克思：《剩余价值学说史》（第一卷），郭大力译，人民出版社 1975 年，第 17 页。

开始产业革命的标志①。

这里我们着重研究一下在农业生产中,人类对土地的利用如何制约社会生产关系。这是因为,在马克思和恩格斯看来,东西方之所以从不同的道路进入文明社会,以及这文明社会有不同的形式,都是由于这种生产关系同中有异。根据恩格斯的研究,在原始氏族社会中,农业是从游牧业产生的。为了牲畜过冬,就要栽培稻草和种植谷物。这样一来,种植的谷物,很快也成为人类的食物。由于农业的兴起,生产关系就发生部分质变;人类从游牧到定居,耕地是部落的财产,最初交给氏族使用,后来交给同一血统的农村公社使用,即交给村社中各个家庭轮流使用,最后由各个家庭固定使用。这一切都是为了发展农业生产力。但这样一来,各个家庭就开始占有剩余农产品,开始贫富分化,最终导致剥削关系的形成。这意味着生产关系要发生根本质变。

(三) 自然条件不同使东、西方农村公社变化不同

1832 年以前,欧洲的思想家和历史学家,并没有从历史上和现实中,认识到有公有制(包括土地公有制)的存在,也不知道有原始氏族公社及其发展即农村公社的存在。从 1832 年起,情况才发生变化。该年印度总督梅特加夫的报告,提到印度各村落社会都是一些"小的共和国"。以后类似的组织,也陆续被发现。从此,人们才知道农村公社的存在。

在东方社会,如印度和中国,在原始社会制度崩溃、奴隶制社会产生以后,农村公社这种以血缘关系为纽带、仍保留某些公有因素、农工生产结合的社会经济组织仍大量存在。这和西方的奴隶制,如希腊和罗马完全不同。马克思分析了它的原因。这就是从非洲的撒哈拉穿过阿拉伯、波斯、印度和鞑靼区,直到亚洲高原最高地区这一广阔的荒漠地域,使利用运河和水利工程进行灌溉成为东方农业的基础。无论在埃及和印度,还是在东方其他国家,都是利用泛滥来施肥,河中涨水则用来灌溉。节省和共同用水是基本的要求。这种要求在西方,例如在佛兰德尔和意大利,曾使现代私人企业家结成自愿的联合,但是在古代东方,由于处于文明初期和地域宽广,不能产生

---

① 产业革命还有其生产关系的方面。

自愿的联合,就要有集中统治的政府来干预,这些国家的政府就多了一个举办公共工程的职能。印度,一方面由于这个原因,另一方面由于居民散居全国各地,生活在那些由血缘关系所维持的农工结合体中,这样一来,农村公社就不易解体。全国各地都存在着孤立的村社(小共和国)。村社的这种状态又导致道路的缺乏,这又反过来使村社更孤立,并使其丰富产品不易变为商品,这使村社的基础——工农结合的自然生产更为牢固。①

中国的情况,与此相似。中国的农村,大都是以血缘关系为纽带的。解放以前,在土地私有制完全占统治地位的条件下,聚居的同姓宗族也有公田,出租给私人,其收入用于祭祀祖先(当然其管理者大多是族长,亦即豪绅之流,他们上下其手,化公为私)——这是农村公社的残余。中国之所以长期存在着农村公社,治水是一个原因。王亚南具体指出:"中国古代文化发迹在黄河流域的黄土沙漠地带,传说尧有 9 年的水患,汤有 7 年的旱灾;大禹治水定贡,商代常为避水旱灾难而……迁都移民。"②这使农村公社大量存在。他更指出,由于这样,古代中国商品经济并不发达。他说:"周代以前的比较可靠的文献乃至传说,极少谈到商业,就是出土物也很少把商业依以进行的交换手段或货币商品提供给我们。"③

东方社会由于进入文明社会时仍存在着大量的农村公社,这就意味着东方奴隶制和西方奴隶制有重大差别。

(四) 东方的家庭奴隶制和西方的劳动奴隶制

恩格斯根据马克思的研究,在《家庭、私有制和国家的起源》中,将东方国家的奴隶制称为家庭奴隶制,即存在着以血缘关系组成的农村公社,或者其中的整个家庭沦为奴隶,或者包括所有家庭在内的整个农村公社沦为其他部落的奴隶,而农村公社依然存在,从它的内部和各家庭内部看,其成员仍然是自由人,只是以劳役或实物形式提供剩余劳动,即被剥削;将西方希腊、罗马的奴隶制称为劳动奴隶制,即在农村公社瓦解,血缘关系破坏的条

---

① 参见马克思:《不列颠在印度的统治》,载《马克思恩格斯全集》(第九卷),人民出版社 1961 年版,第 147 页。
② 王亚南:《中国地主经济封建制度论纲》,华东人民出版社 1954 年版,第 46 页。
③ 同上书,第 49 页。

件下，不问血统，将债务人和战俘都变成奴隶。

在原始社会末期，随着生产力的提高，剩余产品产生，私有制产生，奴隶制必然随之产生。这在农村公社中尤为明显。恩格斯指出："农业家族内的自然形成的分工，达到一定的富裕程度时，就有可能吸收一个或几个外面的劳动力到家族里来。在旧的土地公有制已经崩溃，至少是共同耕作制让位给各个家庭小块耕作制的地方，上述情况尤为常见。……但是公社本身和公社所属的集团还不能提供多余的供自由支配的劳动力。战争却提供了这种劳动力……奴隶制被发现了。"[①]

在我看来，这段论述虽然是说明西方劳动奴隶制的起源的，因为各个家庭将战俘变为奴隶，随着商品交换和商品生产的发展，以血缘关系为纽带的农村公社就必然瓦解，这样，西方的劳动奴隶制就不存在农村公社；但是，深入分析一下，就可以看出，其基本原理也可以说明东方家庭奴隶制的起源。前面说过，由于自然条件较劣，尤其是治水的需要，东方农村公社就没有瓦解，但正因为其自然条件较劣，各部落为争夺自然条件较好的土地而产生的战争，经常发生，在产生了剩余产品的条件下，战败的农村公社连同其成员，即整个组织变为奴隶。这一点下面再谈。

在这样的条件下，由于农村公社本身是一个工农业生产的自给自足组织，不易破坏，它就不仅在奴隶制的东方存在，也在封建制的东方存在，并且妨碍资本主义在东方的发生。马克思是这样说明的："这些自给自足的公社不断地按照同一形式把自己再生产出来，当它们偶然遭到破坏时，会在同一地点以同一名称再建立起来，这种公社的简单的生产机体，为揭示下面这个秘密提供了一把钥匙：亚洲各国不断瓦解、不断重建和改朝换代，与此截然相反，亚洲的社会却没有变化。"[②]这种在私有制的条件下，还长期大量存在着原始社会遗留下来的农村公社的社会，马克思称为存在着亚细亚生产方式的社会，马克思称为存在着亚细亚生产方式的社会，或亚细亚社会。我认为，它不是一种独立的社会形态或生产方式。

马克思认为，印度和中国都是亚细亚社会，印度公社是遗留下来的农村

---

① 恩格斯：《反杜林论》，载《马克思恩格斯全集》（第二十卷），人民出版社 1971 年版，第 196 页。

② 马克思：《资本论》（第一卷），人民出版社 1975 年版，第 396—397 页。

公社的典型。① 在我看来,周武王灭商时,分鲁公以殷民六族,分康叔以殷民七族;西周实行的井田制,即田形如井字,八家各私耕其九分之一,作为生活来源,合耕余九分之一,作为被剥削的剩余产品:这些都是亚细亚生产方式的表现。中国古代社会史分期的困难,原因也在这里。根据上述史料和传说,认为西周是奴隶制的,其理由是在农村公社中的殷民成为奴隶,合耕公田是被剥削的方式;认为西周是封建农奴制的,其理由是这些殷民有个人经济、半人身自由(不能离开公社),合耕公田是被剥削的地租。中国从秦到清,从陈胜到洪秀全,其间因农民起义而改朝换代,虽然经常发生,但中国社会的性质并没有发生根本变化,这与亚细亚生产方式②有关。

(五) 资本的祖国不是草木繁茂的热带,而是温带

前面说过,土壤的肥力和剩余劳动成正比。但由此不能得出结论说,最肥沃的土壤最适合于资本主义生产方式的生长。马克思明确指出:"资本的祖国不是草木繁茂的热带,而是温带。"③这就是说,由自然条件导致的亚细亚生产方式,使资本主义产生困难,热带的肥沃土壤,也使资本主义产生困难。我们知道,有些热带地区同时又存在着亚细亚生产方式,这样,它的资本主义产生就更加困难。

马克思详细地论证了土壤的绝对肥力和资本主义产生的关系。他说:"不是土壤的绝对肥力,而是它的差异性和它的自然产品的多样性,形成社会分工的自然基础,并且通过人所处的自然环境的变化,促使他们自己的需要、能力、劳动资料和劳动方式趋向于多样化。社会地控制自然力以便经济地加以利用,用人力兴建大规模的工程以便占有或驯服自然力,——这种必要性在产业史上起着最有决定性的作用。"④这就是说,有利于资本主义产生的自然条件是:第一,由自然产品的多样性导致的社会分工的发达,从而商品生产较发达,而不是土壤的绝对肥力本身;第二,更重要的是,人们不是消极地适应自然力,而是积极地控制和驯服自然力,主要是将劳动资料变为巨

---

① 马克思:《资本论》(第一卷),人民出版社 1975 年版,第 396 页。
② 其政治上层建筑则是中央集权的官僚政治。官僚政治的支柱是科举制度。
③ 马克思:《资本论》(第一卷),人民出版社 1975 年版,第 561 页。
④ 同上。

大的社会生产力,而过于"富饶的自然使'人离不开自然的手,就像小孩子离不开引带一样'"①。

马克思进一步论证这个问题。他指出,亚洲群岛东部一些岛屿上,在森林中长着野生的西米树,"居民在西米树上钻个孔,确定树髓已经成熟时,就把树放倒,分成几段,取出树髓,再掺水和过滤,就得到完全可以食用的西米粉。……那里的居民到森林去采伐面包,就像我们到森林去砍柴一样"。② 生活资料的自然富源如此富饶,就没有足够的压力使人们去开发和利用劳动资料的自然富源,使其转化为巨大的社会生产力,资本主义产生就较为困难。纳萨涅尔·福斯特说:"对于一个民族来说,最大的不幸莫过于他们所居住的地方天然就能出产大部分生活资料和食物,而气候又使人几乎不必为穿和住担忧……当然……投入劳动不能带来任何结果的土地,同不投入任何劳动就能出产丰富产品的土地是一样坏的。"③对此,马克思是同意的。

由此我们就可以了解,为什么古代文明古国,其摇篮都是生活资料的自然富源较富饶的江河流域和内海沿岸,但最早产生和发展资本主义的不是它们,而是这样的国家,即生活资料的自然富源不如前者,劳动资料的自然富源却较为富饶,不存在亚细亚生产方式,社会条件促使它去开发和利用这些劳动资料,使其转化为巨大的社会生产力的国家。它们是濒临大西洋的葡萄牙、西班牙、荷兰和英国等,而不是地中海沿岸最古老的文明国家埃及以及东方最古老文明国家印度和中国等。

斯密对地中海沿岸和大江河流域国家的发展,有详细的记述。他说:"根据可靠的历史记载,开化最早的乃是地中海沿岸各国。地中海是今日世界上最大的内海,没有潮汐,因而除风起浪涌外,也没有可怕的波涛。地中海,由于海面平滑,岛屿棋布,离岸很近,在罗盘针尚未发明,造船术尚不完全,人都不愿远离海岸,而视怒涛为畏途的时候,对于初期航海最为适宜。"

---

① 马克思:《资本论》(第一卷),人民出版社 1975 年版,第 561 页。
② 弗·沙乌:《土地、植物和人》。转引自马克思:《资本论》(第一卷),人民出版社 1975 年版,第 563 页。
③ 纳萨涅尔·福斯特:《论当前粮价昂贵的原因》,转引自马克思:《资本论》(第一卷),人民出版社 1975 年版,第 561 页注 4。

而在地中海沿岸各国中,"农业或制造业发达最早改良最大的,要首推埃及。上埃及的繁盛地区,都在尼罗河两岸数英里内。在下埃及,尼罗河分成无数支流,大大小小,分布全境……",与此相同,"印度孟加拉各省,以及中国东部各省,似乎也在极早的时候就已有农业和制造业上的改良……印度的恒河及其他大河,都分出许多可通航的支流,与埃及的尼罗河无异。中国东部各省也有若干大江大河,分成许许多多支流和水道,相互交通着,扩大了内地航行的范围"。① 斯密分析这问题的着眼点,是市场扩大促使分工发展,从而使财富增加,因而侧重谈河流对交通和市场的影响,而不谈它提供的自然富源对经济发展所起的作用。

但是,斯密感到奇怪的是:"古代埃及人、印度人和中国人,都不奖励外国贸易。他们的财富似乎全然得自内陆的航行。"②斯密未能看到,这是亚细亚生产方式对这几个国家的限制。因为直到 1832 年欧洲学者才知道农村公社的存在③;对其进行理论分析则更后了。

以上我们从利用劳动资料的自然富源的角度,论述它对资本主义产生和发展的作用时提到利用海洋的问题。现在进一步阐述马克思对这个问题的看法。马克思认为:首先,是否和如何利用海洋,要受生产关系的制约;其次,利用海洋进行外贸,取决于生产发展,尤其是商品生产发展的程度,亦即"不是商业使工业发生革命,而是工业不断使商业发生革命"④;最后,外贸本身不是资本主义产生的条件,因为商业不能创造一种新的生产方式,但在新的生产方式已在旧的生产方式中产生时,它能加速后者瓦解和前者发展。根据这些原理,我们就可以了解西欧由于 15 世纪末的新航路发现而导致的对外贸易,以及比这早半个多世纪的中国明朝郑和下西洋,分别对西欧和对中国的经济之所以有不同的作用,其原因在于它们各自的经济关系不同。关于前者,马克思说:"如果在 16 世纪,部分地说直到 17 世纪,商业的突然扩大和新世界市场的形成,对旧生产方式的衰落和资本主义生产方式的勃兴,

---

① 亚当·斯密:《国民财富的性质和原因的研究》(上卷),郭大力、王亚南译,商务印书馆 1972 年版,第 18—19 页。

② 同上书,第 19 页。

③ 该年英国在印度的总督在报告中,提到印度各地都存在着一种土地公有、自给自足、不易破坏的"小共和国"。

④ 马克思:《资本论》(第三卷),人民出版社 1975 年版,第 372 页。

产生过非常重大的影响,那么,相反的,这种情况是在已经形成的资本主义生产方式的基础上发生的。"①中国由于没有形成资本主义生产方式的基础,结果就不相同。郑和未能远航到大西洋沿岸的欧洲国家,下西洋未能导致对西欧的贸易,都不是偶然的。

现在谈一谈先产生资本主义的国家对东方亚细亚社会的作用问题。以英国对印度的作用为例加以说明。马克思认为,英国宗主国对印度殖民地的作用是二重的:以廉价的纺织品击败印度的棉织品,从而从经济上摧毁以农业和手工业结合为基础的农村公社,这是消灭旧的亚洲式的社会,是亚洲最大的,也是亚洲历来仅有的一次革命;除了这种破坏,也有建设,在经济上最主要的是,由蒸汽机产生的铁路和轮船,把印度的主要海港同东南海洋上的海港联系起来,使印度摆脱了孤立的状态。铁路在印度将真正成为现代工业的先驱。英国在印度修筑铁路,完全是为了降低其工厂所需要的原料的价格。但是只要他们把机器应用到一个有煤有铁的国家的交通上,他们就无法阻止这个国家自己去创造这些机器了。正是这样,马克思在《资本论》第一卷序言中预言:"工业发达的国家向工业较不发达国家所显示的,只是后者未来的景象。"②他当然看到,英国资产阶级所做的一切,既不会给印度人民群众带来自由,也不会改变其社会状况,因为这两者不仅仅决定于生产力的发展,而且还决定于生产力是否归人民所有;后者要英国的统治阶级被无产阶级推翻,或者印度人民已强大到能够完全摆脱英国的枷锁时,才能实现。

但是,马克思这一预言,并没有全部被证实。那时的工业较不发达国家,其中的北美一类移民垦殖殖民地,后来是工业化了,其中的印度一类奴役土著殖民地,有很多至今还没有工业化。这是因为由落后国家转化而来的这两种殖民地,有不同的经济与政治关系,其发展就不同。这一点,恩格斯后来作了说明③。

---

① 马克思:《资本论》(第三卷),人民出版社 1975 年版,第 372 页。
② 马克思:《资本论》(第一卷),人民出版社 1975 年版,第 8 页。
③ 参见恩格斯 1882 年 9 月 12 日给考茨基的信,载《马克思恩格斯全集》(第三十五卷),人民出版社 1971 年版,第 353 页。

（六）妨碍落后国利用自然力的经济关系

东方落后国家和西方资本主义发生经济联系后,妨碍其利用自然力的经济关系,便多了一个外来资本主义的影响和剥削这样的因素。

先谈农业方面的问题。同北美一类移民垦殖殖民地开始时不同,印度一类奴役土著殖民地存在着土地私有制。因此,交纳地租是在后一类国家里经营农业的必要条件。前资本主义的地租,本来是租地农民的剩余劳动,但自从土地可以自由买卖后,它就改变为由高利贷资本的利息率来调节[①],已经突破剩余劳动的界限,侵犯到必要劳动了;外国资本主义的入侵,外国商品经济的影响,刺激和增长了土地所有者的消费欲,他们索取的地租就更加增多[②]。只有这样,才能说明这些社会里的农民,为什么终年劳动,却不能温饱,并且每况愈下。

在这里,我想特别论述一下,在 1949 年前的中国[③],为什么有的农民其生产恶化到只用人力来掠夺地力的问题。抗日战争以前,中国农村高利贷资本的利率一般在年息 30％左右,荒年可达 200％—300％,地租为农产品的 2/3 左右,为地价的 11％左右,比英国产业革命前夕地租为农产品的 1/3 左右,为地价的 4％左右高得多。逐渐增加的地租,贫农很难负担,非万不得已,他不敢借高利贷。为生活所逼,有的只好卖掉耕牛,让"生活资料压迫生产资料",这样,他就只好用自己的身体代替耕牛,只用人力来掠夺地力,有的明知多租耕土地多受剥削,但只要有可能,还是延长自己的劳动时间,多租耕土地,平时用恶化自己的劳动条件来耕种,农忙时就不行了,但是,这时他还是不愿租耕牛,宁可雇短工,因为人工更为低廉,即短工部分生活仍要自己解决,耕牛却要全部喂养,并外加租金。[④]

再谈工业方面的问题。北美一类移民垦殖殖民地最初由于不存在土地私有权,母国虽向那里移入资本家和工人,工人很快就获得土地成为个体生产者,自己生产食物和简单的工业生活用品,资本主义包括资本主义工业就

---

① 参见马克思:《资本论》(第三卷),人民出版社 1975 年版,第 690 页。
② 参见马克思:《资本论》(第一卷),人民出版社 1975 年版,第 263 页。
③ 人们通常说旧中国是半封建半殖民地社会。根据马克思的看法,中国是经济殖民地。
④ 参见《王亚南文集》(第三卷),福建教育出版社 1988 年版,第 229 页。

不能发展。其后,以美国来说是南北战争后,大量土地分给资本家,自由获得土地的时代已结束,再加上大量移民的到来,资本主义工业就在没有前资本主义束缚的条件下迅速发展。

东方落后国与此不同。前面说过,亚细亚生产方式阻碍这些国家的资本主义的产生。但是,撇开这个问题不谈,由封建主义社会内产生资本主义,就有一个将货币购买土地收取封建主义的地租和办工业获取资本主义的利润,两者孰高孰低的问题。只有后者高于前者,资本主义工业才能产生。但是,从前面的分析可以看出,前者比后者高。这固然可以说明东方产生资本主义的困难,但不能说明西欧为何能产生资本主义。西欧解决这矛盾的一个重要方法,是从对外掠夺中得到巨额的利润。东方国家没有这个条件。

应该指出的是,西方资本主义的入侵,以其廉价的工业品,尤其是纺织业产品,摧毁东方的手工纺织业,从这方面破坏亚细亚生产方式的自然经济。从这方面看,似乎为资本主义发展准备了国内市场。但是,这只是问题的一方面,另一方面是,贫苦的农民无力购买商品,便尽量因陋就简,自己生产,自己消费,以更差的条件维持自然经济;外国资本主义的入侵,又使市场受其控制:落后国自己的资本主义很难健康地发展。

这就说明,落后国的劳动资料的自然富源,在这条件下多半不是由本国,而是由先进国加以开发和利用。

我们还可以从另一个角度谈论落后国利用自然力远远比不上发达国家的问题。由上述可知,落后国贫苦农民无法维持生活的日多,他们便要出卖劳动力,但资本主义发展困难,劳动力供过于求,工资特别低廉。这为某些资本主义企业的存在提供了条件。这些企业大量使用手工劳动,多半是生产力低下的。这又妨碍对自然力的大规模的利用。

在这条件下,落后国是很难实现工业化和现代化的。

这些问题分析清楚了,落后国就有可能制定正确的发展战略了。从经济关系方面看,就是如何对待前资本主义和外国资本主义问题。显然,这是要以一定的政治条件为前提的。

六、马克思主义发展经济理论(纲要)

——发展问题的内部原因和外部原因①

现在特指的发展问题,在我看来有两个方面。一个是现在的发展中国家是在同发达国家结成的世界经济体系,即国际经济秩序中,谋求发展的,而这种国际经济秩序。正如下面将分析说明:对发达国家有利,对发展中国家不利,因而在现存的秩序下,这两大类国家的差距会扩大。另一个是上述两大类国家开始大规模地结成紧密的经济关系时,各自在没有对方影响的条件下,其社会经济发展阶段本来就不同,一类处于资本主义产生期,其后发展为现在的发达国家,另一类处于前资本主义阶段,其后演变为现在的发展中国家②,因而后者较前者落后,这时的原因在于自身。这个原因后来不一定就消失了。这就是说,发展有外部问题,也有自身问题。

(一)

人类所处的发展阶段不同,受自然条件的影响也不同。由自然资源,尤其是其中的劳动资料构成的自然力,同社会生产力结成相克相成的关系。自然条件通过影响生产力,再对人类群体的发展发生作用,是在人群结成一定的社会关系即生产关系中进行的。这在我们的研究中特别重要。当前,最重要的问题是:将自然力变成生产力,要受资本主义生产剩余价值的限制,即采用新机器和新技术的资本主义界限是它的价值要小于它所代替的劳动力的价值。③ 因此,在工资特别低廉的地方,它就不可能被采用。

---

① 原载《复旦学报(社会科学版)》1995 年第 3 期。

② 北美和大洋洲例外。不过,它们的土著和西欧人接触时,虽处于前资本主义阶段,但都被赶走或剿灭,西欧的移民是在空地上,在没有前资本主义束缚的条件下发展的。

③ 《马克思恩格斯全集》(第二十三卷),人民出版社 1972 年版,第 431 页。

（二）

人类利用自然力以发展生产力,最初发生在农业上。因为,第一,为人类提供食物的农业,其劳动对象是处于生命的生长过程中的,同自然力的作用明显地结合在一起;第二,与自然力有关的农业劳动生产率,必须达到一定的高度,使其产品除了满足农业劳动者的消费外还有剩余,其他物质生产部门及其劳动者才能存在,才有条件去利用自然力以发展社会生产力,社会才能发展。

在不同自然条件下的人群,利用和受制于自然的情况不同,在农业生产中结成的生产关系的变化就不同。在我们的研究中最重要的是:由此导致的东西方在原始社会末期的农村公社的变化不同。正是这种不同,使西方的发展快于东方,致使两者大规模地发生紧密的经济联系时,西方得利,东方受损。下面说明农村公社在东西方为何变化不同。

1832 年英国在印度的总督梅特加夫的报告说:印度的村落社会都是些"小共和国",它们都能生产他们所需要的东西,几乎完全脱离外界而独立,无论朝代怎样变换,革命怎样频仍,它们依然不动。

对我们来说最重要的是:这种农村公社在历史发展上居何地位。马克思研究了大量有关著作后指出,它是"原生的社会形态的最后阶段,所以它同时也是向次生形态过渡的阶段,即以公有制为基础的社会向以私有制为基础的社会的过渡"①。关于农村公社这种二重性的情况,恩格斯具体指出:耕地还是部落的财产,最初交给氏族使用,后来交给家庭公社使用,末了便交给个人使用。他们对于耕地也许有若干占有权,但再没有其他权利。这就是说,从游牧到种植和定居,在耕地公有的基础上产生了耕地的个人使用,这样,随着农业劳动生产率的提高,剩余农产品就归个人所有。

（三）

梅特加夫的报告促使一些学者调查和研究农村公社。结果表明,不仅印度,而且俄国、欧洲和美洲,都有这种社会组织。但是,东方(包括俄国)和

---

① 《马克思恩格斯全集》(第十九卷),人民出版社 1963 年版,第 450 页。

西方有很大的不同:在东方它大量存在,在西方它几乎消灭,以致如果不是报告的推动作用,学者就不知道它的存在。

根据马克思的最终研究,东方农村公社不易解体的原因,说到底是由于自然条件恶劣所导致的农业上治水的必要,以及其在政治上层建筑上的反映即中央集权的专制政府的必要。他指出,从很古的时候起,亚洲国家就比欧洲国家多了一个行政管理部门,即除了财政部和军事部之外,还有一个治水的公共工程部。他称这种存着大量农村公社和中央集权专制政府的社会为亚细亚生产方式。

由于这个原因,东方农村公社就以家庭为单位,进行农业和手工业相结合的、自给自足的生产,商品经济不发达。这样,东方社会进入阶级社会的道路就不同于西方。

(四)

恩格斯将奴隶制社会分为西方的劳动奴隶制和东方的家庭奴隶制。这同农村公社在东西方的存亡有关。

他指出,历史上最初的统治阶级的产生同社会分工有关。因为分工的规律就是阶级划分的基础。① 在这基础上,随着劳动生产率,从而剩余生产物产生,阶级分化就出现了。他说:人的劳动力所能生产的东西超过了单纯维持劳动力所需要的数量,维持更多劳动力的资料已经具备了;使用这些劳动力的资料也已经具备了;"奴隶制被发现了。这种制度很快就在一切发展得超过旧的公社的民族中成了占统治地位的生产形式……"②这似乎只适用于西方的劳动奴隶制,因为"发展得超过旧的公社"意味着商品生产的发展导致各个家庭贫富悬殊,贫者沦为债务人,最后成为富者的奴隶,并导致农村公社瓦解。这样,一种将俘虏和债务人都变为奴隶的劳动奴隶制便产生。但进一步分析,就可以看出,恩格斯的分析同样适用于东方的家庭奴隶制。

这是因为,东方农村公社大量存在,治水以及争夺较好的自然资源,常常促使公社之间发生战争,这样战败的公社便成集体的奴隶,即从公社内部

---

① 《马克思恩格斯全集》(第二十卷),人民出版社 1971 年版,第 306 页。
② 同上书,第 196 页。

看,成员仍然像过去一样是自由的,但从外部看却是受奴役和被剥削的,也就是要提供贡纳。这就是家庭奴隶制。他们所属的农村公社首领就成为胜利的公社的代理人。

据此,马克思和恩格斯都认为奴隶社会,即古代社会有亚细亚的和古典的即希腊罗马的两种形态。①

(五)

农村公社在经济上是农业和手工业相结合的自给自足生产,社会分工和商品生产不发达,因而在亚细亚社会,资本主义产生困难。

但是,表面上看来,亚细亚社会似乎比西欧容易产生资本主义。因为例如在中国和印度,土地自由买卖和农民自由离开土地比西欧早,而这两者正是资本主义产生所需的条件。让我们进一步研究这一问题。

这个问题实质上是亚细亚社会,至少是中国和印度,比西欧早进入封建社会的地主经济阶段。这是因为,封建社会可以分为领主经济和地主经济两个阶段,从奴隶社会转变而来的领主经济,获得土地要凭特权,农奴要附着于土地,同奴隶相类似。那么,从中国看,从什么时候开始,土地可以买卖,农民可以离开土地呢?

历史表明,从秦商鞅变法开始。这就是"废井田开阡陌,令民得买卖"和"耕织致粟帛多者复其身"。秦统一天下后,便将建设地主经济的纲领实施于全国。此时是公元前221年。西欧从15世纪开始,各国才陆续过渡到地主经济阶段,即土地自由买卖,农民可以离开土地。

但是,中国和西欧进入地主经济阶段的经济原因是不同的。在西欧,是商品经济的发展,要求农民离开土地和土地买卖,因而这就促使资本主义产生。在中国,从某一点看就是突破"井田制",而不是商品经济发展的要求。所谓"井田制",我同意邓初民和王亚南的看法,就是殷、周的统治者,通过农村公社这种社会组织,对被统治者榨取贡纳的制度。但井田制是有矛盾的。从耕种者看,要求得发展,就要在井田即公社以外开垦;从诸侯看,要多得贡纳,就要突破等级规定,扩大土地,并按面积收租税。这两者的结合,就是废

---

① 《马克思恩格斯全集》(第二十三卷),人民出版社1972年版,第369—397页。

井田、开阡陌。从上述可以看出,这是从领主经济转变为地主经济,其原因不是商品经济的发展。

在商品经济不发达的条件下,土地自由买卖和农民离开土地本身,并不能够使资本主义产生。

不仅如此,在这种条件下的土地买卖,必然产生一种由高利贷资本利息率调节的封建地租。它大于如果不买土地而去办工业可能得到的利润,这也成为产生资本主义工业的障碍。我们知道,领主经济条件下的地租,一般是农奴的剩余劳动,即耕种"井田"中的公田的劳动。地主经济条件下的地租,不是这样决定的。开始买卖土地时的地价,由地租÷利息率决定;这个当作地价前提的地租,是原来领主经济的地租;现在的地价是地主经济的,作为地价结果的地租就由地价×利息率决定,这利息率是高利贷资本的,换言之,地租是按高利贷利息率计算的土地价格的利息,它不只是农民的剩余劳动,因而大于由剩余劳动转化而来的工业利润。因此,办厂不如买地,封建主义的土地资本不易转化为资本主义的产业资本。

(六)

古代文明诸国:埃及、巴比伦、波斯、印度、中国,以及希腊、罗马,后来能够较快发展的,只有希腊和罗马这些西欧国家。但是,在世界史中最早产生资本主义的国家又不是希腊和罗马,而是西班牙、葡萄牙、荷兰、法国和英国。换句话说就是,最早的文明国家,没有一个是最早产生资本主义的。那么,促使它们最早发展的以及后来妨碍它们发展的因素是什么呢?

西欧以外的古代文明诸国,都在大江大河流域,生活资料的资源丰富,通过治水,农业发展很快,西欧的希腊、罗马,则在最大的内海即地中海沿岸(埃及也是),生活资料的资源也很丰富。但是,劳动资料,尤其是对海洋的利用,显然不如西、葡、荷、法、英诸国,这样,随着生产力的发展,人类征服海洋,从而有新航路和新大陆的发现,古代文明诸国家就相对落后,濒临海洋的西欧国家赶了上来。

生活资料的资源极其贫乏当然不利于经济的发展。但是,这种资源丰富到俯拾即是的程度,也不利于经济的发展,因为它使人过于依赖自然,而不去征服自然,并将劳动资料的资源转化为巨大的生产力。

这样,我们就可以看到,自然条件在社会发展中有重要的作用:由它制约的农村公社的存亡、构成它本身的生活资料和劳动资料的丰寡,会通过社会组织和人对自然力的利用和驯服,影响社会发展。

(七)

随着一些国家进行工业化,世界就划分为工业国和农业国。分析其中的规律,对于说明这两大类国家的经济关系,十分重要。

马克思发展了斯密的有关研究①,明确地说:随着工业和工人集中在城市,就破坏了"人和土地之间的物质变换,也就是使人以衣食形式消费掉的土地的组成部分不能回到土地,从而破坏土地持久肥力的自然条件"②。这样,为了恢复土地肥力,就要另制肥料,并从远地运来,亦即农产品价值中要转来很多属于肥料的价值。我们知道,资本主义农业的技术革命晚于工业。于是就出现这种情况:随着工业革命的进行,农业也用一点新技术,就这一点看是节省生产农产品的活劳动的,即降低新形成的价值的;但是,由于上述肥料价值的增加较大,超过了新价值的减少部分,农产品价值反而较前增大。这就是说,工业革命未深入到农业部门时,就产生工业品价值下降、农产品价值增大的情况。落后国的情况不是这样。

这就是世界划分为工业国和农业国的原因。

(八)

世界划分为工业国和农业国,以及由此产生的工业品和农产品的交换,我认为就是国际经济秩序的物质基础和最重要的内容,其他的如货币关系、资本关系、移民和劳务关系、技术关系等,都是建立在这基础上的。研究两大类商品交换的价格问题时,我将因供求关系引起的市场价格变化、因垄断而产生的垄断价格以及由此产生的价格剪刀差问题等都抛开,只研究纯粹条件下的等价交换问题。在评论李嘉图关于甲国 80 个劳动日可以和乙国 100 个劳动日交换的理论时,马克思说一国 3 个劳动日可以和另一国 1 个劳

---

① 亚当·斯密:《国民财富的性质和原因的研究》(上卷),郭大力、王亚南译,商务印书馆 1972 年版,第 7—8、212 页。

② 《马克思恩格斯全集》(第二十三卷),人民出版社 1972 年版,第 552 页。

动日交换。价值规律在这里有重要的修正。① 但他没有具体说明。我认为，根据马克思的价值转化为生产价格的理论，就可以说明这问题如表 2-1 所示。

表 2-1　价值转化示例

国家	资本		剩余价值	价值	平均利润	生产价格
工业国	Ⅰ	90c＋10v	10	110	20	120
	Ⅱ	80c＋20v	20	120	20	120
	Ⅲ	70c＋30v	30	130	20	120
农业国	甲	70c＋30v	30	130	40	140
	乙	60c＋40v	40	140	40	140
	丙	50c＋50v	50	150	40	140

学习过马克思经济理论的人都了解表 2-1。要说明的是，农业国的平均利润率(在这里都是 100 资本的平均利润)比工业国高，因为它的资本平均构成低。这样我们看到，资本有机构成高的部门，即Ⅰ和甲，生产价格都高于价值，低的部门，即Ⅲ和丙，生产价格都低于价值。工业国资本Ⅰ是重工业，农业国资本丙是种植业，两者的产品交换就要Ⅰ 1.166 单位和丙 1 单位交换，因为 140÷120＝1.166。这样从生产价格总额看，都是 140，两者相等。但从价值看，Ⅰ为 1.166×110＝128.26，丙为 150，两者不等。

由于这样，农业国投下的劳动多，换到的价值或劳动少；工业国相反。这使两者的差距扩大。但是，马克思认为，农业国虽受些剥削，也得到好处。因为它如果自己生产火车等，开始时花的劳动比生产农产品去交换火车，所花的劳动可能还多些。这里就有一个如何处理长远利益和当前利益的问题。农业国的发展由此就受到外因的影响。

(九)

以上是从静态看问题的，没有涉及一般劳动生产率在工业国的提高快于农业国的问题。一般劳动生产率和价值及其变形生产价格成反比。因

---

① 《马克思恩格斯全集》(第二十六卷第三册)，人民出版社 1974 年版，第 112 页。

此,生产价格的下降在工业国快于在农业国。因而从发展看农产品换到的工业品应逐渐增加,亦即农业国不必工业化就可以得到工业化的好处。这是似是而非的。让我们进一步分析这问题。

以上我们没有涉及货币问题。其实,依以进行交换的生产价格是要表现在货币上的。货币的价值和商品的价格成反比例。马克思有一个著名的命题:"货币的相对价值在资本主义生产方式较发达的国家里,比在资本主义生产方式下不发达的国家里要小。"[①]只要将这命题解释清楚,就可以了解,上述的劳动生产率变化,通过货币相对价值变化,会使生产价格的货币表现,在工业国提高,在农业国降低,即对上述变化起抵消作用。

我们知道,决定商品价值量(生产价格是它的变形)的平均条件的劳动,指的是中等条件的。它以商品进入的市场为范围。两大类国家发生商品交换前,各自的中等条件是一种水平;在世界市场,工业国的中等条件同农业国比,变成优等条件。因此,同量商品在国内市场换得的货币少,在世界市场换得的货币多;用生产商品的劳动去换货币,在世界市场上换,较之在国内市场上换,花的劳动少些,货币的相对价值降低;由于它的影响,工业国所有的货币相对价值比没有进入世界市场时降低,生产价格的货币表现上升。农业国的情况相反。

(十)

农业国和工业国发生牢固的经济联系后,其发展除了受自身的影响外,又受外部原因的影响,后者的作用往往并不消除前者。

工业国的作用,首先是摧毁农业国的自给自足生产;就亚细亚社会来说,就是消灭亚细亚生产方式。马克思说:"在印度,英国人曾经作为统治者和地租所有者,同时使用他们的直接政治权力和经济权力,以便摧毁这种小规模的经济公社。如果说他们的商业在那里对生产方式发生了革命的影响,那只是指他们通过他们的商品的低廉价格,消灭了纺织业,——工农业生产的这种统一的一个自古不可分割的部分,这样一来也就破坏了公社。但是……这种解体工作……是进行得极其缓慢的。在中国,那就更缓慢了,

---

① 《马克思恩格斯全集》(第二十三卷),人民出版社 1972 年版,第 614 页。

因为在这里直接的政治权力没有给予帮助。"①但是,就是农村公社瓦解了,自然经济亦不随之消失。破产的农民因经济落后很难变为工人,更加贫困的生活逼使他不买商品或自己动手。

其次是促使封建主义地租率提高。外来高级商品刺激地主阶级追求货币,以适应逐渐发展的商品经济。

最后是产生一个为工业国服务的买办阶级。

所有这些都不利于土著资本主义的产生。

(十一)

前面关于工业国和农业国交换产品的分析,大体上适用于从资本主义国家工业革命开始到 19 世纪末垄断形成这段时间。垄断形成,尤其是帝国主义的殖民帝国产生后,情况有某些变化,但规律仍然一样。在这里,我撇开垄断价格和与垄断有关的问题不谈,只谈殖民帝国产生后所发生的变化。

殖民帝国的起源,是英国于 19 世纪 80 年代召开的殖民地会议。会议将英国两种殖民地同英国本土以及爱尔兰②组成大英帝国。这两种殖民地是:加拿大、澳大利亚、新西兰等移民垦殖式的殖民地,它们获得自治领的地位;印度、南非等奴役土著式的殖民地,它们的主权被剥夺殆尽。因此,从经济上看,大英帝国内部,至少是英国本土、爱尔兰和英国的奴役土著殖民地,就等于是一个市场,因为商品和资本都可以在其中自由流通。这样,在这个范围内,平均利润率就有形成的条件。只是这时的平均利润并不是这个范围内的剩余价值的平均,因为剩余价值的一部分已被垄断资本攫取,即成为垄断利润。这样一来,工业国例如英国和它的奴役土著殖民地有同一的平均利润率,前面的分析还适用吗?

我认为还是适用的。因为这就等于将上表中的两类国家视为一个国家,由其总资本和总剩余价值产生新的平均利润率和各个部门新的生产价格。这种新的生产价格,在资本有机构成低的部门,仍然低于价值;在资本

---

① 《马克思恩格斯全集》(第二十五卷),人民出版社 1974 年版,第 373 页。
② 其实爱尔兰也是英国的殖民地。只是由于它和不列颠于 1801 年组成联合王国,就似乎不是殖民地了。正是从这里可以看出,大英帝国是联合王国的扩大。

有机构成高的部门,仍然高于价值;总之,农业国以农产品和工业国的工业品交换,仍然是以大量劳动和对方的小量劳动交换。

这道理当然适用于其他的殖民帝国,例如法兰西帝国等。但是要指出的是:由于各垄断资本主义国家将世界分割,并努力确保自己的势力范围,或者说它之所以组成殖民帝国,其目的就是确保它的势力范围,因此,各个殖民帝国之间是不存在商品和资本的自由流动,从而全世界的同一的平均利润率无法形成,由它调节的生产价格也不可能产生。

(十二)

第二次世界大战结束以来,世界分工和不同类型国家间交换商品的价格的经济内容,发生了某些变化。

先谈世界分工的某些变化。这主要表现为:已有的工业国和农业国的划分,在逐渐变化;原来的工业国成为应用高技术生产物质资料,包括工业品和农产品的发达国家;原来的农业国,即绝大多数的殖民地和半殖民国家获得独立,恢复主权,成为应用较低级的技术或仍然使用大量手工劳动生产物质资料,包括工业品和初级产品的国家。

第二次世界大战对经济和政治的影响,是发生这种变化的重要原因,在原来的工业国方面,战争加速了国家垄断资本主义的发展,以军事费用保证其发展的高科技,战时服务于战争,战后转为民用,这是战后以来用高技术生产物质资料,并产生一些高精尖部门的原因。战争促使这些国家发展农业,力图自给,尤其是考虑到战后原殖民地国家可能恢复国家主权,再像以前那样用压低价格的办法购买农产品会日益困难,因此战后以来发达国家普遍扶植农业发展,使农业的资本有机构成大大提高,终于完成了农业领域中的工业革命,农产品不仅自给,而且出口。战争本身减少了这些国家,尤其是西欧国家的劳动力,战后以来西欧人口增长极为缓慢,因此劳动力就从低技术部门转移到高技术部门,低技术部门因缺少劳动力,改由落后国经营。

战争对于原殖民地半殖民地国家的影响,最重要的莫过于它们经过斗争,获得独立,恢复主权,有可能制定自己的发展战略。但它们无论实行进口替代,还是出口替代即出口导向,多数陷于困难,只有少数取得成绩,其中的原因以及成绩的内容,都留待下面分析。但不管怎样,从总体看发展中国家的生产结构有了某些变化。这些国家独立以来,虽没有完全改变从前同垄断资本主义国家结成的关系,经济发展也存在这样或那样的问题,但总的来说经济有所发展,人民生活有所改善,人口净增率提高,粮食不足,需要进口。这些和发达国家的变化相结合,就使世界分工发生某些变化。

还有一个问题:上述国家实行不同的发展战略,就要实行服务于某一战略的对外经济政策。一般说来,进口替代战略需要保护政策为其服务,这样一来,发达国家和实行这种政策的国家之间,就无法形成平均利润率,情况与殖民帝国产生前相类似;出口替代战略需要贸易自由为其服务,这样,发达国家和实行这种政策的国家之间,平均利润率就形成,如果大家都是关贸总协定缔约国,都是"经济联合国"的成员,情况就更是这样。

上述一切都影响不同类型国家交换商品的价格的经济内容。

(十三)

进口替代战略是指:既成的国际经济秩序造成初级产品价格低、工业品价格高,使落后国产生贸易逆差和外汇短缺,为此获得独立的国家就应自己生产原来进口的工业品,并提高关税以保护国内市场。以为只要这样,就能使工业为已存在的国内市场而生产。但20世纪60年代以来,实行这一战略的国家普遍遇到困难。其主要表现为:国际收支危机更严重、贫富分化加剧、失业率增加。

埃及经济学家阿明分析了其中原因。首先,这些国家的经济本来是依附于发达国家的,实行这一战略缺乏物质基础,必须进口所需要的生产要素,工厂设备、中间产品和原料,反而使进口增加,加剧外汇危机。其次,它们在历史上已形成的与出口初级产品相联系的阶层仍然存在,他们有较高收入,作为总体其收入在国民收入中占有相当大的部分,他们的消费成了进口替代的主要对象。为了维持这种生产结构,就只有加深收入的不平等。再次,这样建立起来的工业,一般都采用现代技术,只能吸收很少的由于资本主义生产方式入侵而产生的失业者,这就产生由于失业者存在而压低工资的社会条件,这又使国内市场狭小而妨碍工业发展。

阿明进一步认为,国内市场狭小会对工业化造成障碍,但由于工资低而产生的市场狭小并不是无条件地成为这种障碍。因为市场不只由生活资料构成,生产资料也有重要作用。低工资意味着高利润,利润对生产资料的需求也创造市场。欧洲和日本的工业革命就是在低工资基础上进行的。但是,这些国家的情况与欧洲、日本不同。因为垄断资本主义国家产生后,不仅向落后国输出商品,也输出资本。前者的需要和后者的狭小市场,使前者的投资集中在出口部门。后者的资本无法同控制出口部门的垄断资本竞争,也无法同其就地生产的廉价商品竞争,就只能进入买办贸易或服务业,成为垄断资本的补充,使工业化陷入困境。这大体是 20 世纪 60 年代中期的事情。

实行进口替代战略失败后,有些民族独立国家和有些地区就实行出口替代战略。它的含义是:既然初级产品价格低、工业品价格高,它们就应该少出口初级产品,而将其加工成为工业品后再出口,并以此带动经济的发展,实现工业化。实行这种战略,总的说来,一方面是对战后以来发达国家转为生产高精尖产品后的拾遗补阙,另一方面机器设备依靠进口,市场面向国外,实行自由贸易政策。实行这种战略,除了少数几个国家和地区取得成绩外,其余绝大多数只是加深了对外国资本的依赖,对实现本国的工业化并无好处。

实行这种战略,对大多数民族独立国家来说之所以不能成功,就在于它们都以国外市场为目标。前面说过,它们生产的工业品,原来是发达国家生产的,现在它们自己生产了,一方面以发达国家为市场,另一方面以发展中国家为市场,即以自己为市场,而这个市场由于还受前资本主义生产关系的束缚、农业劳动生产率低等原因的限制,是极其狭小的,工业发展当然受到限制。

上面分析,我们是将发展中国家当作一个整体来看的。但是,它们事实上有所不同,条件较好、起步较早的,可以取得较好的成绩。这就是说,整体办不到的,个别可以办到。那些办到的,就是新兴工业化国家和地区,我们最为熟悉的就是亚洲"四小龙"。它们生产的工业品,就是不久前发达国家生产的。这些产品既输往发达国家,也输往其他发展中国家。正因为这样,后者再实行出口替代战略,就遇到这些先行一步和捷足先登者的激烈竞争。

（十四）

现在我们研究世界分工有了某些变化的条件下不同类型国家之间交换商品的价格问题。

先谈发达国家和发展中国家中的新兴工业化国家和地区之间的交换问题。如上所述,前者的高精尖产品当然是资本有机构成高的,完成了工业革命的农畜产品也是这样,就是说其生产价格高于价值;后者除了原有的低构成的初级产品外,现在新产生一种由发达国家转移过来的产业,这种产业如果仍在发达国家,也是低构成的,但在发展中国家,它应该是高构成的,其生产价格应该高于价值。这样,双方交换就不能说后者以大量劳动交换前者的小量劳动,也就是说和资本主义垄断产生前的情况不同。

让我们进一步研究这问题。应该强调的是,上述的发展中国家都是实行自由贸易政策的。这样,它们和所有发达国家之间是存在平均利润率的①,两者合起来如同一个国家内部形成平均利润率和生产价格一样。在这种条件下,这类发展中国家的产品又成为低构成的,生产价格还是低于价值。只是从发达国家转移过来的产业,比初级产品生产部门,有机构成高些,生产价格低于价值的幅度比初级产品小些。因此,向发达国家出口这种产品较之从前全部出口初级产品有相对的利益,即受损失少些。很明显,发展中国家中的新兴工业化国家和地区,将其工业品和其余的发展中国家的初级产品交换,虽然两者的生产价格都低于价值,但后者更低,前者有绝对的利益。其余的国家不论是否实行自由贸易政策,即同其贸易伙伴是否形成平均利润率都是这样。

至于发达国家以高精尖产品和农产品同最落后的发展中国家的初级产品交换,后者当然蒙受绝对损失。

从以上关于世界分工和不同类型国家交换商品的价格的内容的分析可以看出,在这种体系中,落后国是吃亏的。要改变这种局面,落后国的出路在于开拓国内市场,而开拓国内市场的关键在于提高农业劳动生产率,要做

---

① 发展经济学家刘易斯、激进派经济学家伊曼纽尔和阿明,都以此作为前提研究贸易条件问题。在上述特定条件下,我认为是正确的。

到这一点,就要扫除妨碍生产力发展的社会关系,其中最主要的是前资本主义的土地制度。

新兴工业化国家和地区,由于实行出口替代战略,以其他国家为市场,其发展就受对方经济增长的制约。对方一为发达国家,一为更落后的发展中国家;后者为了发展,最终也要开拓国内市场,实行保护政策,它对外开放的市场是有限制的。当然有的也实行出口替代战略,同新兴工业化国家竞争。但是,它们作为一方,其发展就要受发达国家经济增长的限制。这就是说,出口替代战略本身不能消灭新兴工业化国家和发达国家的差距。因此,它们也要开拓国内市场,也要提高农业劳动生产率。我认为对多数新兴工业化国家来说,这个问题仍没有解决。

诺贝尔经济学奖获得者、发展经济学家刘易斯说得好:"经济增长的动力应该是技术变化,国际贸易是润滑油而不是燃料。达到技术变化的途径是农业革命和工业革命,这两者是互相依赖的。"①我想补充的只是:农业革命和工业革命这种技术变化,是建立在社会关系变革的基础上的。

---

① 阿瑟·刘易斯:《国际经济秩序的演变》,乔依德译,商务印书馆 1984 年版,第 52 页。

七、东西方经济发展同中有异的历史哲学

——王亚南对经济史方法论的贡献①

已故的王亚南教授的中国经济史研究,从某一点看,已经形成一个学派。如何从其有关论述中,抽象出其中的方法论,再以历史哲学去说明东西方经济史的同中有异,一直是我的心愿。下面是一个尝试。

(一) 社会越发展受自然的影响就越小,共同性就越大,差异性就越小

人类的发展是从被动地适应到主动利用自然条件的过程。与此相应,不同种族的人结成的生产关系也在发展,其差异性越来越小,共同性越来越大。根据这一历史唯物论理论,王亚南提出以下值得重视的看法。他说:"我还得就历史法则提出这样一个还不大有人谈到的意见,我们是公认各民族所遭遇的自然条件是不同的;且不讲在最先,历史条件的不同,是如何受着自然条件的影响,单就自然条件来说,它对于社会的发展,愈往过去,是愈有着拘束限制作用的,也就是说,社会劳动生产力对于自然力的克服作用,是愈来愈大的。如其说,人类社会在愈早的历史阶段,他们为维持生存,克服其所遭遇的自然,所表现的社会劳动生产力,愈益薄弱,因而,哪怕在同一历史阶段,比如说,在同一原始社会阶段,它们各别的社会经济形态,彼此间可能发现出较大的特殊性;反之,如其在一个发达的社会,比如说,临到资本主义这个历史阶段,它的社会劳动力便相对的愈来愈大,愈有克服气候、地形、人种以及其他种种自然因素的力量,因而,由自然因素作用而形成的社

---

① 写于 2002 年中。

会特殊性,就相对愈少了。"①根据这种方法论,他进一步指出,希腊、罗马社会的奴隶经济形态,与东方奴隶经济形态的差异性,可能较之东西方封建经济形态间的差异性更大;而两个资本主义国家间所表现的一致性或一般性,要比两个封建制国家间所表现的一致性或一般性更大。他特别指出:"许多流俗经济史论者,就惯拿此点来否认资本主义社会以前的社会经济形态,即否认历史法则。其实,在同一历史阶段诸社会彼此间所表现的差殊性,虽愈往过去愈大,但它们构成一个历史阶段的根本共同点,却并不因此受到影响。"②王亚南的论述,对我们的研究,有很大的启发。

(二) 人类和自然的关系

童年时代的人类,生息在热带的或亚热带的森林中;至少部分地生活在树上,只有这样才能在猛兽中间生存。这时人类的发展受自然条件的影响是不言而喻的。即使其后人类离开了森林,在陆地、在海洋、在太空生活,仍然受自然条件的影响,因为人类最基本的活动是生产活动,也就是向自然界取得生活资料,这不能不受自然条件的影响。当然,在生产活动中,人类自身在发展,从被动地适应到主动地利用自然条件,在这过程中形成和发展生产力,并和自然力结成相克相成的关系。

马克思辩证地分析了这种关系。他说:"外界自然条件在经济上可以分为两大类:生活资料的自然富源,例如土壤的肥力,鱼产丰富的水等等;劳动资料的自然富源,如奔腾的瀑布、可以航行的河流、森林、金属、煤炭等等。在文化初期,第一类自然富源具有决定性的意义;在较高的发展阶段,第二类自然富源具有决定性的意义。"③

恩格斯同样重视自然条件在社会发展中的作用。他在执行马克思遗言和参考马克思的阅读笔记,并根据摩尔根的《古代社会》而写成的《家庭、私有制和国家的起源》中,十分赞同摩尔根这种看法:生产上的技巧,对于确定人类凌驾和支配自然的程度,是具有决定意义的;在一切生物中,只有人类

① 《王亚南文集》(第四卷),福建教育出版社1988年版,第27—28页。
② 同上书,第28页。
③ 《马克思恩格斯全集》(第二十三卷),人民出版社1972年版,第560页。

达到对于食物生产进行几乎无限支配的地步。人类进步的一切伟大时代，是跟生存资源扩充的各个时代多少直接相吻合的。他特别指出，摩尔根把人类的史前时期，分为蒙昧和野蛮两个时期，其标志是：前者以采集天然产物为主；后者则以经营畜牧业和农业，即增加天然产物为主。说明了这些问题之后，恩格斯强调说：由于这样，从野蛮时期到来时起，两个大陆在自然条件上的差异已具有意义了。这时，东半球，即旧大陆，拥有几乎一切适于驯养的动物和一切（除了一种以外）适于种植的植物；而在西半球，即新大陆或美洲，在适于驯养的一切哺乳动物中只有羊驼，并且只是在南部某些地方才有，而在一切可种植的谷物中只有一种，不过是最好的一种，即玉蜀黍。由于自然条件上的这种差异，两个半球上的居民就各自循着独特的途径发展。

人类利用自然力使其转化为生产力，是受生产关系制约的。生产关系是人们在利用自然力时结成的关系。马克思指出：能够发展生产力的"排水、筑堤、灌溉、开凿运河、修筑道路、铺设铁路"，这些"劳动过程由于劳动对象空间上的联系就需要协作"①，这种协作在个体生产者之间，是很难实现的。在封建社会末期，资本主义工业的产生，必然受封建地租和资本利润孰高孰低所限。山涧的瀑布可以变为动力，它比用蒸汽作为动力便宜，用来生产商品，就可以获得超额利润；但如果这座山属于私人，这超额利润就要转化为级差地租，流入私人的腰包，这样，生产者就不一定利用这瀑布了。在资本主义条件下，将自然力转化为现实的社会生产力，还受资本主义剥削剩余价值的限制。马克思指出，资本主义使用机器的界限是：它的价值要小于它所代替的劳动力的价值；这样，在劳动力价格即工资特别低廉的地方，它就不能被采用。

（三）农村公社的两重性：公有和私有的并存

马克思所说的人类利用自然力以发展社会生产力，以及摩尔根所说的人类能生产食物，首先发生在农业上，然后再发生在其他物质生产部门上。这是因为，为人类提供食物的农业生产，从一开始就同自然力结合在一起，农业劳动生产率的高低同自然力有关；它必须达到一定的高度，使其产品除

---

① 《马克思恩格斯全集》（第二十三卷），人民出版社1972年版，第365页。

了满足农业劳动者自己的消费外还有剩余,其他物质生产部门的劳动者才能独立存在,才有条件去利用自然力以发展社会生产力,社会才能发展。

马克思对农业生产是在协同和利用自然力中进行的这些特点作了详细的分析。他首先区分了某些经济学家至今仍在区分的农业和工业。他认为,农业的劳动对象是处于生命的生长过程中,工业则不是这样。正因为农业的劳动对象是处于生命的过程中的,其产量就与自然因素有密切的关系。

在我们的研究中占有重要地位的农村公社,其产生与人类开始从事种植业,即开始利用土地而过定居生活有关。随着种植业即农业生产的发展,土地关系、男女社会地位,以及剩余产品的经济性质发生了变化。农村公社是从氏族公社,经过家庭公社发展而来的。一个部落分为几个通常是两个氏族,人口是极其稀少的,仅在部落居住的地方比较稠密,在住地的周围,首先是一个广大的狩猎地带,然后是中立的防卫森林,这些将各个部落隔离开来。种植业产生后,耕地还是部落的财产,最初交给氏族使用,后来就由从氏族演变而来的家庭公社使用,最后交给每个家庭使用,家庭对耕地仍没有所有权,只有使用权。耕地在质和量上尽量可能平均地分配给每一个家庭。此外,还有共耕地,其产品用于公共开支。这种土地关系的变化,是适应农业生产力发展的要求的。随着土地关系的变化,分配和消费也发生变化:从全公社成员的平均分配和共同消费,到由每个家庭获得自己生产的产品并进行消费。随着农业劳动生产力的提高,剩余产品就产生,家庭财产就增加。这样,一方面,由于男性在农业劳动中居于重要地位,其在家庭中的地位就逐渐取代女性,并占有财产;另一方面,剩余用来和其他公社交换,最初由双方的首领进行,后来由双方公社的家庭进行,这就是马克思说的:商品交换是在公社的边界处(boundaries),在它们与其他的公社或其成员接触的地方开始的。但是物品一旦对外成为商品,由于反作用,它们在公社内部也成为商品。① 恩格斯说,公社的产品愈是采取商品的形式,产品中为自己消费的部分愈小,为交换目的而生产的部分愈大,在公社内部,原始的自发的分工被交换排挤得愈多,公社各社员的财产状况就愈加不平等,旧的土地公有制就被埋藏得愈深,公社也就愈加迅速地瓦解为小农的乡村,也就是说,

---

① 《马克思恩格斯全集》(第二十三卷),人民出版社 1972 年版,第 106 页。

产生阶级的条件已经具备了。随着公社的解体,那些贫者成为债务人,就有可能沦为奴隶。

这样,我们就可以看到,农村公社是既有公有财产(土地)又有私有财产(房屋、工具和产品),既有集体的和为公的劳动(在共耕地上的劳动),又有家庭的和为己的劳动(在家庭用地上的劳动),并且在无阶级的社会中开始产生阶级:这就是农村公社的二重性。根据这一点,马克思指出:"农村公社有公有因素又有私有因素;是原生的社会形态的最后阶段,所以同时又是向次生形态过渡的阶段,即从以公有制为基础的社会向以私有制为基础的社会的过渡。"①但是,公社是否解体要受自然条件的制约;由此又决定人类进入阶级即文明社会有两条不同的道路。

(四) 公社解体受自然条件的制约

亚洲(日本除外)、非洲、东欧、南美,尤其是其中的印度、俄国、印加和中国等,在私有制即阶级社会已经确立的条件下,农村公社仍然存在,尤其是其中的公有制仍然存在,尽管公社同外部的关系已发生变化,但公社内部的情况大体还是和从前一样。这种情况,西欧并不是没有,但很不明显,以致如果不是由于英国在印度的总督的报告提到印度到处都是自给自足的"共和国",欧美(白人)学者根本不可能知道非西欧的这些社会组织,也不可能调查西欧是否有过和还有同样的社会组织。

但是,没有哪位学者能科学地解释西欧和非西欧之间有如此不同的原因。马克思和恩格斯用自然条件的不同来解释,我认为至今仍有重大的意义。

马克思认为:"那些属于全体的以劳动实际占用的条件,如在亚细亚各民族中起着非常重要作用的灌溉河道,如交通工具等等,通常是由最高统一体亦即君临于各小公社之上的专制政府处理。"②恩格斯在致马克思的信中说:"主要原因是在于气候,且与土壤的性质有关,尤其是与广阔的沙漠地带有关系,这些沙漠,从非洲撒哈拉起,经过阿拉伯、波斯、印度及蒙古,绵延到

---

① 《马克思恩格斯全集》(第十九卷),人民出版社1963年版,第450页。着重号是引者加的。
② 《马克思恩格斯全集》(第四十六卷上册),人民出版社1979年版,第474页。着重号是引者加的。

亚洲的最高的高原。这里的农业,主要是建立在人工灌溉的基础上的,而这种灌溉却已经是村社、地方当局或中央政府的事。"①

马克思说,从非洲的撒哈拉穿过阿拉伯、波斯、印度和鞑靼区,直到亚洲高原最高地区这一广阔的荒漠地带,使利用运河和水利工程进行灌溉成为东方农业的基础。无论在埃及和印度,还是东方其他国家,都是利用泛滥来施肥,河中涨水则利用来灌溉。节省和共同用水是基本的要求。这种要求在西方,例如在佛兰德尔和意大利,曾使现代企业家结成自愿的联合,但是在古代的东方,由于处于刚脱离野蛮时期的文明初期,以及地域宽广,不能产生自愿的联合,就要有集中统治的政府来干预,这些国家的政府就多了一个举办公共工程的职能。这种用人工方法提高土壤肥沃程度的制度,是依靠于中央政府的。马克思以印度为例说:这两种情况,即一方面,印度人民像东方各国人民一样,把作为他们农业和商业的基本条件的大规模公共工程交给中央政府去主持;另一方面,印度人民散处全国各地,因有农业和手工业相互间的宗法性的联系而聚集于各个细小中心地点,这使印度从最古的时候起,就产生了一种特殊的社会制度,即农村公社制度,它使每一个这样的细小团体具有独立的性质,并使其陷于孤独存在的地位。这是马克思在19世纪50年代初期对印度农村公社产生原因的说明。从上述我们已看到,其实这只是包括印度在内的东方公社不易解体,而不是产生的原因。因为晚年的马克思对作为普遍规律的公社产生有新的解释,即认为东方和西方同样存在农村公社。

王亚南对中国农村公社长期存在之原因的解释,是对马克思有关理论的深化。他说:"中国古代文明发迹在黄河流域的黄土沙漠地带,传说尧有9年的水患,汤有7年的旱灾;大禹治水定贡;以及商代时常为避水旱灾难而'不常宁''不常厥居'而迁都移民。"②这固然说明这使公社不易解体,但他认为,同样是这些自然条件,更要引起统一集中力量来夺取或保障较优良的猎场、牧场、耕地,这是专制君主产生即农村公社不解体的重要原因。所谓"逐水草而居""狄人之所欲者吾土地也",都说明这一点。

---

① 《马克思恩格斯〈资本论〉通信集》,人民出版社1976年版,第82页。
② 王亚南:《中国地主经济封建制度论纲》,华东人民出版社1954年版,第46页。

(五) 私有制的发展及其形式,公有因素的存亡对私有制形式的影响

前面说明,农村公社在西欧大体上是消灭了的,在非西欧则基本上是保留的。这样就产生了它的存亡决定人类进入私有制社会,亦即文明社会或第一个阶级社会,应该有不同的路径,这一社会应该有不同的形式的问题。

第一个阶级社会是奴隶社会。社会形态的区别在于劳动力和生产资料相结合的方式不同。过去在讨论奴隶社会形态时,特别是在讨论由马克思提出的亚细亚生产方式的含义是什么时,产生各种看法,长期不能解决。其实,对这个问题,恩格斯在 1887 年即 67 岁时,为其在 24 岁写的《英国工人阶级的状况》的美国版序言中,就说得很清楚了:"在亚细亚古代和古典古代,阶级压迫的支配形态,就是那不止剥夺大众的土地,并还占有他们的人身的奴隶制。"①奴隶制有两种形态,亚细亚生产方式是其中的一种,应该是很清楚了。

这里要指出的是:奴隶的主要来源,不是来自让奴隶成立家庭所繁衍的后代,而是来自用强制力量得到的成年劳动者。认识这一点十分重要。

恩格斯指出,产生阶级的一条道路是:农村公社的管理公共事务的职能演变为政治统治的职能,社会的公仆逐步变为社会的主人。这些公共事务不仅是一个公社内部的,而且包括处理公社之间的争端和冲突。由公仆变成的主人包括东方的总督或暴君、希腊氏族的首领、克特尔人的族长等。冲突和战争中的俘虏就成为这些主人的奴隶。

产生阶级的另一条道路是:随着剩余生产物的出现,就有可能吸收一个或几个外面的劳动力到家族里来,战争提供了这种劳动力。奴隶制就这样出现了。这种情况,在旧的土地公有制已经崩溃,或者旧土地共同耕作制已经让位给各个家族的小块土地耕作制的地方,就尤为常见。这在东方古代社会是很明显的,即战败的整个公社成为集体奴隶。

由于这样,恩格斯就认为奴隶社会有两种形式:希腊、罗马的劳动奴隶制,东方社会的家庭奴隶制,即不易解体的农村公社在冲突中,战败的公社

① 《马克思恩格斯全集》(第一卷),人民出版社 1956 年版,第 387—388 页。

"成建制"地成为奴隶。这就是亚细亚生产方式。

从上述不难看出,亚细亚生产方式的基础——农村公社在私有制社会里仍大量存在,必然伴随着专制主义的统治;换言之,专制主义是亚细亚生产方式的政治上层建筑。这是因为,农村公社之所以在东方私有制的社会中仍然大量保存下来,不易解体,是由于东方自然条件的恶劣(需要治水和灌溉),需要一个首领统率公社成员,同一行动,去与恶劣的自然条件作斗争。这些首领原来只是公社的公职人员,代表公社执行公共事务的职能,也就是没有政治职能的权威。这从我国传说的大禹治水,就可以理解。恩格斯指出:"政治统治到处都是以执行某种社会职能为基础,而且政治统治只有在它执行了它的这种社会职能时才能维持下去。"①由于这样,进入奴隶制阶级社会后,东方社会的专制主义的存在,就是必然的了。它甚至表现为:个人的财产"是间接的财产,因为这种财产,是由作为这许多共同体之父的专制君主所体现的统一总体,通过这些单个公社而赐予他的"②。这就是:普天之下,莫非王土。

专制主义的长期影响,是中国封建社会与西欧封建社会相比,中央集权专制制度的产生早得多、历时长得多的原因,也是东方产生资本主义和建设社会主义的障碍。

(六) 西欧和中国封建制度的各自特点:领主经济和地主经济

封建社会经济从一个社会看,可以分为领主经济和地主经济两个阶段;从不同的社会看,可以有以领主经济阶段为主,和以地主经济阶段为主之分。王亚南认为西欧的封建社会是以领主经济阶段为主,中国的封建社会则以地主经济阶段为主。

封建社会的劳动者和奴隶的不同在于:后者要用别人的生产资料来劳动,并且不是独立的;前者不是这样。既然封建制度的劳动者是独立的,而又要提供劳动地租,就"必须有人身的依附关系,必须有不管什么程度的人身不自由和人身作为土地的附属物对土地的依附,必须有真正的依附农制

---

① 恩格斯:《反杜林论》,人民出版社1971年版,第176—177页。
② 《马克思恩格斯全集》(第四十六卷上册),人民出版社1979年版,第473页。

度"①。这样的结合方式就表现为农奴制的封建社会。马克思说:"徭役劳动是同实物地租和其他农奴制义务结合在一起的,但徭役劳动是交纳给统治阶级的最主要的贡赋。凡是存在这种情形的地方,徭役劳动很少是由农奴制产生的,相反农奴制倒多半是由徭役劳动产生的。"②根据这些论述,我们就可以看出,奴隶这种完全没有人身自由和生产资料的劳动者,随着生产力的发展,并且为了发展生产力,就逐步获得不完全的人身自由和部分的生产资料,在这过程中奴隶就演变为农奴;他的对立面就是领主,这样的制度就是封建主义的农奴制或领主经济封建制度。这就说明:罗马奴隶社会后期的奴隶固然会逐渐获得部分人身自由,从而成为附着于土地的农奴;而上述在农村公社里的集体奴隶,本来就在公社里因而不能离开土地,这样,随着外部关系的变化,即奴隶主被领主所取代,这些集体的奴隶也就随之演变为集体的农奴,这就产生了另一种形式的领主经济封建制度。

封建社会经济的发展可以分为两个阶段,就是领主经济阶段和地主经济阶段。这从西欧资本主义如何从封建制度中产生,应该是看得清楚的。马克思说:"资本主义社会的经济结构是从封建社会的经济结构中产生的。后者的解体使前者的要素得到解放。"③资本主义社会的经济要素就是生产资料和劳动力都成为买卖的对象,即成为商品。很显然,在领主经济条件下,由于农奴要附着于土地,就不能出卖自己的劳动力;获得土地要凭特权,而农奴对于其份地则有使用权。这就使资本主义不可能产生。因此,以农奴不能离地和土地不能买卖为特征的领主经济必须解体,资本主义才能产生。而生产力的发展,引起领主经济的矛盾发展,促使它用以剥削农奴的地租形式发生变化,随着这种变化,必然动摇领主经济的基础,亦即农奴获得人身自由,土地也能买卖。

城市经济的发展,也要求领主经济解体。封建制度下的城市,是作为商品交换的中心,并随着商品交换大发展而形成和发展的。这里主要是手工

---

① 《马克思恩格斯全集》(第二十五卷),人民出版社 1974 年版,第 891 页。
② 《马克思恩格斯全集》(第二十三卷),人民出版社 1972 年版,第 265 页。
③ 同上书,第 783 页。

业和商业。从业者本来也是农奴,是从领主庄园那里逃出来的。因为西欧领主各有其领地,农奴只要逃到另一领地,原来的领主就管不着他。此外,当时的惯例是:农奴逃到城市一年零一天后,便获得自由,这就是俗语所说的"城市的空气使人自由"。这些从业者经营的是商品,存在着竞争。当时市场较为狭小,他们因而害怕竞争,因为这必然有失败者,于是就分别组成行会即基尔特,其目的在于对外保护作为一个团体的行会的利益,对内限制同业者之间的竞争,以此来保护每一个成员的利益。例如,手工业者按不同行业组成的行会,限制入会人数,规定每一店东雇佣帮工和学徒的人数、学徒成为帮工的年限、劳动日长度、买卖价格、生产数量、产品质量,等等。在这里,我们看到数量对质量的限制:这种数量的规定使参加行会的商品生产不能发展为资本主义的商品生产,使店东不能变成资本家。但是这种束缚商品生产发展的规定,必然被商品生产发展所冲破。首先是有些从业者跑到行会管不到的城郊或城外从事经营。最后行会制度也废除了。

从上述可以看到,西欧领主经济动摇,即土地变为可以买卖、农奴变为可以离开土地,也就是地主经济产生之时,资本主义经济因素就开始产生。但是,资本主义从自发地产生到大体上取代封建经济是一个非常漫长的过程。即使新兴的资产者最终运用了政治力量以加速这一过程,资本主义制度的最终确立,至少也历时 300—400 年。

我要指出的是:由于在西欧资本主义的产生和封建主义地主经济阶段的开始,是重叠的,再加上封建(feudal)这个词也就是采邑,总之,它意味着土地不能买卖,由于这样,西方的经济学家和历史学家,就认为这一阶段的社会性质不是封建主义,而是资本主义,也就是说,资本主义的产生将地主经济的存在掩盖了,也将某些学者的眼睛遮住了。由于这缘故,西方学者总认为,地理大发现时的东方如中国和印度等国,其土地是可以买卖的,就不是封建制度(当然也不是资本主义制度)。

中国由封建的领主经济阶段进入地主经济阶段,在我看来是很清楚的。王亚南认为,相对于西欧来说,中国进入地主经济阶段不是由于商品生产的发展,而主要是由于生产力的发展要求突破束缚其发展的大量存在的农村公社,即井田制。问题是清楚的:还束缚在井田制中的集体农奴,每家耕种的土地面积是受到限制的,相传是百亩,随着人口的增加和劳动生产力的提高,就必然要求耕种更多的土地。这就表现为农奴开垦荒地,尤其是在公社之外开垦。随着这种情况的发展,原来剥削剩余劳动是八家合耕公田这种形式,就必然发生变化,即改为按实耕面积征收相结合的地租和赋税,这就是史书上所说的:履亩而税和鲁宣公十五年(公元前 594 年)初税亩,这是一方面;另一方面,随着这种据以征收相统一的地租和赋税的土地面积的变化,各级领主即诸侯卿大夫,其分别占有的实际耕地,即实际所得到的合而为一的租税,就慢慢地变得和其身份应占有的不相等,亦即封建的等级制的这一面,由于农村公社的突破而开始动摇。这是经济原因使其动摇的。经济的要求变为政治上的要求,这就是大小诸侯争地以战、争城以战,相互兼并土地,以致最后完全动摇了与占有相应的土地面积相联系的封建等级制,这在中国历史上就是战国时期。

在这种经济和政治条件下,能够适应形势,以纲领的形式,运用政治力量改变原有的经济条件,以促进经济的发展,其中做得最好的是秦国,这就是著名的商鞅变法。王亚南认为,秦统一天下后确立的新体制包含两方面:一是废井田封建,开阡陌封疆,这是在突破井田制的基础上,变领主经济为地主经济在经济体制上的反映;二是废封建,置郡县,变贵族政治为官僚政治,这是变领主经济为地主经济在政治体制上的反映。这样,中国就从封建主义的领主经济阶段进入地主经济阶段。

(七) 不同的封建经济对资本主义产生的不同作用

资本主义的产生与自然条件有关。它们是:一定高度的农业劳动生产率是剩余价值产生的基础,因为如果生产食物的农业,其劳动生产率是如此的低下,以致劳动者的全部劳动只构成必要劳动,当然就不可能有资本主义生产。从这一点看,太贫瘠的自然条件是不利于资本主义经济的产生的;但也不能反过来说,自然条件越是优良的地方,就越容易产生资本主义。不是的。在这样的地方,人们容易依赖自然,不去利用自然力,以发展生产力,而资本主义是要利用乃至征服自然力的。此外,商品生产的水平太低,不利于资本主义的产生,这个道理自明,不用多说。正是这样,马克思说:资本的祖国不是草木繁茂的热带,而是温带;"不是土壤的绝对肥力,而是它的差异性和它的自然产品的多样性,形成社会分工的自然基础,并且通过人所处的自然环境的变化,促使他们自己的需要、能力、劳动资料和劳动方式趋向于多样化。社会地控制自然力以便经济地加以利用,用人力兴建大规模的工程以便占有或驯服自然力,——这种必要性在产业史上起着最有决定性的作用"①。这就是说,资本主义先在西欧产生是很自然的。因为处于地中海沿岸而又不存在亚细亚生产方式的基础——农村公社——的国家,最具备这些条件;最重要的是其商品经济,在当时是最发达的。但是,我们的分析不能停留在这里,我们要在这基础上,具体地通过对两种封建经济的分析,说明其对资本主义产生的不同作用。

封建社会的最重要经济规律是地租规律。地主经济的地租规律和领主经济的地租规律的表现形式不同。后者就是前面说过的耕种公田的劳役地租,它在时间和空间上都和农奴耕种私田的劳动分开。前者不是这样。它不论表现为实物还是货币,其实质都是根据土地价格再按高利贷资本的利息率计算的利息,也就是将购买土地的货币看成是资本,地租就是这资本按高利贷资本利率收取的利息。从领主经济转为地主经济时发生的土地买卖、从而历史上第一次产生的土地价格(其实质是土地私有权的资本化),是将领主经济下的地租额折算为货币额,再除以高利贷的利息率计算出来的。这个作为始因的地租亦即调节地价的地租,是领主经济性质的。土地一经买卖,作为结果的那种地租,亦即地主经济下的地租,就是这地价按照高利贷资本利率收取的利息了。我们知道,高利贷的利息率可以高到侵蚀借款人的必要生活费用的程度。因此,地主封建制的地租往往侵蚀农民的必要劳动,使他们不得温饱。何况还有赋税的负担。因此,中国的农民有时连简单再生产都难以维持。

中国封建地主经济制度早就产生了城镇和都市。这是因为,地主和领主不同,他不需要住在农民(农村)的周围以便监督其劳动。官僚政治的统治和流通经济的中心是都市。城市的生活水平比农村高。因此,地主、官僚、商人、高利贷者及其仆役就居住在政治性和消费性的城镇。他们都是非农业劳动者,其数量客观上要受农业劳动者,也就是农民能提供多少食物来决定,亦即由农业的劳动生产率除了满足农民的需要外能有多少剩余生产

① 《马克思恩格斯全集》(第二十三卷),人民出版社 1972 年版,第 561 页。

物来决定。在农业劳动生产率不高的条件下,城镇的众多人口及其高消费要以农民的低消费,甚至不得温饱为条件。

王亚南认为:地主经济下的农民有人身自由、能离开土地,这是产生资本主义经济的一个条件。但是,中国虽比西欧早进入地主经济阶段,却比西欧晚产生资本主义经济。其中重要的原因在于:由高利贷的利息率调节的商业利润和地租,都比如果办产业得到的利润高些;而中国的城市又是消费性和政治性的,没有经济力量由自己提供较低的资本主义的利息率,并进一步借以压低封建主义的利息率。

中国地主经济的政治上层建筑,也使资本主义经济难产生。第一,在此条件下,地租和赋税分开,农民受经济的和政治的双重封建主义剥削,特别贫困,市场狭小。

第二,中央集权专制政府为财政目的而设立的专营事业,将最有利的经济事业收归国家经营,或不如说由官僚经营。

第三,作为中央集权专制政府的杠杆的科举制度,能巩固地主经济封建制度,因为它可以将被统治者中的优秀人物,拉到统治者方面来,并且搅乱封建社会的阶级关系,从而延长封建社会的寿命。由于地主、商人和高利贷者本人或其子弟,通过科举考试便可为官,因此,在中国就出现一个为西欧各国所无的四位一体的公式:地主—商人—高利贷者—官僚,他们是你中有我,我中有你的通家,这就使地主经济制度下爆发的农民战争,必然将商人和高利贷者这些未来的资产者,和地主与官僚一起列为打击对象,并在斗争中将积累起来的商业资本和高利贷资本这些未来的资本分光。这当然不利于资本主义的产生。这和法国大革命是一鲜明的对比:法国大革命是第三等级的平民,包括农民、资产者和无产者起来反对第一等级僧侣和第二等级贵族,这有利于资本主义的产生。

(八) 资本主义社会更能控制自然条件,其共同性比以往的社会形态大些

资本主义社会之间的共同性,比过去任何社会形态都大些,这是凭感官都能解决的问题,这里就不必谈了。至于一些由于上述原因不能正常发展为资本主义社会的地区,则成为资本主义国家的殖民地。它和前资本主义

的殖民地不同在于:不是用于移民垦殖,如像古希腊的移民殖民地那样——
资本主义的移民殖民地,如北美、大洋洲等,已较快地发展为资本主义社会;
也不是用于榨取贡品,如像古罗马的殖民地那样;而是用作销售市场、原料
供应地、资本输出地。其典型为:农业生产是资本主义其表、奴隶制其里的
种植园,工业生产则是以手工劳动为主的工场手工业……总之,同正常的资
本主义生产有质的区别。

八、理查德·坎蒂隆的经济思想

——一种从分析土地关系开始研究社会经济的理论[①]

先师王亚南教授的《中国经济原论》初版于 1946 年,1957 年第五版(增订版)时改名为《中国半封建半殖民地经济形态研究》。该书是我国第一本运用马克思的政治经济学理论,对自鸦片战争以来的旧中国经济关系进行系统研究、揭示其经济规律的著作。对于鸦片战争以前的中国经济关系的性质,王老师认为它是从秦朝开始的地主封建制度,以区别于从西周开始的领主封建制度。将中国封建社会划分为这两个阶段,并与西欧封建社会相比较,来说明中国社会经济发展史上的重要问题,是王老师的另一重要贡献。由于该书是王老师运用马克思的经济理论,对他本人有着深刻认识的中国地主经济和外国资本主义经济接触后,发生哪些变化,进行科学分析的结果,它就成为一本具有重要科学意义的著作。

研究中国半封建半殖民地经济,有一个方法问题。王亚南的《中国半封建半殖民地经济形态研究》的方法是:按照马克思的《资本论》的体系,依次研究商品、货币、资本……然后从正面说明它们在中国不是具有如像《资本论》所分析的那种资本主义的性质,从而从反面说明它们是封建主义性质的。他自知这种方法是有缺点的。他在该书初版序言中就表示:"如其是在 10 年以前,像我这样一部不完备的东西,也许根本无法产生出来;如其是在 10 年以后,它的内容和体制,也许会更完备一些。"[②]果然,这种研究方法早在该书出版的当时,就由杨奎章学长[③]一再指出这是不适用于研究中国半封

---

① 原载《马克思主义来源研究论丛》(第 8 辑),商务印书馆 1987 年版,第 175—191 页。

② 王亚南:《中国经济原论》,上海生活书店 1946 年初版,序言第 4 页。

③ 《中国经济原论》的基础,是王亚南为中山大学经济系学生开设的"高级经济学",当时有些农业经济系的学生来旁听。杨奎章是农业经济系学生。是时为抗日战争时期,中山大学经济系设在广东的坪石镇(与湖南交界处),农业经济系设在湖南的栗原堡。

建经济关系的。对此,王老师在 1957 年的版本中,作了回答,说:《资本论》的体系,确实"是不适用于封建社会经济形态的,因为封建社会,有关地租或租佃的生产关系,是说明全部经济活动的出发点或基础",可是,"到现在为止,以地租或租佃生产关系为出发点为中心的有关封建经济的经济学体系还没有建立起来",即使建立起来了,"也不能机械地用它来说明中国现代的生产关系,因为我们现代的封建生产关系,毕竟只是作为原始积累的基础;大小封建地主,封建军阀,还不仅是大买办大官僚或四大家族的附庸,并且还是帝国主义的爪牙"。① 从那时起,我就一直考虑这个方法问题,但将近 40 年未能解决。直到 1985 年我有机会看到商务印书馆翻译的、18 世纪 30 年代爱尔兰经济学家坎蒂隆写的《商业性质概论》②的译稿时,在思想上才豁然开朗。该书仿佛就是王亚南老师渴望的那种经济学体系,它以分析土地关系为基础,来分析刚从封建主义中产出来的资本主义的经济关系。它给我最大的启示就是可以用这种方法来研究中国半封建半殖民地经济关系。而这一点,又是同王老师的思想吻合的。这就可以从分析土地关系开始,去设想一个研究半封建半殖民地经济的提纲。

爱尔兰经济学家理查德·坎蒂隆(1680—1734)是英国古典政治经济学产生时期的代表之一、《商业性质概论》的作者。他分析了资本主义的经济关系和阶级关系,并以此为基础提出了有利于英国产业资本家的理论和政策。由于当时英国新的土地贵族力量很强大,产业资本家力量较弱小,在社会经济生活中,土地权力的作用大于资本权力,因此坎蒂隆的经济理论就不仅一般地具有不成熟性,而且在不成熟性中显示出这样的特点,即以分析土地关系为基础来分析资本关系。

坎蒂隆所处的时代,是英国"光荣革命"之后、产业革命之前,距离英国资产阶级通过 1832 年的议会选举改革法最后掌握政权大约还有一个世纪。"光荣革命"后,土地所有者早在复辟时期就通过立法对土地进行的掠夺,此

---

① 王亚南:《中国半封建半殖民地经济形态研究》,人民出版社 1957 年版,第 48 页。

② 写于 1732—1734 年,出版于作者身后的 1755 年。其后曾失传 100 多年。我为该书写了一篇中译本序言;又利用序言中的思想材料,写了一篇副题为《一种以分析土地关系为基础的经济理论》,刊登在商务印书馆出版的《马克思主义来源研究论丛》第 8 辑(1987)上。以下就是该文全文。现在的副题是新起的。

时更达到了巨大的规模,新的土地贵族迅速形成。在农业中租地农场主早就产生了,但在工业中,机器工业尚未产生,存在的是工场手工业、个体手工业。产业资本家经济力量和政治力量的弱小,使坎蒂隆的理论不能不具有某些特点。

(一) 地租的决定和社会分工受土地关系制约

贯穿在坎蒂隆理论体系中的方法,就是以分析土地关系为基础,来说明资本主义的经济范畴和经济规律。

他从论财富开始。他认为土地是生产财富的源泉,劳动是生产财富的形式。很清楚,这是英国古典政治经济学创始人配第所说的"劳动是财富之父,土地是财富之母"这句名言的借用。他既然认为土地是财富的源泉:就必然认为人类总要以各种方式使用土地,但这在他看来,成为土地所有权必然属于少数人。因此,他是未经说明,便将土地私有权的存在,作为分析问题的起点。这样一来,就必然发生土地租赁关系,地租由此产生。

关于地租,他是从物质的观点进行考察的。在他看来,人的衣、食都是农产品,而农产品中扣除了种子后的余额便是可以供人们消费的。但是,这余额不可能全部成为地租,因为它还要扣除耕种土地者的消费基金,以及在资本主义条件下经营农业的利润。[①] 他要回答这问题。

他最初是从经验回答问题的。他说:"租地农场主通常取得土地产品的三分之二。他们把其中的一半用于补偿成本、供养帮工;另一半作为他们自己的经营利润。"[②]换句话说,土地产品的 1/3 是地租。

我们撇开这里的数据不谈,只考察这种地租理论本身。我认为,这种说明有正确的地方,这就是将农场主取得的土地产品分为两大部分:一是补偿成本即 C 和供养帮工即 V 部分,二是经营的利润部分。也有很大的缺点,如果将补偿的成本仅仅理解为取回种子(其实不止种子),那是可以在物质的观点上加以说明的。但是,供养帮工的部分是无法说明的,因为帮工消费的

---

① 理查德・坎蒂隆的地租理论是受到配第的影响的。这就是都从物质形态上进行考察,并认为种子、劳动者的口粮和衣服都可以从农产品中扣除。但配第认为,余下的是地租。这地租实质上包括了利润,因而是剩余价值;坎蒂隆认为,还要扣除利润,因而地租和利润合起来才是剩余价值。

② 理查德・坎蒂隆:《商业性质概论》,余永定、徐寿冠译,商务印书馆 1986 年版,第 22 页。

和他生产的土地产品,在物质形态上并不完全相同,因此不能像种子那样可以从产品中直接扣除。如果说,帮工消费的口粮和衣服,无非就是土地产品,同他生产的土地产品在物质形态上大体相同,并且认为帮工所需消费品的数量可以从经验上计算出来,因此能够从产品中直接扣除,那么,用这种办法是无法说明利润的决定的,因为利润不可能只等于农场主所必需的消费资料,这一点无法说明,地租的大小就不可能从理论上得到说明。

总之,从研究方法看,不从价值观点而从物质观点进行考察。从历史条件看,资本主义生产尚未发展到一定的高度,农业利润虽已成为一种独立的范畴,但平均利润率尚未形成。这两者使坎蒂隆的地租理论存在着一些缺点。

但是,这种从物质观点进行考察的地租理论,却成为重农主义派的纯产品理论的思想材料。因为他所说的地租,就是土地产品中扣除了种子、工资和利润以后的余额,这余额就是重农主义派认为要转化为地租的纯产品。

坎蒂隆进一步以他的地租理论为基础,说明社会分工是受土地关系制约的。

他首先说明,在土地耕作者劳动的附近,必须有为其服务的各种工匠,土地耕作者的人数同耕作的土地成比例,各种工匠的人数同土地耕作者成比例,他们居住的地方就成为村庄。土地所有者居住的地方,是市集、城市和都市,在这些地方,也有为土地所有者服务的各种工匠、商人和业主,他们之间也是有比例的。这两种比例说到底要受土地所有者人数和他们占有的土地数量的制约。

其次,最重要的是他进一步说明,所有的人都要靠土地生活,有多少人可以不是土地耕种者要取决于土地耕种者提供的剩余生产物。前面说过,他认为租地农场主取得土地产品 2/3,用作补偿成本、供养帮工和所赚利润,土地所有者取得土地产品 1/3 作为地租。他认为前 2/3 的产品,"直接或间接地供养了所有生活在农村的人以及一些住在城里的工匠和业主;因为他们的城市商品是在农村消费的"①。这就是说,这部分土地产品在物质形态上是消费资料,其中在价值形态上的 V 和利润由耕种者和经营者消费;C 由

① 理查德·坎蒂隆:《商业性质概论》,余永定、徐寿冠译,商务印书馆 1986 年版,第 22 页。

工匠和业主消费,他们供应农业生产所必需的生产资料。后 1/3 的产品,则不仅供养了土地所有者,还"供养了那些把土地产品从乡下运到城里的脚夫"①,以及供养了土地所有者"在城里雇佣的所有工匠和其他人"。这就是说:这部分土地产品是消费资料,是地租,由土地所有者以及为其服务的人消费。

这种理论,在形式上反映了当时的英国土地权力在社会经济生活中发生着重大作用,表明了资本主义生产尚未在国民经济中占据统治地位,资本权力的作用没有土地权力那样大;在内容上则揭示了这样的经济规律,即在社会分工中,有多少人可以不是农业劳动者取决于农业劳动者所生产的农产品,扣除了种子和口粮外,还有多少剩余,这剩余农产品的数量,决定非农业劳动者的人数。从政治经济学史的角度看,这里揭示的内容是有重大意义的。英国经济学家詹姆斯·斯图亚特关于"自由的手"的理论,即社会上有多少人的手可以不束缚在农业生产上的理论,就是以此为思想材料的。

(二) 劳动者的收入等于其生活必需的土地数量,业主的收入由土地所有者需求变化调节

论述地租时,坎蒂隆并没有从理论上解决土地耕种者的工资和土地经营者的利润是如何决定的这一问题,现在他要论述问题了。但是,他将问题扩大为劳动者和业主的收入是如何决定的。

他从土地耕种者的收入谈起。他认为这应该等于"庄园主用于给他提供食物和生活必需品的土地数量以及两倍于把一个孩子抚养到能够劳动的年龄所需的土地数量"②。这就是说,劳动者从主人那里得到的收入,也就是"劳动价值",应该等于他所需要的生活必需品,而这是由土地提供的,因此可以还原为一定的土地数量。至于抚养孩子所需的土地为什么是这个数量,他认为这是因为根据经验,有一半的孩子不到 17 岁就夭折了。这个原理,他认为也适用于在农业中劳动的奴隶、雇佣工人和个体农民,后者的劳动价值,"也应等于他维持生活所必需的土地产品"③。

---

① 理查德·坎蒂隆:《商业性质概论》,余永定、徐寿冠译,商务印书馆 1986 年版,第 22 页。
② 同上书,第 17 页。
③ 同上书,第 18 页。

他再从农业劳动者的"劳动价值"去论述雇佣的手工业劳动者的"劳动价值"。他认为后者要比前者高。原因是农业劳动者的孩子从小就帮助父亲进行辅助性的劳动,如果父亲将他送去学手艺,以便将来当工人,那么,在他当学徒期间,其父不但失去了帮手,而且要给他提供衣服和其他费用;在英国大多数行业的学徒期为 7 年,期满后劳动寿命只有 10 年至 12 年。由于这样,"那些雇佣工匠或手工业者的人,必须为他们的劳动付给他们高于农夫或普通工人的报酬,同他们在学徒期间所丧失的时间以及精通技艺和承担的风险成比例,他们的劳动必将更为昂贵"①。

坎蒂隆的理论对亚当·斯密有很大的影响。斯密同意坎蒂隆的基本思想,因此说:"需要靠劳动过活的人,其工资至少须足够维持其生活。在大多数场合,工资还得稍稍超过足够维持生活的程度,否则劳动者就不能赡养家室而传宗接代了。"②至于这种超过额,是按什么比例,是按坎蒂隆说的比例,还是按其他比例,斯密不想加以确定。斯密也同意坎蒂隆关于农业和工业劳动的工资所以不同的思想,并加以发展。斯密指出:劳动工资因学费有多寡而不同;"欧洲各国的政策都把机械师、技工和制造师的劳动看成熟练劳动,而把一切农村劳动者的劳动看作普通劳动";前者工资较高,后者较低;其所以如此,是由于:(1)"学徒的生活费,在许多场合,还是仰给于父母亲或亲戚,至于衣服,几乎都是由父母亲或亲戚备办。依照普通习惯,学徒还须给师傅若干学费";(2)"一种费去许多工夫和时间才学会的需要特殊技巧和熟练的职业;可以说等于一台高价机器。学会这种职业的人,在从事工业的时候,必然期望,除获得普通工资外,还收回全部学费,并至少取得普通利润"③。按全部学费"取得普通利润",这是斯密对坎蒂隆思想的发展。

关于工资问题,正如马克思所指出的,坎蒂隆还有一个贡献,这就是指出计件工资只是计时工资的转化形式。因为坎蒂隆说过,手工业帮工的劳动,是按日或按件规定的,从事每种手艺的工人一天能完成多少工作,业主

---

① 理查德·坎蒂隆:《商业性质概论》,余永定、徐寿冠译,商务印书馆 1986 年版,第 10—11 页。

② 亚当·斯密:《国民财富的性质和原因的研究》(上卷),郭大力、王亚南译,商务印书馆 1972 年版,第 62 页。

③ 同上书,第 93—94 页。

大体是心中有数的,所以他们往往根据完成工作量付给工人报酬,这样,即使没有监督,这些帮工为了切身利益也会尽量劳动。①

如果说坎蒂隆关于劳动者,尤其是雇佣工人的收入的分析,包含有工资由工人所必需的消费资料决定的思想,因而是正确的,那么他对业主收入、主要是利润的决定的分析,则是错误的。这里首先要指出,他所说的业主,包括了工农业资本家和城市里的个体经营者——商人。

他认为租地经营的农场主就是业主中的一种。农场主将土地产品中的1/3交纳地租后,将余下的运到城里去出售,"这些产品的价格部分地取决于气候,部分地取决于需求",即具有不确定性。这样,从这价格中扣除补偿成本和支付工资这两部分外,余下的部分便是农场主的收入或利润,这也具有不确定性。

在这里暴露出坎蒂隆的方法是错误的。在价值分配中,主要是在剩余价值或剩余生产物分配中,他不是先扣除利润,认为余下的便是地租,而是反过来,先扣除地租,认为余下来的是利润。然后再认为,由于市场价格的变动,利润就具有不确定性。其实,在坎蒂隆的理论体系中,利润的不确定性,不是由于市场价格的变动(这种变动是以价值为基础的),而是由于他无法说明剩余价值分割为利润和地租的规律。这表明,资本主义尚未充分发展,平均利润率规律尚未产生,就无法说明资本主义地租的实体是超额利润:产生在农业资本之间的是级差地租;产生在农业、工业资本之间的是绝对地租。因此,由于没有科学的利润理论,坎蒂隆就无法从理论上说明他根据经验而提出的地租是如何决定的。

依据同样理由,他认为工业资本家和城市里的个体经营者的收入,也具有不确定性。但在论述中,他又有错误。(1)认为这些业主"按某一确定价格购买,但却以不确定的价格在自己的商店或市场出卖"。其实,出卖价格的不确定性的反面;就是购买价格的不确定性。(2)前面认为个体农民的收入就是工资,并且同农业雇佣工人的工资按同样原理决定;现在却认为城市里个体经营者的收入是利润,并且同工业资本家的利润按同样原理决定。

以后我们知道,坎蒂隆认为,市场价格的变动,最重要的社会原因就是

---

① 参见马克思:《资本论》(第一卷),人民出版社1975年版,第608页注54。

土地所有者的爱好、时尚和生活方式的变化，因此，业主的收入是由他们的需求变动制约的，即具有不确定性。

经过这样的分析，坎蒂隆便从收入是否具有确定性，将君主和土地所有者以外的人，分成业主和受雇者两大阶级。他说："所有业主似乎都是靠不固定的工资为生的，而其他人在能得到工资的情况下则是靠固定工资为生的，尽管他们的工作和地位可能非常不同。"他这样一来，"领取薪金的将军，领取津贴的朝臣和领取家庭工资的仆役都属于这个阶级。其他所有人都是业主，而不论他们是拥有资本能够独立经营的业主，还是没有资本仅靠自身劳动为生的业主"①。这种以收入是否固定为划分阶级标准的阶级理论当然是错误的，但以此为标准便可以将朝臣和仆役列为同一阶级，将贵族和贱民同列，则表现了新兴资产阶级对封建贵族的鄙视，尽管按照统一标准，他也认为乞丐和强盗由于收入不固定，因而属于业主阶级。

（三）价值由生产商品所需要的土地和劳动决定

要解决业主收入的不确定性问题，就要探讨商品价值的决定和商品市场价格变动的原因。

坎蒂隆混淆了价值和物质财富，而物质财富是由土地和劳动共同生产出来的，因此就逻辑地认为，"任何东西的内在价值都可以用在它的生产中所使用的土地的数量以及劳动的数量来度量"②。但有时他又反过来说，"一般物品的价格与内在价值是生产该物品所使用的土地和劳动的尺度"③。

根据这原理，他认为由于生产条件不同，各种商品价值中土地和劳动的比重就不同：一亩地出产的羊毛制成粗毛料服装，另一亩地出产的羊毛制成细毛料服装，后者的价值比前者高得多，因为它耗费的劳动较多，并且在后者的价值中，劳动占的比重较大；钟表发条的价值中，劳动对土地产品钢条的比例，可能为 100 万：1；待割的干草和待伐的树木的价值中，土地占的比重较大；等等。

---

① 理查德·坎蒂隆：《商业性质概论》，余永定、徐寿冠译，商务印书馆 1986 年版，第 27—28 页。
② 同上书，第 21 页。
③ 同上书，第 14 页。

他在这里只告诉我们,各种商品的相对价值以及其中土地和劳动占的比重是不同的,他还没有告诉我们,每种商品的价值是如何决定的。在这个问题上,他和其后的庸俗经济学家如法国的萨伊不同。生产要素论者萨伊也将财富看成是价值,认为价值是劳动、资本(工具)和土地创造的,并分析这三者分别创造的价值的大小。坎蒂隆不是这样,他要将土地和劳动进行换算,即建立一种平价关系,这种关系一经建立,就可分别单独用土地或劳动来衡量价值了。

他所说的劳动者的"劳动价值"等于其维持生活所必需的土地数量这一原理,为他建立这种平价关系奠定了基础。因为根据这原理,就可以看出,"一天的劳动价值同土地的产品有关",既然"任何东西的内在价值都可以用它生产中所使用的土地数量和劳动的数量来衡量",那么,经过将劳动换算为土地(将土地换算为劳动也一样),这"内在价值(就)可以用其产品分配给耕种它的人的土地的数量来衡量"。这样,他就在劳动和土地之间建立起平价关系。

这是错误的。劳动和土地之间没有通约性,当然也没有平价关系,在论及价值决定的原理时,尤其是这样。我们知道,劳动是价值的源泉,而土地不是这样的源泉,它们怎能通约? 他之所以有此错误,是由于混淆了价值和财富,而在财富的生产上,劳动和土地共同发生作用。但是,即使是这样,它们也不可能通约。如果根据他的不合理说法,即"一天的劳动价值同土地的产品有关",意即一定量土地的产品是劳动者的生活必需品,这构成"劳动价值"或工资,并再生产着劳动力,以为这样就可以在劳动和土地之间建立平价关系,这就是错误地把劳动力看成是劳动了。

这个问题,他显然受到配第的影响。但是,他却指责配第。他说:"配第爵士在 1685 年写的一篇简短手稿中,把这个平价,或劳动和土地之间的等式看作是政治算术中的最重要因素。但是,他就此所做的附带研究是充满幻想,远离自然规律的。"这是怎么回事呢? 原来配第的价值理论中有一种是错误的。他有时把财富看成是价值,而又认为"劳动是财富之父,土地是财富之母"。这样,在价值决定上,他就要在劳动和土地之间建立平价关系。他是这样论证的:假如 1 头牛在 1 亩荒地上吃草,1 年长的肉够 1 个人吃 50 天,即这荒地不借助人力生产了 50 天口粮,这口粮就是土地本身生产的价值,是这土地 1 年的地租;假如 1 个人在同一块土地上劳动 1 年,生产出 60 天的口粮,由于土地不借助人力能生产 50 天口粮,借助人的劳动能生产 60 天口粮,因此人生产的是 10 天口粮,这口粮就是劳动生产的价值,是这个人 1 年的工资。这样,配第就在生产口粮这一点上,在劳动和土地之间建立起平价关系。但这就等于说,价值不由劳动决定,而由工资决定。配第自己也说:"我是用建筑者建筑一间爱尔兰小屋时消费的每日食物的数量,来决定一间爱尔兰小屋的价值。"①这是违反劳动价值学说的。由此可以看出,配第的平价理论影响了坎蒂隆,配第错了,坎蒂隆也错了。

坎蒂隆清楚地看到,与"内在价值"相区别的市场价格,是以前者为基础,因供求关系的变动而环绕着前者波动的。他说:"虽然谷物的真实价格等于生产这些谷物所使用的土地和劳动,但由于谷物过于充裕,卖者多于买者,鼓舞的市场价格必将跌到内在价格或价值以下。"②

在这个常识问题上,值得指出的是,他认为:"为了不使问题复杂化,在这里我不考虑可能由于某年收成好坏所造成的市场价格的变动,或可能由于外国军队或者其他不测事件所造成的反常的消费。"③他努力寻求价格变动的最重要的社会原因。

他认为这个原因是:君主特别是地主的爱好、时尚和生活方式的变化,在他看来,这是因为土地产品中归劳动者的那部分,由于是生活最必需的,劳动者的消费无大变化,对这些产品的需求也无大变化;归于农场主的那部分,由于是利润,其中有多少进入个人消费是可变的,消费的结构也是可变的。但他又认为,这些人的消费行为主要是仿效土地所有者的行为;归土地所有者的那部分,由于是地租,全部可供挥霍,吃、喝、玩、乐在其中占的比重发生变化,从而引起市场价格的变化。

例如,如果土地所有者"减少他的家庭仆人的数目而增加他的马匹的数目,那么,不仅他的一部分仆人将被迫离开……庄园,而且,与之成比例的、为养活他们而工作的一部分工匠和工人也将被迫离去。本来用于养活这些

---

① 威廉·配第:《爱尔兰的政治解剖》,转引马克思:《剩余价值学说史》(第一卷),郭大力译,人民出版社 1975 年,第 404 页。
② 理查德·坎蒂隆:《商业性质概论》,余永定、徐寿冠译,商务印书馆 1986 年版,第 15 页。
③ 同上书,第 32 页。

居民的一部分土地将被改成草场以饲养新的马匹"。在调整过程中,"对居民的需求而言,谷物就会变得太多,于是,谷物将会降价而干草将会涨价"①。

这反映出,这时英国资本主义的生产还受封建主义的限制,于是新兴的产业资本家通过对市场价格的变动原因的分析,指责土地所有者阶级。

从上述可以看出,坎蒂隆代表英国产业资本家的利益曾多次指责土地所有者,但这种指责是十分委婉的。这与 19 世纪初英国古典经济学家李嘉图相比,是差得太远了。因为李嘉图斥责土地所有者是寄生虫,认为他们在掠夺社会生产发展成果。这是历史条件不同的反映。李嘉图时代的英国产业资本家正经历着产业革命,在经济上羽毛得以丰满,正准备从政治上摘取果实——提出要改革议会选举法,以便最后全部掌握政权。

(四) 货币要由质量相同的商品来充当,货币流通量由进入流通的土地产品价值决定

前面说过,坎蒂隆认为商品的价值由生产中必需的劳动和土地决定。很明显,不仅劳动和土地之间的平价关系是无法建立的,即使不合理地认为能够建立,由此能说明的也只是价值决定本身,但价值必然要表现为交换价值,货币就是交换价值发展的结果。他对此虽然没有认识,但是也感觉到要用土地和劳动以外的因素来表现价值,它就是货币。他说:"货币可以在交换中确定各种物品的价值的比例,因而是判断土地和劳动之间的平价以及两者在不同国家的相互关系的最可靠尺度。"②

由此可以看出,他已经理解货币是价值尺度。在这基础上,他进一步要解决一种商品"被选择为充当共同尺度是出于必然还是出于人们一时冲动"的问题。分析了各种土地产品的特性后,他认为黄金充当货币是有其必然性的,因为黄金具有"体积小、质量相同、易于运输、可分割……易于保管"③的特性。在这里,我认为最值得注意的,是他关于充当货币的商品要具有质量相同的特性的论述,这是他超越于其他资产阶级经济学家的地方。尽管他不了解商品生产的基本矛盾是私人劳动要转化为社会劳动的矛盾,

---

① 理查德·坎蒂隆:《商业性质概论》,余永定、徐寿冠译,商务印书馆 1986 年版,第 32 页。
② 同上书,第 21 页。
③ 同上书,第 53 页。

这矛盾的解决必然要求有一种商品虽然是私人劳动的产物,但它无须经过交换就直接代表社会劳动,这样的商品就是货币,而它既然是直接代表社会劳动的,生产它的劳动就必须是同质的,即它的产品不论产于何地,质量都是相同,黄金就具有这特性,尽管他不了解这些,但能说出这一点,这是他的建树。

能够清楚地区分价值尺度和价格标准,也是他的优点。他说:"一些国家建立起造币厂,以便通过国家铸币确保每个银币的含银量。"①这就是价格标准的确定。而当"国王降低其货币成色但却维持它的名义价值时,所有原产品和制造品的价格都会同货币贬值的程度成比例地上涨"②,这就是说:货币材料价值不变,但单位货币包含的材料减少,即价格标准降低了,货币名义价值维持不变,但商品价格还是上涨了,如像尺缩短了,用尺衡量的长度就增大一样。

根据其价值由劳动和土地决定的思想,以及货币是价值的共同尺度的理论,他提出一国的富裕程度应由哪一种因素来标志的问题。他有时认为是劳动,有时认为是货币,有时认为是土地,但说到底还是货币。他说:如果一国"居民以自己所生产并输往国外的产品和制作品作为交换,把金银吸引到自己的国家(以取得贸易顺差为前提——引者),那么,他们的劳动就将是同等有益的,并在实际上改善自己的国家"③。这是重商主义对他的影响,但这并不是重商主义的翻版。因为重商主义认为只有金银才是价值,而他却认为货币是普遍接受的价值尺度,永远可以用来交换任何生活必需品,因此,将劳动变成货币就能改善国家。

这就要论及他关于货币作为流通手段的理论了。他详尽地分析了一个国家的货币流通量是怎样决定的,并将这个问题和他的地租理论联系起来。他认为"一国所有产品以及制造商品所用原料都直接间接地来自农场主之手",而农场主的产品中属于地租的部分,"必须以现金的形式付给地主",其他部分中用于"购买铁、铝、铜、盐、糖的……也要使用现金",而"乡下人的食

① 理查德·坎蒂隆:《商业性质概论》,余永定、徐寿冠译,商务印书馆1986年版,第49页。
② 同上书,第53—54页。
③ 同上书,第43页。

物和饮料,为了得到它们并不需要现金"①,撇开哪些产品必须成为商品进入流通这个问题不谈,他认为货币流通量要取决于进入流通的商品的价值,这种看法是正确的。

他了解货币的流通量和货币流通速度成反比,也了解货币作为支付手段,并和信用相结合,可以减少货币流通量。

在货币流通量和商品价格水平之间的关系的问题上,他是属于特殊的货币数量说者。一般的货币数量说认为,进入流通前,货币和商品都没有价值,在流通中形成的价格,就是一方的货币量和另一方的商品量的商数,价格与货币量成正比。他不是这样。他认为商品和货币都是有价值的,并按同一原理决定。这样,他就不应产生货币数量说。可是,他却认为:"每个人都同意:货币的充裕性或它在交易中的增加,将提高一切东西的价格。"②并且以此来解释欧洲经济史上的"价格革命"。"在过去两个世纪,由美洲运到欧洲的货币数量已从经验上证明了这一真理",即货币数量增加使价格水平上涨。本来,即使按照他的错误的商品和货币价值决定的理论,他也应该看出,由于美洲富饶金银矿的开采,货币价值下降了,商品价格便上升,商品总价格增大了,假设货币流通速度不变,所需货币流通量便增加。因此,金银货币流通量增加是价格上升的结果,而不是价格上升的原因。

那么,他为什么提出与其价值学说相矛盾的货币数量说呢? 原来,他把金银的增加,看成是流通中货币的增加,再看成是需求的增加,然后从供需关系来说明市场价格上升,——这是他和一般的货币数量说所不同的。他说:"一国中真实货币的增加将导致消费相应增加,而后者又将造成价格的上涨。"③这就等于将货币等同于一般商品,它要处在流通中,当其量过多时,就如同商品供给过多一样,其市场价格就下降,而货币的"市场价格"下降,就使商品价格上升。这就表明:他不了解货币是代表社会劳动的,如果它的量过多了,作为社会劳动即绝对价值,它可以退出流通,成为储藏手段,而调节货币流通量。这是和一般商品不同的。

---

① 理查德·坎蒂隆:《商业性质概论》,余永定、徐寿冠译,商务印书馆 1986 年版,第 43 页。
② 同上书,第 76 页。
③ 同上书,第 77 页。

（五）输出的产品在其生产中的劳动比重越大，土地能养活的人就越多，对一国就越有利

坎蒂隆根据其地租学说、货币学说和价值学说，提出两种对外贸易学说和英国产业资本家应该实行的对外贸易政策。

先谈第一种。他认为一国如能生产很多金银或从外贸顺差中输入许多金银，这样，由于货币流通量较多，该国土地和劳动的价格就增高，它就可以用一亩地的产品换取别国两亩地的产品，用一个人的劳动换取另外两个人的劳动。但这样一来，便会提高地租，对土地所有者有利，对其他人不利，所以产业资本家不能以此制定对外贸易政策。

再谈第二种。他认为商品价值是由土地和劳动决定的，经过将劳动换算为土地，两国之间交换商品是等量土地产品的交换，这样两国都居于同样地位，谁也不吃亏。按照他的价值学说，是应该得出这个结论的。但是，他认为不是这样。他认为输出的产品，在其中劳动的比重大，输入的产品，在其中土地的比重大，对一国最为有利，因为它能养活更多的人口。他的论证如下：法国人消费比利时的精制麻织品，比利时人消费法国的香槟酒，每年同样是 10 万盎司白银，并且可以换算为同量土地的产物，表面看来谁也不吃亏；其实不然。这是因为价值 10 万盎司白银的麻织品，所需亚麻，只要 0.25 亩土地便能生产，但由于是精制的麻织品，就要 2 000 人的 1 年劳动去加工（包括运输），他们需要的消费品要有 6 000 亩土地才能生产，亦即麻织品的价值是 6 000 多亩土地；1 单位香槟酒值 6 盎司白银，1 亩地能生产 4 单位酒，这样，价值 10 万盎司白银的酒就要有 4 000 多亩地来生产，此外酒要许多马来运输，也要有 2 000 亩土地来生产饲料，亦即酒的价值也是 6 000 多亩土地，和麻织品相等。但是，他认为加工亚麻的是人，要大量土地生产人的消费品；运输酒的是马，要大量土地生产马的饲料；此外，比利时人不自己就地（不要运输）生产酒，而用麻织品去换取从法国运来的酒，便又可以腾出 4 000 亩地来生产消费品，以便养活更多的人口。因此，他认为吃亏的是法国，原因是它出口少用劳动加工的土地产品；得益的是比利时，原因是它出口多用劳动加工的制成品。

很明显，这种理论除了其基础即价值学说是错误的之外，还存在着一个

根本问题,这就是对外贸易有利的标准是什么,是不是通过对外贸易一国的土地能养活更多的人口?

坎蒂隆根据其理论,便认为:"假使每年习惯于向国外输出大量土地产品来换取国外制成品,就无利可获了"①,应该相反的以本国制成品来换取国外土地产品。根据同样道理,他进一步认为:"正如一国鼓励外国制成品是不利的那样,鼓励外国海运业也是不利的。"当一国把商品和制成品送往国外时,如果用自己的船只运输,就能充分得益,而英国"在国内和殖民地拥有造船所需的一切材料"②。

最后,他指出:"对于一国实力的兴衰来说,最重要的贸易是对外贸易;国内贸易在政治上并不具有同样重大的意义;如果不注意增加和保持大批作为本国公民的商人,以及船只、水手、工人和制造商,那么对外贸易仅仅得到一半的支持。"

他就用这些以错误的价值学说为依据的外贸政策,来为处于工场手工业时期的英国产业资本家谋利益。

综上所述,可以这样说,坎蒂隆是在努力分析资本主义的经济关系以及以此为基础的阶级关系,他是古典政治经济学家。但是,由于资本主义经济发展还很不成熟这种历史条件的限制,他对于构成资本主义生产基础的商品生产制度的规律——价值规律,以及对于构成资本主义生产实质的剩余价值生产的规律的阐述,都不是很科学的,因此他是属于古典政治经济学产生时期的代表之一。

研究坎蒂隆的经济思想,对我来说除了能加深对政治经济学史的理解外,还有一种特殊的收获。这就是在他的经济思想中贯穿着的、以分析土地关系为基础去研究经济关系的方法,对我有某种启示。记得20世纪40年代中期,先师王亚南教授的《中国经济原论》(1949年后改名为《中国半封建半殖民地经济形态研究》)出版了,这部有影响的著作曾引起争论。有人在肯定的同时,提出了该书的方法问题,认为它依次论述商品、货币、资本、利息、利润、工资、地租等经济范畴,用的是马克思分析资本主义经济的方法,不适

---

① 理查德·坎蒂隆:《商业性质概论》,余永定、徐寿冠译,商务印书馆1986年版,第109页。
② 同上书,第113页。

用于分析中国半封建半殖民地经济。王老师虚怀若谷,认为这是一个问题,但他已经习惯了,很难改。现在读了坎蒂隆的著作,贯穿其中的方法引起我的注意? 我想:研究封建主义正在崩溃、资本主义正在产生的经济关系,是不是可以参考这种方法呢?

九、中日工业革命成败不同的原因①

　　读了田毅鹏同志的《中日早期现代化的比较》(在《光明日报》2001 年 2 月 20 日第 3 版)后,我有一个看法:田文说的大体上都对,但有一个很大的缺点,就是没有论述工业化的必要条件之一是改革封建的土地制度,没有具体分析日本的工业化之所以成功,是及时改革了领主经济的土地制度,没有明确指出几乎当时与日本同时进行的中国工业化之所以失败,是根本没有触及必须改革地主经济的土地制度。我的看法如下。

　　田文认为,"中日两国同属'后发外生型'现代化"。它没有具体指出其含义。但从全义米看,它应是先发的西方工业文明的对立面。如果我的理解不错,那么我们就不妨看一看西方主要国家是如何实现工业革命、完成工业化、进入工业文明的。从中我们可以看到,西方主要国家实现工业革命的具体道路、政策等尽管有所不同,但是改革领主经济的土地制度则是相同的。

　　从理论上看,这是容易理解的。领主经济的土地制度,从领主方面而言,就是获得土地凭政治特权,即由分封、凭爵位取得,土地不能买卖;从领主及其对立面农奴方面而言,就是后者不仅受领主剥削,提供不同形式的封建地租和额外劳役,而且丧失部分人身自由,附着于土地不能离开;领主经营庄园经济、农奴经济个体经济,两者大体上都是自给自足的自然经济,商品生产受限制,市场极其狭小。在这样的条件下,进行工业革命就不可能:一来缺乏人身自由的工人,二来缺乏广阔的国内市场。

　　从历史上看,也是这样。英国工业革命和晚于英国、道路和政策都异于英国的德国工业革命,都说明必须改革领主经济的土地制度。英国的农奴

---

①　写于 2002 年中。

制度,大体上在 14 世纪就发生动摇,原因是商品经济的缓慢发展,使封建地租的形式,由劳役地租发展为实物地租,再发展为货币地租。在货币地租形式下,农奴只要按额交租,就可以离开土地;只要付给领主一笔货币,它按照利息率得来的利息,等于货币地租的数额,领主就可以把土地卖给他,就是说土地可以买卖了。其后,16 世纪海道大通,英国毛织品海外市场突然扩大了,就急需将封地变成大牧场,以"羊吃人"为经济内容的"圈地运动"就以法令的名义进行,领主经济的土地制度进一步消灭。18 世纪 70 年代,亚当·斯密的经济理论,主张自由主义,以反对残留的领主经济土地制度和行会制度。在上述条件下,从 18 世纪 70 年代开始,英国就进行其道路是从轻工业开始、其政策是自由主义的工业革命,并顺利完成。

德国的工业革命,同样以废除领主经济土地制度为必要条件。因受 1789 年法国大革命的影响,在 19 世纪最初十数年内,德国有些邦国在反拿破仑战争中,就实施农奴解放,规定营业自由和废除妨碍国内商品流通的国内关税和财政关税。1834 年,德国有 2/3 的邦国,成立了划时期的关税同盟,工商业上各种限制废除了。在此之前数年,1825 年英国发生经济危机,就允许机械和熟练工人输出,德国乘机将其输入,奠定了初期的工业革命的物质基础。德国加速进行工业革命是从 1870 年战胜法国、取得巨额赔款之后开始的。由于经济落后,就走从重工业开始工业革命的道路,就在国内实行自由主义、在国外实行保护政策。为此,其经济学家如巴达和李斯特,就抨击斯密的自由主义,认为其实质是让经济发达的国家奴役经济落后的国家,是企图建立新的奴隶制。就这样,德国迅速完成工业革命。

现在我们来看日本工业革命的情况。田文谈到 1868 年日本明治维新开始,"建立了具有日本特色的立宪君主制,同时还学习西方经济、法律制度",但一点也没有谈到日本在维新中自上而下地改革领主经济土地制度,这是很大的缺点。我有责任为之补述。这种改革的主要内容是:废除各藩领地所有制,"一律奉还领籍";领主无权向农民征收年贡,改由国家支付俸禄,后来俸禄的支付办法几经变易,终以公债赎偿方式废止;承认土地私有,国民得自由买卖;农民有利用土地、选种作物、离地迁徙、弃农择业的自由;改革土地税,税率一律为地价的 3%,以货币交纳,承担纳税义务者为土地所有者,废止按村征收贡纳的方式。这样到明治六年即 1874 年,实施"地租改正"

后,日本就走上工业革命的道路。

再看中国工业革命的情况。鸦片战争战败和太平天国覆灭后,清朝一些封建官僚就思考前此发生的重大战乱问题,认为鸦片战争之所以失败,只是由于对方有坚船利炮;而为了富国强兵,就要学习洋人的技术。于是,朝廷公卿以奕䜣为首,兴起了所谓的洋务运动,主要是兴办军工企业,以及与此有关的必需企业。但是,由于不改革地主经济土地制度及其政治上层建筑,洋务运动并没有起工业革命应有的作用,并没有达到富国强兵的目的。其后,19 世纪 90 年代末开始的维新运动,妄图不触动根本经济制度而局部变革政治上层建筑,也失败了。田文说:"甲午战争失败后,维新派和革命派才开始认识到制度变革的必要性,掀起戊戌变法、辛亥革命,谋求制度变革……"这里的"制度变革"云云,是不包括地主经济土地制度的变革的。维新派不必说了,他们企盼的制度变革只是实行君主立宪的政体。以孙中山先生为首的革命派,进行辛亥革命时,也只是变帝制为共和。孙中山先生对变革中国地主经济土地制度有较为深刻的认识,是 1924 年 1 月,在有中国共产党人参加的中国国民党第一次代表大会的宣言中对三民主义作的新解释;其中一个重要内容是将民生主义中的平均地权发展为耕者有其田。但因种种原因并未实施。毛泽东对这个问题的认识,也大体与此同时,这就是在《湖南农民运动考察报告》中的有关论述。将它列为纲领,则在《新民主主义论》中;在全国范围内消灭地主经济土地制度,则在中华人民共和国成立之初。这就为中国深入进行工业革命和实现工业化提供了社会经济条件。

这里就产生一个问题:在 1949 年之前,中国为什么也有资本主义的工业? 这是由于:在中国地主经济条件下,农民丧失土地,又因资本主义经济不发达,极难当成现代工人,因而工资低廉,这为资本主义工业发展提供了条件,其较快的发展是在第一次大战期间,并且大多集中在沿海大城市,其他地方的工业大多以手工劳动为技术基础,就是说并未完成工业革命。

根据上面全部论述,必然会提出这样的问题,即为什么英、德、日在工业革命时,甚至在这之前,就能相应地变革领主经济土地制度,而中国则忽视变革地主经济土地制度呢? 我的看法是:前者诸国的土地制度不允许农奴离开土地去当工人,无法形成广大的国内市场,其妨碍资本主义发展,最终也是妨碍工业革命进行的作用,十分明显,因此,必须在经济自发力量之外,再用暴力和法令加速其消亡；中国自秦开始确立的地主经济土地制度，则允许农民离开土地和土地买卖，在外观上和英、德、日进行工业革命所需的社会经济条件相似，因此就看不到变革这种土地制度的必要性和迫切性。那么，为什么经过变革的英、德、日的土地制度和中国原有的土地制度，对工业革命有截然相反的作用呢？说到底，因为前者是资本主义性质的，后者则是封建主义性质的，两者的主要区别是：地租率和工业利润率孰高孰低不同，租佃关系法律化不同，耕作经营上的自由性不同。就第一点来说，地租与地价的比率，英国工业革命时期约为 4%，德国加紧工业革命时期约为 3%，中国直到抗日战争前仍高达 10%，这样，中国怎能实现工业革命？洋务运动，除了用国库的钱，办几个不计盈利的企业外，不能由此带动民办工业的发展，就是必然的了。其他问题，限于篇幅，这篇短文就不谈了。

末了，我要说明田文的题目与现代化有关，内容侧重谈的是工业革命，所以拙文就谈工业革命。

第三部分

计划与市场及种植业是其基础

（本部分内容根据陈其人先生著、复旦大学出版社2005 年 3 月出版的《陈其人文集——经济学争鸣与拾遗卷》一书中的"第四部分：计划与市场及种植业是其基础"校订刊印）

引　言

计划生产发轫于资本主义重商主义时期,导致国民经济比例失调;资本主义自由竞争导致垄断的产生;垄断组织是计划生产;20世纪30年代的大危机,使覆盖面更大的计划生产产生;从具体社会主义国家看,是先有计划经济体制,再有市场经济体系。

从经济学的范畴说,计划应与无政府状态或盲目生产相对应;市场应与自给自足或自然经济相对应。现在不仅西方而且东方都将计划与市场相对应,这里试图说明其原因。

邓小平的贡献是:说明计划和市场都是手段;陈云的贡献是:据我国情况探索计划与市场如何结合。市场经济不能决定社会主义经济的发展方向。

超越食品生产者所需的农业劳动生产率是社会生产的基础。它决定非农业人口的数量、社会各部门的结构和市场容量。提高种植业的劳动生产率,是我国扩大国内市场的根本途径。

一、从实际和理论看商品生产和计划之关系的发展

——兼论社会主义计划经济和商品经济的关系①

    商品生产和计划的关系,随着经济条件变化而发生变化。垄断产生前,马克思认为商品生产只与生产无政府状态相联系。在垄断经济产生了计划因素的条件下,恩格斯认为商品生产可以与计划相联系,希法亭则认为它已成为产品生产了。布哈林认为,在国家资本主义托拉斯内,商品生产已消灭,但在外贸中仍存在商品交换,由于反作用,它对内应引起商品生产,但他又认为,由于存在计划生产,就不存在商品生产。他设想如果全世界由一个垄断组织统治,计划生产和分配就全部取代商品生产和交换,这种经济是既非资本主义,又非社会主义的第三种经济。列宁认为,资本家为国防、为国家订货进行生产,由于市场是可知的,就不是商品生产,也不是资本主义,而是国民经济的一种特殊形式。俄国十月革命时,列宁和布哈林都是将计划和商品生产对立起来的。这样,他们就不仅一般地从马克思的理论出发,而且特殊地从俄国当时遭受帝国主义围剿,因而要加强计划生产和分配出发,否定商品生产的存在。这就是战时共产主义的理论基础。后来发现错误,终止实行这一政策。但将社会主义计划经济和商品生产对立起来的理论,并没有真正澄清。本文的目的是澄清这一问题。

(一)自由竞争使商品生产只与无政府状态相联系

    马克思认为商品生产存在的条件,是社会分工和生产资料私有制的同时存在,他认为只有独立的互不依赖的私人劳动的产品,才作为商品互相对

---

① 原载宋涛主编:《马克思主义经济学说在当代的发展——全国马克思列宁主义经济学说史第二次学术讨论会论文选集》,高等教育出版社 1992 年版,第 57—72 页。

立。社会分工使私人生产者互相联系,私有制又使他们互相分离,这样,商品生产与无政府状态相联系,就是不言而喻的。

马克思虽然看到法律限制工作日长度的事实,并指出随着垄断的产生就会产生国家的干涉,但他始终认为资本主义商品生产只能与无政府状态相联系。马克思谈道,英国无产阶级于 19 世纪 30 年代,利用资产阶级和地主阶级在废除还是保留谷物条例问题上的矛盾,提出将工作日减缩为 10 小时的要求,经过斗争,成为法律,付诸实行。对此,资产阶级原来是反对的,并由其代言人西尼耳提出"最后 1 小时"论,作为反对的理由。但实行 10 小时工作日后,劳动生产率提高了,利润不像西尼耳所说的必然消灭,反而增加了。于是,以前反对以法律来干涉经济的工厂主和经济学家现在都改口了,认为承认"在法律上规定工作日的必要性,是他们这门'科学'的突出的新成就"①。对此,马克思在《国际工人协会成立宣言》中鲜明地指出,"用立法手段限制工时问题而展开的斗争……涉及一个大的争论,即构成资产阶级政治经济学实质的供求规律的盲目统治和构成工人阶级政治经济学实质的由社会预见指导社会生产之间的争论。因此,十小时工作日法律……是一个原则的胜利;资产阶级政治经济学第一次在工人阶级政治经济学面前公开投降了"②。

关于垄断的产生会产生国家干涉,马克思是在以辩证法的观点,研究资本主义生产方式如何自行扬弃,为更高一级的生产方式准备条件,而以信用制度为例进行分析时谈到的。按照这一哲学观点,再加上马克思关于社会主义要由社会预见即由计划指导社会生产的预言,他完全可以得出作为资本主义自行扬弃的一个阶段,即向更高级生产方式过渡的阶段的垄断和国家干涉,是资本主义商品生产由无政府状态,开始走向计划生产的结论。从无政府状态到计划生产,这也是一种自行扬弃。但马克思事实上并没有提出这一看法。

(二) 两种垄断形式的计划生产与商品生产的不同关系

马克思没有提出来的看法,恩格斯提出来了。恩格斯先分析垄断的产生。他说:"历来受人称赞的自由竞争已经日暮途穷,必然要自行宣告明显

---

① 马克思:《资本论》(第一卷),人民出版社 1975 年版,第 328 页。
② 《马克思恩格斯选集》(第二卷),人民出版社 1972 年版,第 132 页。

的可耻破产。这种破产表现在:在每个国家里,一定部门的大工业家会联合成一个卡特尔,以便调节生产……在有些部门,只要生产发展的程度允许的话,就把该工业部门的全部生产,集中成为一个大股份公司,实行统一领导。"①这就是垄断经济中计划生产的产生。恩格斯最后又借用前面马克思说过的话指出:"在托拉斯中,自由竞争转为垄断,而资本主义社会的无计划生产向行将到来的社会主义的计划生产投降。"②这里的投降云云,同前面马克思说的公开投降一样,说的是资本主义由反对变成实行法律干预和计划生产,所以是投降。

如果说,恩格斯根据他那时的情况,考察的只是同一生产部门形成的垄断,因此他就认为它生产的仍然是商品,即垄断中的商品生产和计划相联系的话,那么在他之后的希法亭,就根据他那时的情况,进一步考察了不同生产部门合并为一个垄断企业,即考察了他称为联合制的企业,得出和恩格斯不同的结论。

前面说过,马克思认为社会分工是商品生产存在的条件之一。根据这一点,希法亭分析了联合制企业的特点,他说:这种企业使社会分工不断缩小,而技术分工日益增加,也就是原来分属于不同生产部门的独立企业,现在变成一个联合制企业内的不同的车间。这样一来,原来各个独立企业生产的是商品,现在只要它们是作为生产资料供给联合制企业内部使用的,就变成不是商品了。这就是说,在联合制企业内部,变社会分工为工场分工,有计划地生产的、供本企业使用的生产资料,不是商品;联合制企业对外出售的产品,则是商品。根据恩格斯说过的原理,这种商品生产是与计划相联系的。

进一步研究这一问题时,希法亭指出,卡特尔化的结果,会产生一个总卡特尔,即全部国民经济由一个卡特尔囊括。这时,整个资本主义生产就由一个主管机构计划生产规模。这样,除了他曾指出的社会分工已全部变成工场分工,因而商品生产消灭之外,他还指出"随着生产无政府状态的消失,物的外观消失了,商品的价值对象性消失了,从而货币消失了"③。这就是说,总卡特尔的计划生产消灭商品生产。生产是有计划的,相对于无政府状

---

① 马克思:《资本论》(第三卷),人民出版社 1975 年版,第 495 页,恩格斯的插话。
② 《马克思恩格斯全集》(第十九卷),人民出版社 1963 年版,第 239 页。
③ 鲁道夫·希法亭:《金融资本》,福民等译,商务印书馆 1994 年版,第 264 页。

态来说，它不存在矛盾；矛盾只存在于分配中，因为阶级对抗仍然存在。

如果一个总卡特尔真的能够产生，那么我认为希法亭的分析是正确的。问题是不可能产生这样的总卡特尔。①

希法亭这种理论被称为纯粹垄断资本主义论或有组织的资本主义论。它曾被一些人歪曲为：希法亭将有组织的资本主义说成就是社会主义的。我认为应该予以澄清。事实是这样的：他在 1910 年的《金融资本》中提出这些看法后，1927 年在德国社会民主党基尔代表大会上的报告中又指出，有组织的资本主义实际上意味着在原则上用有计划生产的社会主义原则来代替自由竞争的资本主义原则。从上述可以看出，这就是马克思和恩格斯关于"投降"的论述的运用，不应该由此得出希法亭认为有组织的资本主义就是社会主义的结论。何况他还明白指出有组织的资本主义还存在着阶级对抗呢？

希法亭没有探讨这个他理应研究的问题，这就是：如果全世界尚未成为一个总卡特尔，各个国家或地区的总卡特尔对内虽已消灭商品生产，但它们相互之间是否存在贸易，如果存在，卡特尔对外就存在商品交换，它对卡特尔内部的计划生产，有何影响？

（三）既非资本主义又非社会主义的国民经济特殊形式

布哈林全部接受了希法亭的纯粹垄断资本主义论，并将它发展为国家资本主义托拉斯理论，再考察国家资本主义托拉斯之间的交换、它内部的计划生产和商品生产等问题。

布哈林是在第一次世界大战国家加紧干预经济时，提出国家资本主义托拉斯理论的。他认为竞争通过横向集中和纵向集中两种途径导致垄断。横向集中指的是同一生产部门各个企业的合并，即恩格斯论述过的垄断，纵向集中指的是有关的不同生产部门的合并，即希法亭论述过的联合制企业；布哈林认为工业资本和银行资本的纵向集中，即这两者混合生长，就是金融资本。这两种集中的结果，就是一国的全部经济由唯一的金融资本组织囊括。这其实就是希法亭的纯粹垄断资本主义理论，布哈林在此基础上提出

---

① 很多经济学家用垄断不消灭竞争来解释。我想这样解释：如果非垄断经济都消灭了，垄断利润来源就消灭了，垄断企业就不成其为垄断企业，这说明它不可能产生。参阅拙著《帝国主义经济与政治概论》，复旦大学出版社 1986 年版，第 288 页。

国家政权必然同金融资本相结合,组成国家资本主义托拉斯的理论。这就是说,国家政权负责计划生产、统治工人、向外竞争;垄断工业负责生产,垄断银行负责财务。第一次世界大战就是由各国的国家资本主义托拉斯向外竞争而引起的,大战又反过来加速国家资本主义托拉斯的形成。国家资本主义托拉斯向外竞争,既有横向集中,例如德国工业企图吞并比利时工业;也有纵向集中,例如英国纺织工业已吞并埃及的棉花种植业。因此,国家资本主义托拉斯是一个自给自足的经济政治有机体,其工场分工取代社会分工。

经过这样的分析,布哈林再从两方面分析国家资本主义托拉斯的计划生产和商品生产的关系等问题。首先,他认为经过竞争,全世界最终由一个国家资本主义托拉斯所囊括,在理论上是完全可能的,只是由于阶级矛盾和民族矛盾日益尖锐,尚未达到这最终一步时,国家资本主义托拉斯已被政治力量所推翻。这样,他就在理论上提出,如果全世界只有一个国家资本主义托拉斯,那么,根据前面说过的道理,商品生产就消灭了,这时,"就会有一个全新的经济形式。这将不再是资本主义,因为商品生产消失了;更不是社会主义,因为一个阶级对另一个阶级的统治依然存在(而且甚至更加强了)。这样的经济结构,就像是没有奴隶市场的奴隶占有制经济"①。这里值得注意的是,虽有资产阶级和无产阶级的对立,但由于没有商品生产,他就认为不是资本主义,而是既非资本主义,又非社会主义的第三种经济形式。

其次,当世界唯一的国家资本主义托拉斯实际上不可能形成,因而各个国家资本主义托拉斯为了攫取更多的超额利润(即垄断利润)而对外输出产品时,他承认这产品是商品。这就发生这样一个问题:对外是商品,它会对内发生反作用,这时国家资本主义托拉斯有计划地生产的,是不是商品。对此,布哈林没有正面回答。但他的某些论述间接回答了这个问题。他说:在国家资本主义托拉斯条件下,"尽管群众'消费不足',但是不会发生危机,因为每一个生产部门对另一个生产部门的需求是事先已知的,资本家方面以及工人方面的消费需求也都是事先已知的(不存在'生产的无政府状态',从资本家的观点看,存在的是合理的计划)。在'错算'生产资料的场合,多余下来的数量便被储存起来,并在下一阶段进行相应的改正。在'错算'工人

① 尼·布哈林:《世界经济和帝国主义》,蒯兆德译,中国社会科学出版社 1983 年版,第 126 页注 1。

的消费资料的场合,这种追加的部分通过分派的办法'喂给'工人,或者把相应的产品份额毁掉。在'错算'奢侈品生产的场合,'出路'也是明摆着的"①。这就是说,国家资本主义托拉斯存在的是计划经济,不是商品经济,当然不存在商品生产的基本矛盾——私人劳动要实现为社会劳动的矛盾,再加上过剩的消费资料可以"喂给"工人,即在理论上已假设了不存在生产有无限扩大的趋势和广大群众消费相对落后的矛盾,这样当然就不会发生局部的经济危机,也不会发生普遍的生产过剩的经济危机。这里包含着错误的理论和方法论,我们不谈。

我们要谈的是布哈林认为有计划的生产就不是商品生产。我们记得:恩格斯认为垄断经济是计划生产,也是商品生产,因为他没有考察联合制企业,因此垄断企业之间存在着社会分工;希法亭认为联合制企业的内部,囊括整个国民经济的垄断组织的内部,存在计划生产,不存在商品生产,因为这时的社会分工已变为工场分工,并且他没有考察对外贸易问题。布哈林与希法亭不同的是,他考察了国家资本主义托拉斯的产品,在对外贸易中是商品,这样,他理应进一步研究,这个托拉斯内部某一"车间",有的产品既供出口,又供内用,前者成为商品对后者有何影响。可是他没有这样做,而只是在希法亭讲过的道理之外,再强调存在的是计划生产,不会发生经济危机,即以不存在商品生产和资本主义生产的基本矛盾,来否定商品生产,这是错误的。这种理论和方法论,带来很大的消极影响。

我认为列宁就受其影响。列宁说:"资本家为国防即为国家工作,这已经不是'纯'资本主义了(这是明显的事实),而是国民经济的一种特殊形式。纯资本主义是商品生产。商品生产是为不可知的自由市场工作的。为国防'工作'的资本家则完全不是为市场'工作'。"②这里有两个问题:其一,既然有资本家,就应是资本主义生产,将在这种条件下的生产说成是国民经济的一种特殊形式,显然是受到布哈林的"第三种经济形式"理论的影响;其二,将商品生产仅限定为不可知的自由市场工作的,即将按计划生产的产品同商品对立起来,也是受到布哈林的影响。

---

① 《帝国主义和资本积累》,载《布哈林文选》(下册),人民出版社 1983 年版,第 322 页。

② 列宁:《实行社会主义还是揭露盗窃国库的行为?》,载《列宁全集》(第二十五卷),人民出版社 1958 年版,第 52—53 页。

（四）将商品定义为是无政府状态基础上的社会联系

布哈林将其认识上升为理论,在《过渡时期经济学》中,对商品下了这样的定义:商品,"这一范畴首先是以社会分工或其分裂及因此造成的缺乏经济过程的自觉调节者为前提的"。所以,"只有在生产无政府状态的基础上才存在着经常的而不是偶然的社会联系,商品才会成为普遍的范畴"。因此,"当生产过程的不合理性消失的时候,也就是当自觉的社会调节者出来代替自发势力的时候,商品就变成产品而失去自己的商品性质"。① 这个定义忽视了马克思提出商品生产存在的条件以后经济条件的变化,将垄断经济产生的计划同商品生产对立起来,将国家对资本家,尤其是垄断资本家的订货同商品交换对立起来。

列宁由于受到布哈林的影响,因此对这个定义,首先认为"对!",然后才是:"不确切:不是变成'产品',而是另一种说法。例如,变成一种不经过市场(即自由市场——引者)而供社会消费的产品。"②

布哈林由于将商品只与生产无政府状态相联系,就认为"无产阶级国家实行城乡间的产品交换",由于是按计划或合同进行的,虽然这里是两种所有制之间的交换,并不是商品交换,好比小孩子们交换笔不是商品交换一样。③ 列宁由于有同样看法,对这段论述采取默认的态度,不加评注。

（五）商品只与无政府状态相关的理论带来的消极影响

应该指出,与列宁同时代的著名马克思主义者都是将商品生产只与生产无政府状态联系的,除列宁和布哈林外,卢森堡也是这样。在俄国经济学界中有重要影响的波格达诺夫同样如此。

俄国无产阶级取得政权后,就在这一理论指导下进行社会主义建设,这就不能不影响商品生产在社会主义俄国的命运。根据上述全部理论,如果

---

① 尼古拉·布哈林:《过渡时期经济学》,余大章、郑异凡译,生活·读书·新知三联书店1981年版,第115页。

② 列宁:《对布哈林〈过渡时期的经济〉一书的评论》,人民出版社1958年版,第50页。

③ 参见尼古拉·布哈林:《过渡时期经济学》,余大章、郑异凡译,生活·读书·新知三联书店1981年版,第115页。

在发达的即垄断资本主义国家无产阶级取得政权,由于纯粹垄断资本或国家资本主义托拉斯的存在,就不仅根据传统的理论,即将生产资料全部社会化,实行单一所有制,消灭商品生产,而且根据垄断经济内部已无社会分工、国家资本主义托拉斯是一个自给自足的有机体,它们实行计划生产,商品生产已消灭的理论,由它们转变而来的社会主义当然也不存在商品生产(这样一来,社会主义也是自给自足的有机体,并且不像国家资本主义托拉斯那样,要输出商品以攫取垄断利润);如果在不发达的资本主义国家无产阶级取得政权,由于那里除资本主义经济外,还有大量个体经济(主要是小农),这就不可避免地要实行两种不同的生产资料社会化政策,商品交换和商品生产理应存在,但是由于社会主义是要由社会预见来指导生产的,生产无政府状态要向计划生产投降,而计划又是同商品生产对立的,这样,离开生产资料所有制的不同形式,单纯从计划生产出发,也可以得出商品生产已消灭的结论。我认为,这一点正是俄国革命后实行战时共产主义的错误的理论依据。

战时共产主义的核心是消灭商品货币关系,它的主要特征是实行余粮征集制,不仅在小农和国家工业之间、在国家工业之间,而且在生产者和消费者之间,都消灭商品货币关系。长期以来,战时共产主义政策被说成是俄国遭受帝国主义国家进行的反革命围剿,即战争这一特殊条件的产物。不错,列宁本人这样说过。但是,它的实行带来极大的消极作用,后来就以新经济政策取代了它;改变政策之时,即 1921 年,列宁在《十月革命四周年》一文中总结战时共产主义政策时,事实上承认它是错误理论的产物。列宁说:我们并未经过充分思考就预先决定,单凭无产阶级的直接法令,在小农国家里按共产主义原则来调整国家的生产,以及由国家进行的产品分配,实际生活指明了我们的错误。这种消灭商品货币关系的政策,在 1919 年俄共(布)第八次代表大会的决议中也有反映,这就是:“继续有计划地组织全国范围的产品分配以代替贸易。其目的,在于严格集中所有分配机关,将所有居民都组织在统一的能够最迅速、最有计划、最经济而耗费劳力又最少地分配一切必需品的消费公社网中。”①

---

① 《联共(布)党关于经济建设问题的决议》,施滨、伊真编译,新华书店 1950 年版,第 7 页。

新经济政策的核心,是以粮食税取代战时共产主义政策的余粮征集制,即小农交纳粮食税后,多余的粮食可以出售,以换取工业品,这样就可以发展工、农业之间的商品交换。因此,新经济政策的实质,应该是承认无产阶级夺取政权时,存在着不同的经济成分,有不同的所有制,因此必须保留而不是消灭商品生产和商品交换。列宁一方面当然有这种认识;但另一方面由于将计划和商品生产对立起来,将为可知的市场而工作的生产,看成不是商品生产,甚至不是资本主义,这就在理论上留下了漏洞。虽然有不同所有制的存在,但如果能将它们的生产和交换纳入国家计划,那就可以消灭商品生产和商品交换,即不必实行新经济政策。他之所以强调在小农的国家里要实行新经济政策,其原因不是一般地由于存在着不同的所有制,而是特殊地由于小农经营分散零碎,其生产和交换无法纳入计划。这种理论在布哈林那里表现得最清楚。列宁逝世后,布哈林就是解释新经济政策的理论权威。1929 年,布哈林在共产国际第六次代表大会上就共产国际纲领草案作报告。他说:市场关系(不是商品生产)是新经济政策的决定性因素;"市场关系是怎么回事呢? 这不是别的,而正是特种生产关系的表现。这种生产关系的特征是形式上独立的个体小生产者的分散劳动","他们是不可能靠一挥手就组织起来的"[1]。如果虽然存在个体所有制,但它的生产规模是大的,生产和交换都可纳入计划,即按合同进行,那么,在布哈林看来,市场关系就不存在了,新经济政策就不需要了,商品生产也不存在了,因为计划和商品生产是对立的。正是基于这种认识,他才说:"对澳大利亚来说,谈论新经济政策又有什么意义呢?"[2]这是因为澳大利亚这个原移民垦殖殖民地,其众多的牧场至今虽仍是个体所有制,生产规模却比同样是个体所有制的小农大得多,生产和交换可按合同进行,无产阶级取得政权后,可将其纳入计划,所以不需要新经济政策,可以消灭商品生产。从这里可以清楚地看出,布哈林怎样将计划和商品生产对立起来,实质上离开所有制问题,去论证新经济政策的存废。

在这一理论影响下,就必然认为随着农业集体化的进行,农业生产和交

---

① 《在共产国际第六次代表大会上关于共产国际纲领草案的报告》,载《布哈林文选》(下册),人民出版社 1983 年版,第 392—393 页。

② 同上书,第 393 页。

换可以纳入计划,商品交换和商品生产就可以消灭了;就可以得出在社会主义制度下,不存在商品生产,计划生产或计划经济同商品生产或商品经济相互对立的结论;就可以不考虑所有制的不同,将有计划的社会主义城乡间的商品交换,看成不是商品交换。这种理论的独立化和发展,就使"产品交换"中的价格徒具形式,其内容则既不反映生产中的劳动耗费,也不反映交换中的供求关系。这虽然绝非主张"平衡理论"的布哈林的本意,但由此带来的损失是巨大的,以致直到今天我们还要花很大的气力来消除错误的认识,纠正错误的做法。

(六) 社会主义商品经济同计划经济相联系

由于上述传统理论和苏联实践的影响,长期以来人们认为社会主义只存在计划经济,不存在商品经济,认为这两者不能同时存在。问题的解决,要先说明社会主义为什么存在商品经济,然后再说明它同计划经济是相联系的。

社会主义之所以存在着商品经济,根本原因是它从旧社会脱胎时,必然存在着多种经济成分。不仅落后国家发生革命时是这样,高度发达的资本主义国家发生革命时也是这样。因为希法亭设想的纯粹垄断资本主义、布哈林设想的国家资本主义托拉斯,不仅实际上不可能产生,而且理论上也不可能成立。这样,社会主义必然存在着不同的所有制,例如集体所有和全民所有。它们两者之间交换的生产资料是商品。全民所有企业的劳动者向集体所有企业购买的消费品是商品,集体所有企业的劳动者向全民企业购买的消费品也是商品。集体所有企业之间交换的一切物质资料都是商品。我们再将全部全民所有企业看成是一个共同体,它同集体所有企业的交换,就是"对外贸易",对外贸易是商品交换,依据上面说过的"反作用"原理,全民所有企业之间的交换也是商品交换。此外,还有以国家疆界划分的对外贸易也有同样作用。这样,社会主义就必然存在商品经济。

任何一种社会生产,都要求社会劳动在各个生产部门之间有合乎比例的分布。在商品生产条件下,各个生产部门的劳动交换,就使劳动成为价值实体,生产商品所必需的劳动量决定价值量,必需的劳动量有两层含义:一是指平均条件下的所需的劳动量,它使商品的个别价值转化为同一的社会价值;二是指商品的生产量和对它的需要量相适合,这两者都包含着劳动,如果适合,价格就与价值相等,否则就不相等,不相等会调节生产量和需要量,使其在变动中体现相等。这就是说,如果能够合乎比例地分布社会劳动,商品价格就等于价值。在生产资料私有制条件下,资本主义的自由竞争不可能用计划做到这一点;资本主义的垄断统治,在垄断经济范围内能大体上做到这一点。在社会主义公有制条件下,能在较高程度上做到这一点。

社会主义不同形式的公有制,是由于要解决资本主义生产方式和个体经济的基本矛盾而产生的。在此基础上由社会预见来领导生产,既有必要又有可能。要做到这一点,首先要根据英国经济学家詹姆斯·斯图亚特提出的"自由的手"的原理,作为对社会总劳动力进行劳动分工的基础。这就是,撇开对外贸易不谈,总劳动力中有多少人可以不从事农业劳动,要取决于直接农业劳动者和为农业制造生产资料的工业劳动者的劳动,合起来能提供多少剩余的农业消费品,即取决于农业的劳动生产率。这些可以不从事农业劳动的劳动力是"自由的手",它可以分别从事生产工业消费品、为工业制造生产资料、从事交通运输、商业金融,以及其他各种劳动,它们之间要有一定的比例关系。其中最重要的是,上述剩余的农业消费品,是直接决定工业消费品、间接决定为工业制造生产资料的规模的重要因素之一。

其次,在上述劳动分工条件下,要根据马克思的社会再生产实现条件的原理,不从工农业生产的角度,而从再生产的角度,将社会生产分为两大部类。每一部类内部和两大部类之间,要有一定的比例。

最后,在上述条件下,要进行扩大再生产,社会总产品中扣除掉用来补偿已消耗的生产资料外,余下的就分为消费基金和积累基金,前者表现为消费品,后者用于扩大再生产,即分解为生产资料和消费品。这样,领导社会生产的机构,就可以按照既有的生产资料、消费品、劳动力、自然资源等因素,计算社会劳动生产率,包括农业劳动生产率提高的百分比,按照积累和消费都能增长的原则,相结合地对社会劳动分工,对直接间接从事农业消费品生产的劳动者,以及可以从事其他各种劳动的"自由的手",做出比例安排。

应该指出,这种社会劳动的比例安排,只有一部分与商品生产有关,这就是上面提到的那些;此外,从事政治上层建筑工作的劳动、思想上层建筑工作的劳动、科技国防工作的劳动,与商品生产无直接关系,不形成政治经济学上所说的价值;生产各种商品的劳动,计划程度是不同的。

社会主义实行按劳分配原则,这样,劳动者的收入和消费品的价格变动,会调节消费品的流通和生产,其中必需品如粮食受调节程度较低,非必需品则受调节程度较高,但全部消费品的生产是在计划安排之中的,只要投下的总劳动按计划进行,其总价格就与总价值相等,必需品的价格也大体上与价值相等。消费品的流通和生产,受分散的消费者的需求影响,但对生产消费品的部门来说,这种分散的影响就可以集中起来,使生产消费品的生产资料的生产,有较高的计划性。① 生产生产资料的生产资料部门,距离消费者最远,根据同样道理,有最高的计划性。两种生产资料的生产都是在计划安排之中的,只要投下的总劳动按计划进行,它们各自的总价格就与总价值相等。

我无意也暂时无法进一步研讨如何按比例地分配劳动,生产各种各样的商品,从而使其价格等于价值这一重要问题。但从原理上我坚信:合乎比例地分配社会劳动,是社会生产的条件,在商品生产条件下,这些相互交换的劳动就是价值,在公有制条件下,计划经济就是合乎比例地分配社会劳动,因此经济有计划发展规律和价值规律是相联系的。

从这点看,保证劳动的比例分配,就是促使价值的实现,反之,妨碍价值的实现,也就是妨碍劳动比例分配的实现。正是从这里可以看出,社会主义有计划的商品经济必须自觉依据和运用价值规律。

(七)评将有计划发展规律和价值规律对立起来的论点

斯大林将社会主义经济有计划发展规律和价值规律完全对立起来。但在评论他的论点前,先要把他谈问题的角度弄清楚。

他从社会主义所有制存在着全民所有和集体所有两种形式,去论证商品生产的存在,并否定全民所有制企业之间的交换是商品交换。因此,社会主义只有商品生产,而没有囊括经济的商品生产即商品经济。但他又认为,即使是全民企业的劳动者所消费的消费品,也是商品,而商品总是受价值规

---

① 其道理同资本主义的商品交易所所起的作用一样,它将个别的供需变成总体的供需。

律作用的。正是从这里,价值规律也对不存在商品生产的全民企业中的那一部分生产(其余部分是生产供集体企业及其劳动者所需的商品)发生作用。这就是说,按照斯大林的理论逻辑,在社会主义制度下,价值规律发生作用的范围,大于商品生产存在的范围。

斯大林从两方面将社会主义经济有计划发展规律和价值规律完全对立起来。首先,经济有计划发展规律和根据这一规律的要求而制定的具体经济计划和政策,决定社会主义经济的发展,使价值规律不能起生产调节者的作用。这里,他没有看到,如前所述,按比例地分配社会劳动,既包含着价值决定的要素,在社会主义条件下,又是经济有计划发展规律的要求,妨碍价值的实现,就是妨碍计划的完成,反之亦然。他只讲价值规律的作用形式,即在无政府状态下,供求的不一致使价格和收入(或利润)波动,通过波动使社会劳动合乎比例地进行分配,并将这种作用形式看成是价值规律本身,而不了解价值决定的规律,就是合乎比例的社会劳动的交换。

其次,用苏联盈利较少的重工业比盈利较多的轻工业发展得快些,来证明其经济发展只由经济计划决定,不受价值规律调节,因为这例子说明各生产部门劳动分配的比例只由计划决定。这个论证至少存在两个问题。(1)各种产品的计划价格如何制定。如果在其中考虑到平均利润,就不发生上述的盈利孰轻孰重问题。我们知道,平均利润构成生产价格,而生产价格则是价值的转化形态。社会主义应该存在生产价格这个范畴。(2)在不合理地制定计划价格的前提下,盈利少,甚至不盈利的重工业之所以能发展得更快,显然是由于得到财政补贴。这等于说,一方面违反价值规律的要求,另一方面又要满足价值规律的要求。至于用政治力量以压此促彼的办法,来发展重工业,其结果是轻工业和农业远远落后于重工业,使人民生活水平难以提高。这不是刚好说明,服从价值规律要求,重工业才能发展;违反价值规律要求,片面强调经济计划,会导致社会劳动的分配不符合比例吗?

斯大林说,只有这样做,才能使生产资料的生产优先增长,而这是国民经济不断增长的保证。其实,在资本主义自由竞争条件下,像英国那样实行自由贸易的国家,不实行苏联这样的政策,单凭价值规律的自发调节作用,其生产资料生产也是优先增长的,因为资本有机构成提高了,生产资料的生产在社会劳动比例分配中占的比重是要增大的。这一点，在社会主义制度下可以自觉地做到，这就是有计划地、按比例地分配社会劳动，这既符合经济有计划发展规律的要求，也符合价值规律的要求。

二、资本主义无计划、社会主义无市场理论的终结

——邓小平的计划与市场论的方法论意义①

马克思主义传统理论认为社会主义只有计划没有市场,苏联的社会主义经济模式,也是只有计划没有市场的,但是,社会主义的现实处处都呼唤市场;1934 年斯大林在和英国大作家威尔斯谈话中否定资本主义有计划,从这时开始,由于原第三国际影响,共产党和马克思主义理论家都受其束缚,也否认资本主义事实上存在的计划。由于这样,就将计划经济等同于社会主义、将市场经济等同于资本主义。这种教条,使我国经济体制改革经历了曲折。邓小平以大无畏的胆略,以斩钉截铁般的语言,对这种教条在方法论上予以破除,使共产党和马克思主义理论家在理论上获得解放,使我国经济体制改革走向正轨。

(一)

资本主义生产的计划性发轫于资本主义产生的初期,即经济史学家所说的重商主义时期。重商主义将金银即货币看成是唯一的财富。因此,为了增加一国的财富,它就认为在有金银矿的国家,应多开采金银,在没有金银矿的国家,应禁止金银出口,或者应取得外贸顺差,以增加金银进口。重商主义的实施,以法国国王路易十四的财政大臣科尔贝的施政为典型。科尔贝为了取得贸易顺差,便以法令牺牲农业,发展以出口为目的的手工制造业,而为了保证这些产品的质量,就颁布了许多条例。为督促这些规定的执行,又设置种种监督人员。这些措施,短期内效果显著,但时间一长,则农业

---

① 约写于 2003 年上半年。

凋零,手工制造业窒息,在经济总衰退中,国民经济严重比例失调。

英国古典经济学鼻祖斯密反对国家干预经济,抨击重商主义的政策,因而反对生产的计划化,主张由一只"看不见的手"来指导生产。他认为在确立了自然的自由制度之后,"君主们就被完全解除了监督私人产业、指导私人产业、使之最适合于社会利益的义务。要履行这种义务,君主们极易陷于错误,要行之得当,恐不是人间智慧或知识所能做到"①。在这里,斯密实质上指出一切计划的固有缺点:不能精确地反映规律,原因是具体人的认识能力是有限的。他认为国家不应管经济,只应尽以下的义务:保护社会;保护社会上的各个人;建设并维持某些公共事业及某些公共设施。经济则应由"看不见的手"来指导,即由价值规律通过市场发生的自发作用来调节。

但是,事实上在英国产业革命时期,国家用法律来干预经济的情况是存在的。这是一个著名的例子:1848 年英国议会通过的将工作日缩减为 10 小时的法律开始实施。对此,资产阶级经济学家起初是持反对态度的。西尼耳教授认为这将全部消灭工业的利润。但是,这条法律实行的结果,却是劳动生产率提高,利润增加。由于这样,资产阶级经济学家就改口说:认识在法律上规定工作日的必要性,是他们这门科学的突出的"新成就"。对此,马克思从原则的高度予以评论。他在《国际工人协会成立宣言》中指出:关于立法限制工时的斗争涉及一个大的争论,即构成资产阶级政治经济学实质的供求规律的盲目统治和构成工人阶级政治经济学实质的由社会预见指导社会生产之间的争论。因此,10 小时工作日法律不仅是一个重大的实际的成功,并且是一个原则上的胜利;资产阶级政治经济学第一次在工人阶级政治经济学面前公开投降了。

占统治地位的资本主义反干预政策,只实行了一个半世纪。20 世纪 30 年代的大危机,引起资本主义世界的极大震荡,危及社会制度。于是,垄断资产阶级就寻找反危机的办法,凯恩斯认为通过财政和金融渠道,实行膨胀政策就可以防止经济衰退,实行紧缩政策就可以防止经济过热,从而使资本主义经济平稳地发展,不再发生大震荡。其实,生产过剩的经济危机的原因

---

① 亚当·斯密:《国民财富的性质和原因的研究》(下卷),郭大力、王亚南译,商务印书馆 1972 年版,第 252 页。

在于资本主义经济的基本矛盾,这些政策当然不能消除危机。这种政策经过第二次世界大战,到 20 世纪 70 年代,因终于发生危机、停滞与通货膨胀相交织的严重问题而终止。

以上谈的是宏观的计划。此外,还有微观的计划,即垄断部门和垄断企业的计划。恩格斯在资本主义刚刚产生垄断时,就对它进行分析。他从分析资本主义生产方式的基本矛盾开始,分析了它的横向垄断,即在同一生产部门内产生垄断,指出这种垄断形式的生产是计划化的。他在《社会主义由空想发展为科学》中指出:一个国度内所有同一工业部门中的一切巨大生产者,为调节生产而结合为一个托拉斯,即结合为一个联盟,它们规定应该生产的总数,将这个总数分配于彼此之间,并且强迫买主接受预先规定的卖价。但是,由于这些托拉斯在业务一有不佳时便大部分陷于瓦解,所以就引起更集中的社会化:整个工业部门变为一个庞大的股份公司,一国内部的竞争让位于这一公司在该国内部的垄断。他总结说:在托拉斯中自由竞争变为垄断,而资本主义社会的无计划生产,向着未来社会主义社会的有计划生产投降。投降这句话的含义和用词,都和前面说的马克思的论述一样。

恩格斯在《资本论》第三卷的插话中对这个问题有进一步的论述。他说:"历来受人称赞的自由竞争已经日暮途穷,必然要自行宣告明显的可耻破产。这种破产表现在:在每个国家里,一定部门的大工业家会联合成一个卡特尔,以便调节生产。"①

鲁道夫·希法亭在恩格斯对横向垄断进行分析的基础上,对他那时产生的纵向垄断,就是有关的生产部门形成的垄断,即组成联合制企业,例如,英国的棉纺工业和埃及的植棉农业组成联合企业进行分析,认为这种垄断形式的生产也是计划化的。

这里有必要谈一谈希法亭关于一个总卡特尔的形成和计划生产问题。他认为随着工业和银行卡特尔化的发展,最终会出现由一个庞大的卡特尔囊括整个国民经济,非垄断资本主义经济和小商品经济消灭殆尽,从而竞争消灭的局面。由于这个庞大的卡特尔属于一个所有者,它就可以实行有计划的生产。不过,这多少是理论假设,并不是已有的现实。但是,这一理论

①　马克思:《资本论》(第三卷),人民出版社 1975 年版,第 495 页,恩格斯的插话。

假设的影响很大。

尼古拉·伊万诺维奇·布哈林的国家资本主义托拉斯生产计划化理论,是上述希法亭总卡特尔生产计划化理论的发展。他的发展是:在总卡特尔之上加上国家政权。这样,在这个政治和经济相结合的组织中,国家是管理机构,银行是财务机构(由于这个托拉斯要在国外进行竞争,商品和货币就不能消灭,银行就要进行核算),工业是生产单位;国家管理包括计划生产和统治工人。不过,这多少也是理论假设,而不是已有的现实。

列宁根据垄断资本主义的实际情况和恩格斯关于横向的垄断以及希法亭关于纵向的垄断都产生生产计划化的理论,指出垄断意味着:"企业变得十分庞大,并且根据对大量材料的精确估计,有计划地组织原料的供应,其数量达几千万居民所必需的全部原料的 2/3 甚至 3/4……运送这些原料到最便利的生产地点(有时彼此相距数百里数千里)是有步骤地进行的……原料的依次加工直到制成许多种成品的所有工序是由一个中心指挥的……这些产品分配给数千万数万万的消费者是按照一个计划进行的。"①

(二)

从 20 世纪 30 年代中期开始,垄断资本主义计划生产及其理论在马克思主义者中被错误地否定了。主要原因是第二国际和德国社会民主党领袖希法亭在 1927 年完整地提出了有组织的资本主义理论;而这一理论及其据以产生的实际,之所以能从计划生产的角度被错误否定,则与经济学家对 30 年代资本主义发生空前严重的经济危机的原因看法有关,也与 1934 年斯大林与英国作家威尔斯谈话中涉及的计划经济理论有关。

希法亭在上述总卡特尔设想的基础上,提出的有组织的资本主义理论,是他对第一次世界大战中资本主义国家发生的社会经济变化,以及战后资本主义经历了 1920 年发生的经济危机后进入相对稳定时期的变化,加以观察和分析的结果。战时经济一般都具有"统制经济"的特点,第一次世界大战时,法国社会民主党就提出"有组织的经济"这一概念。对于战后相对稳定时期的经济,希法亭认为是:普遍出现的技术进步,尤其是利用化学,化学

---

① 列宁:《帝国主义是资本主义的最高阶段》,人民出版社 2001 年版,第 114 页。

使生产不必再单独依靠自然原料,因而不发生争夺原料的竞争,经济部门进一步组织成托拉斯和卡特尔,因而计划加强,垄断组织国际化,因而计划化范围扩大。据此,1927 年,他在德国社会民主党基尔代表大会上就提出完整的有组织的资本主义理论。他说:我们现在已经过渡到资本主义组织化,从自由竞争占统治地位的经济,过渡到有组织的经济。他套用马克思的话说:有组织的资本主义意味着用社会主义计划生产的原则,来代替自由竞争的资本主义原则的这种有着真正原则性的更替。这个有计划的、自觉活动的经济,在相当大的程度上有可能听从于社会的自觉行动。

1929 年 4 月,斯大林在《论联共(布)党内的右倾》中批判布哈林的右倾时涉及希法亭。他说:"照布哈林的提纲说来,目前没有发生任何动摇资本主义稳定的新现象,相反地资本主义正在改造,并且基本上相当巩固。"这是不能同意的。因为这会使"我们的批评家得到借口,说我们采取了所谓资本主义'恢复健康'的观点,即希法亭的观点,即我们共产党人所不能采取的观点"。① 这里的资本主义"正在改造"和"相当巩固",就是布哈林以其国家资本主义理论对当前形势的估计;而资本主义"恢复健康"就是希法亭的有组织的资本主义理论。当时,斯大林认为,根据这些观点和理论,就会得出当前是处于无产阶级革命运动的低潮时期的结论,从而使共产党制定的策略方针发生错误。

随后,资本主义爆发世界性的普遍生产过剩的危机。1930 年 6 月,斯大林在联共(布)十六次代表大会上,从不能消灭经济危机的角度,来批判有组织的资本主义理论。1934 年,斯大林和英国作家威尔斯的谈话,一方面认为只有社会主义能够实行计划经济,资本主义不能够实行计划经济;另一方面指出资本主义的"计划化"不能消灭经济危机。1935 年,苏联最有影响的经济学家瓦尔加的《我们的计划经济和他们的"计划"欺骗》发挥了斯大林的观点。1949 年,瓦尔加在《战后资本主义经济之变化》中,认为战时资本主义国家中存在着经济调整,但否认存在计划性。由于斯大林的地位和威望,由于瓦尔加的影响,在马克思主义理论界,便对有组织的资本主义理论加以全盘否定,对垄断资本主义的计划生产也加以否定。

---

① 《斯大林全集》(第十二卷),人民出版社 1955 年版,第 20 页。

我认为有组织的资本主义理论,以及其他的资本主义生产计划化理论,认为垄断资本主义存在着计划生产,这是对存在的事实加以承认,是不能否定的。不然,恩格斯和列宁所看到的垄断组织存在的计划生产,随着垄断的发展反而逆转为生产的无政府状态,是说不通的。至于认为第二次世界大战时,资本主义经济有调整(应该是国家垄断资本主义发展)而无计划性,那更是匪夷所思了。

(三)

马克思主义创始人认为社会主义是计划经济。第一个社会主义国家苏联实行的也是高度的计划经济体制。应该说:苏联一国处于帝国主义包围下建设社会主义,起初是非实行这样的经济体制不可的。但是,诚如斯密所说:计划经济要行之得当,恐不是人间智慧或知识所能做到。此外,苏联还有一个特殊的问题:斯大林将有计划发展规律和价值规律完全对立起来,认为后者对生产不起调节作用,以致将计划经济变成产品经济,与市场经济和商品经济完全对立起来。

本来计划经济是和无政府状态对立的,市场经济是和自然经济与产品经济对立的。但是,长期以来,马克思主义理论家却将计划和市场对立起来,认为两者是不相容的。这个理论误区使我国经济体制改革走过弯路。

理论错误是从希法亭开始的。他在其《金融资本》(1910)中说:垄断的趋势是一个社会组成一个总卡特尔,这时"整个资本主义生产将由一个主管机关自觉地进行调节……随(着)生产无政府状态的消失,物的外观的消失,商品的价值对象性消失,从而货币也消失……"①布哈林同意这种观点。他在《过渡时期经济学》(1920)中指出:商品这一范畴是以社会分工或其分裂及因此造成的缺乏经济过程的自觉调节者为前提的。只有在生产无政府状态的基础上才存在着经常的而不是偶然的社会联系,商品才会成为普遍的范畴。因此,当生产过程的不合理性消失的时候,也就是自觉的社会调节者出来代替自发势力的时候,商品就变成产品而失去自己的商品性质。对此,列宁是完全同意的。他说:"对! 不确切:不是变成'产品',而是另一种说

---

① 鲁道夫·希法亭:《金融资本》,福民等译,商务印书馆 1994 年版,第 264 页。

法。例如变成一种不经过市场而供社会消费的产品。"①列宁之所以同意,是因为他也认为"商品生产是为不可知的自由市场工作的"②。斯大林完全接受这种看法。他在其最后著作《苏联社会主义经济问题》中说:"为了把集体农庄所有制提高到全民所有制的水平,必须将集体农庄生产的剩余品从商品流通系统中排除出去,把它们纳入国家工业和集体农庄之间的产品交换系统。"③很明显,由于后者是按照合同即是有意识地进行的,就不是商品交换,而是产品交换。这种将计划和市场对立起来的权威理论,对我国不可能不发生重大的影响。

(四)

由于这样,我国虽然看出计划经济体制的缺点,想予改正,但是总是不能如像对待计划那样理直气壮地对待市场。下面就是我国变计划经济体制为市场经济体制的曲折路程。

1956年,党的八大关于政治报告的决议说:"全国工农业产品的主要部分都将列入计划……有一部分产品将不列入计划,而由生产单位直接按照原料和市场情况进行生产,作为计划的补充。"又说:"社会主义的统一市场应当以国家市场为主体,同时附有在一定范围内的国家领导下的自由市场,作为国家市场的补充。"但实际上,自由市场很快就受到很大的限制。两年之后,1958年,党的八届六中全会关于人民公社若干问题的决议说:"人民公社无论在工业方面和农业方面,既要发展直接满足本社的自给性生产,又必须尽可能广泛地发展商品生产……在国家领导下,同别的公社和国营企业实行必要的生产分工和商品交换……这种商品生产和商品交换……是在社会主义公有制的基础上有计划地进行的。"以前那种以农民的自留地为基础进行生产而建立起来的自由市场,则因人民公社实行供给制、办公共食堂、种好公共的菜园、将自留地收归食堂耕种而消灭。其后虽然允许农民种"十边地",但受到"一大二公"和"刮共产风"的影响,农民如果将个人生产的产

---

① 列宁:《对布哈林〈过渡时期的经济〉一书的评论》,人民出版社1958年版,第50页。
② 《列宁全集》(第二十五卷),人民出版社1958年版,第52—53页。
③ 斯大林:《苏联社会主义经济问题》,人民出版社1961年第4版,第75页。

品出售,则视为资本主义尾巴,坚决割掉。

中国共产党从体制的层面制定政策以处理社会主义经济中的计划和市场的关系,直到1984年9月,党的十二届三中全会通过的《关于经济体制改革的决定》,才有所突破。它明确指出:"要突破把计划经济同商品经济对立起来的传统观念,明确认识社会主义计划经济必须自觉依据和运用价值规律,是在公有制基础上的有计划的商品经济。"这种方法论到1987年党的第十三次代表大会,又得到进一步的发展。十三大在论述社会主义初级阶段理论的基础上,对改革理论和方针的提法更前进了一步,指出:"社会主义有计划商品经济的体制,应该是计划与市场内在的统一体制⋯⋯利用市场调节决不等于搞资本主义"。

我国总是不敢理直气壮地提出市场的必要,这个问题是怎样解决的?薛暮桥作为体制改革的咨询者认为这是一个曲折的过程。他指出:1978年党的十一届三中全会确定了改革的必要性,但是改革的具体方案还有待在实践中逐步探索。1979年改革开放之初,重新强调陈云提出的要发挥市场的调节作用,虽然还没有摆脱高度集中的行政指令性计划经济体制的整体框架,但是针对过去20多年经济体制日益僵化的情况,是一个最初的突破,对体制改革的起步是有力的推动。1979年到1980年,党中央倾向于继续以1979年陈云的意见作为体制改革的指导方针。在1981年6月,十一届六中全会《关于建国以来党的若干历史问题的决议》中提出:"必须在公有制基础上实行计划经济,同时发挥市场调节的辅助作用。"1981年11月,全国人大五届四次会议《政府工作报告》再次强调,"我国经济体制改革的基本方向应当是:在坚持实行社会主义计划经济的前提下,发挥市场调节的辅助作用"。这种提法的缺点是仍然以行政指令性计划经济为主体,市场调节被限制在狭小的范围内。1982年9月党的十二大,对于经济体制改革问题,在总体构思上仍然规定要贯彻计划经济为主、市场调节为辅的原则,而在具体设想中则采纳了对许多产品和企业要实行指导性和指令性计划的主张。

社会主义经济是计划经济为主和市场调节为辅的经济,这种认识比认为社会主义经济是计划经济无疑是进了一步。但是还没有确认社会主义经济是市场经济。解决这个问题,邓小平起了很大的作用。但也不是一帆风顺的。根据高路写的《社会主义市场经济提法出台始末》①的说明,1989 年 8 月邓小平提出要坚持计划经济与市场经济相结合。这个谈话内部印发时是这种提法。但是,同月 28 日公开发表的"根据记录整理文本",却变成了计划经济与市场调节相结合。就是说:还是不能公开提市场经济。然而,计划经济与市场调节相结合的提法存在这样的缺陷:计划经济是体制,市场调节是方法,是不同层次的经济范畴,不同层次的范畴是不能并列的,尤其是不能结合的,因而体制怎能与方法结合,就成为一个理论难题。这反映出反对社会主义经济是市场经济这种认识是多么根深蒂固。改变这种认识经历了一个长过程。

薛暮桥说:在经济发展和体制改革新形势面前,原来党的十二大通过的"计划经济为主、市场调节为辅"的方针,越来越显得不能适应推进改革的需要。在农村中,实际上已经不是计划经济为主了;在城市中,指令性计划范围逐渐缩小,市场调节范围不断扩大。1989 年春夏之交国内发生政治风波,随后苏联解体、东欧变色。在这种形势下,有人对改革的正确方向产生怀疑,重提坚持计划经济体制的问题,并且把"市场取向"和建立社会主义市场经济的主张,当作否定四项基本原则的资产阶级自由化来批判,把计划经济还是市场经济的问题,同社会基本制度直接联系,认为这是姓"社"姓"资"的问题。针对这种情况,邓小平在 1989 年 8 月,专门讲到党的十三大路线不能改,认为在这个时候,展开一个什么理论问题的讨论,比如对市场和计划等问题的讨论,不但不利于稳定,反而会误事。为了解决问题,他在 1992 年初的南方谈话中郑重地申述:"计划多一点还是市场多一点,不是社会主义与资本主义的本质区别。计划经济不等于社会主义,资本主义也有计划;市场经济不等于资本主义,社会主义也有市场。"这就在方法论上解决了问题。

(五)

资本主义从历史到现在都存在程度不等的计划,资产阶级经济学家也主张资本主义运用计划,但是长期被马克思主义者视而不见和否定;社会主义明明需要市场,但是被我们否定;计划本应和无政府状态相对立,有计划

---

① 载《经济日报》1992 年 1 月 14 日或《新华文摘》1993 年 1 期。

的地方就没有无政府状态;市场本应和产品经济相对立,有市场的地方就没有产品经济,但是现在却错了位:计划和市场相对立,似乎两者不能共存。真是一片混乱,这使理论不能突破,经济发展蹒跚。在一片混乱中,邓小平喊了一声"立正",结束了混乱。这就是方法论的巨大威力。在正确理论指导下,我国经济空前迅速地发展。

我这样说,丝毫没有忽视党的其他领导人在这方面的贡献。陈云作为中国共产党领导人之一,长期主管经济工作,早就看到苏联模式计划经济体制的缺点,提出要在计划圈子中实行市场经济,这被称为"鸟笼经济"。他有一个很形象的说法:国家计划是笼子,市场调节是笼子里的鸟。他说:"当然,'笼子'大小要适当,该多大就多大。经济活动不一定限于一个省、一个地区,在国家指导下,也可以跨省跨地区,甚至不一定限于国内,也可以跨国跨洲。另外,'笼子'本身也要经常调整,比如对五年计划进行修改。但无论如何,总得有个'笼子'。"①我认为这一基本思想是正确的。例如,国民收入之划分为积累基金和消费基金就是最大的"笼子",市场经济如果不受其规划,经济生活就必然发生混乱。只是陈云有关计划和市场的思想,大多是务实的,供我们操作的,没有上升为方法论。

从上述可以看出,中国社会主义经济体制改革的核心问题是:计划与市场两者既然都是组织经济的手段,就有一个其关系应如何处理的问题。从理论上看,通过市场组织经济是事后才发生作用的,因为这是通过价格波动然后进行组织的,总会带来一些损失,资本主义经济就是因搞市场经济而吃亏,才增加计划经济因素(如恩格斯所说:由自由竞争引起垄断)的;通过计划组织经济,则必与人的认识能力有关,因为计划要由人来制定,而具体人的认识总有局限性,不能精确反映客观规律,计划总有偏差和失误。很难说计划与市场孰优孰劣,要视具体情况而定。从我国目前看,市场确实优于计划。但是市场不能决定发展的方向,这是要由最宏观的计划来决定的。总之,对这个问题,我们还要随着实践的发展,深化认识。

根据实践经验,我个人认为:我国目前的消费率无论从共和国的历史

---

① 陈云:《实现党的十二大制定战略目标的若干问题》,载《陈云文选》(第三卷),人民出版社1995年版,第320页。

看,还是从当前世界的情况看,都过低。三年前就有文章明确指出:中国目前消费率只有 59.5%,而世界平均为 78%—79%,共和国历史平均为 65%。[①] 这就是发生市场疲软的原因。薄一波在党的第八次全国代表大会上,根据中国当时的经验,认为在国民收入中,积累基金占的比重以 20% 或略高一点为宜,即消费基金占的比重以 80% 或略低一点为宜。中国目前的消费相对于生产增长来说过低,是很明显的。根据 2000 年,国家统计局出版的《中国统计年鉴》,国内生产总值(GDP)增长率(%),1996 年为 9.6,1997 年为 8.8,1998 年为 7.8,1999 年为 7.1,而全国居民人均消费增长率(%),则相应为 9.09、4.16、5.55 和 7.42(我根据统计资料折算),可以看出,总的说来,消费增长是落后于生产增长的。如果不调整,那么 GDP 就会从手段异化为目的。适当提高消费率,就可以将社会保障的覆盖面扩大。要调整积累率和消费率,就不是市场经济所能做的,而必须靠宏观计划。

---

① 参见《社会科学报》2002 年 5 月 23 日。

三、计划和市场都是手段，
并不表明制度的性质①

(一) 为何曾认为社会主义只存在计划生产

在社会主义成为一种制度之前，马克思就指出它将存在的只是计划生产。他先说明一条经济规律，即进行生产必须在各部门合乎比例地分配劳动。1868 年，他在致库格曼的信中说："要想得到和各种不同需要量相适应的产品量，就要付出各种不同的和一定数量上的社会总劳动量。这种按一定比例分配社会劳动的必要性，绝不可能被社会生产的一定形式所取消，而可能改变的只是它的表现形式，这是不言而喻的。自然规律是根本不能取消的。在不同的历史条件下能够发生变化的，只是这些规律借以实现的形式。而在社会劳动的联系体现为个人劳动产品的私人交换的社会制度下，这种劳动按比例分配所借以实现的形式，正是这些产品的交换价值。"②为了下面叙述的方便，在这里我先指出，苏共领导人之一、著名马克思主义理论家尼古拉·伊万诺维奇·布哈林，称这一规律为劳动消耗规律，并认为在自发的经济过程条件下，它表现为价值规律，就是说价值规律是劳动消耗规律的表现形式，或历史表皮。

马克思还进一步指出，未来社会将存在的只是计划生产。他说："设想有一个自由人联合体，他们用公共的生产资料进行劳动，并且自觉地把他们许多个人劳动力当作一个社会劳动力来使用。"这样，"劳动时间的社会的有计划的分配，(就)调节着各种劳动职能同各种需要的适当的比例"。③ 由于这样，他在《国际工人协会成立宣言》中就明确指出：构成工人阶级政治经济

① 约写于 2002 年中期。
② 《马克思恩格斯全集》(第三十二卷)，人民出版社 1974 年版，第 541 页。
③ 同上书，第 95—96 页。引文中的着重号是引者加的。

学实质的是由社会预见指导社会生产,它和构成资产阶级政治经济学实质的是供求规律的盲目统治是相对立的。

我认为,俄国在十月革命后不久,实行的是战时共产主义,就是上述理论的产物;帝国主义国家对苏俄发动的武装干涉战争,只是使它的实行更为彻底,并具有一般战时经济都具有的统制经济的特点。列宁在《十月革命四周年》中说,我们并未经过充分思考就预定,单凭无产阶级国家的直接法令,而在小农国家里按共产主义原则来调整国家的生产及由国家进行的产品分配。这里说的就是战时共产主义实行的是计划生产和计划分配。至于这里强调的小农国家的意思,留在下面再谈。

布哈林对社会主义只存在计划生产的说明,其理论色彩最浓。他从资本主义社会到社会主义的过渡时期中,经济过程的自发因素和自觉因素的此消彼长说起。他认为,随着国营经济及其作用的增长,自觉因素就逐渐完全取代自发因素;这就意味着价值规律脱下了上述的历史表皮,还原为劳动消耗规律,因而由计划决定的价格就取代由市场波动决定的价格,计划价格就是"预先估计到(先想到)在自发的调节下,事后才能确定的东西"①。总之,"社会主义计划原则胜利的过程无非是劳动消耗规律脱去自己身上罪恶的价值外衣的过程,也就是说,是价值规律转变为劳动消耗规律的过程,是社会基本调节者消除拜物教的过程"②。

布哈林进一步论述社会主义自觉因素或理性因素和计划经济的关系。他说:"无产阶级经济政策的合理因素,即计划原则本身是依靠精确的科学分析的。对于马克思主义来说,自由是被认识了的必然性,而不是人类智慧的随意反映。经济计划不是数字的堆积,不是'一般的'数字的理想结合,而是精确地估计现实相互关系的结果,是在具备实行计划的物质基础(国家集中掌握生产资料)的条件下科学地分析这些相互关系的结果。"③

如果说,斯大林在《和英国作家赫·乔·威尔斯的谈话》(1934)中,认为苏联实行的是计划经济,而美国罗斯福总统实行的新政,核心是实施公共工程,则不像威尔斯所说的那样是计划经济,还是从事实上说明的,那么,他在

---

① 《布哈林文选》(中册),人民出版社1983年版,第99页。

② 同上书,第93—94页。

③ 同上书,第127—128页。

其最后著作《苏联社会主义经济问题》(1952)中,对社会主义苏联实行计划经济的论述,则是理论性的。他说:社会主义国民经济有计划(按比例)发展的规律,即"国民经济有计划发展的规律,是作为资本主义制度下竞争和生产无政府状态的规律的对立物而产生的。它是当竞争和生产无政府状态的规律失去效力以后,在生产资料公有化的基础上产生的。它之所以发生作用,是因为社会主义的国民经济只有在国民经济有计划发展的经济规律的基础上才能得到发展。这就是说,国民经济有计划发展的规律,使我们的计划机关有可能去正确地计划社会生产。"[①]

在我看来,斯大林这里所说的国民经济按比例发展的规律,就是上述马克思所说的那条不因社会生产形势变化而消灭的经济发展的自然规律,以及被布哈林称为劳动消耗的规律,因此,它不是社会主义所特有的;国民经济有计划发展的"规律",应该是按比例发展规律在主观上的反映,因此,前者不是客观存在,而是主观制定的经济政策、经济计划,等等,不能完全精确地反映后者的要求。斯大林将按比例和有计划等同使用,是不符合唯物主义的认识论的。但是,不管怎样,在斯大林看来,他已有充分理由,说明社会主义存在的只是计划经济了。

苏联经济学家对此有不同看法。他们认为,在社会主义生产条件下,价值规律是"各个生产部门间劳动分配方面的'比例调节者'"[②]。我们知道,价值规律就是商品的价值由生产它的必要劳动时间决定的规律。必要劳动时间有两层含义:一是平均条件下的劳动时间;二是比例分配下的劳动时间。后者也就是:"社会劳动时间可分别用在各个特殊生产领域的份额的……数量界限,不过是整个价值规律进一步发展的表现,虽然必要劳动时间在这里包含着另一种意义。"[③]很明显,包含着第二层含义必要劳动时间的价值规律,同上述马克思所说的经济的自然规律,亦即布哈林所说的劳动消耗规律,有相同的要求,就是合乎比例地分配社会劳动。正因为这样,布哈林认为价值规律是劳动消耗规律的历史表现,我认为是正确的。据此,我还认为,如果一定说国民经济有计划(按比例)发展的规律,是不同于劳动消耗规

---

① 斯大林:《苏联社会主义经济问题》,人民出版社 1961 年第 4 版,第 19 页。
② 同上。
③ 《马克思恩格斯全集》(第二十五卷),人民出版社 1974 年版,第 717 页。

律的另一条规律,那么,就两者的要求相同来说,认为由前一规律计划社会生产,同认为由后一规律的历史表现即价值规律调节社会生产,都是正确的,因为两者说的是同一回事。

斯大林不同意苏联经济学家的看法。首先,他用存在的事实进行反驳。他说:"假如这是正确的,那就不能理解,为什么在我国,没有用全力优先发展最能盈利的轻工业,而去发展往往盈利较少、有时简直不能盈利的重工业。"①斯大林这里的说明是带有粉饰性的。在他逝世后不久召开的苏共中央和苏联部长会议,在《关于扩大日用品生产及改进其质量的决议》《关于扩大食品生产及改进其质量的决议》和《关于进一步扩大苏联谷物生产和关于开垦生荒地和熟荒地的决议》中,已经指出苏联农业、轻工业、重工业比例严重失调的严酷现实②。在苏联已经完成工业化,轻、重工业同时存在的情况下,如果不是实行僵硬的计划经济体制,以及制定既不反映价值,又不反映供求关系的计划价格,那么,平均利润率规律就会形成和发生作用,这样,轻、重工业得利的利润就应该是均等的。至于斯大林所说的一个盈利多反而发展慢,一个不盈利甚至亏本反而发展快,并且长期如此,只能是国家财政包揽的结果。这种做法对企业的消极作用,许多论著都已谈到,这里不赘述。由于农业属集体所有,国家财政不予包揽,所以斯大林列举的事实,农业的落后就不在其中。从上述分析可以看出,他列举的事实,严格说来,不是证明价值规律对生产不起调节作用,而是证明平均利润率规律对生产不起调节作用。对此,苏共政治局委员、长期主管计划工作的沃兹涅辛斯基说得很清楚。他说:"在苏联,大家知道,平均利润率并不是规律。"③对于这种严重的国民经济比例失调,应该用什么办法来纠正呢? 我认为应该用让价值规律充分发生作用,而不是用让斯大林称为国民经济有计划(按比例)发展规律充分发生作用的办法来纠正。因为两者虽然都要求合乎比例地分配社会劳动,但后者不能解决价格应如何形成的问题,前者则能够这样做,而

---

① 斯大林:《苏联社会主义经济问题》,人民出版社 1961 年第 4 版,第 17 页。
② 农、轻、重比例失调的原因,限于篇幅,这里不能详谈。可阅我和陈东村合写的《社会主义国家发展不同阶段中的计划和市场》,《马克思主义研究》1996 年第 2 期。
③ 中共中央马恩列斯著作编译局国际共运史研究室:《沃兹涅辛斯基经济论文选》,人民出版社 1983 年版,第 520 页。

既反映价值，又反映供求的价格，是实现比例分配劳动的重要杠杆。

此外，计划经济体制一般都存在着陈云所说的缺点：计划只能对大路货，主要品种做出计划数字，因此生产不能丰富多彩，人民所需日用品十分单调。布哈林说，经济计划是精确地估计现实相互关系的结果。但人的认识总是有限的，要精确地估计是不可能的。因此，对非大路货的生产，要由价值规律来调节，就是不言而喻的。

其次，斯大林还认为，对价值规律对生产起调节作用的，还有国民经济有计划（按比例）发展的规律，以及根据后者的要求而制定的具体经济计划和经济政策。这在理论上很难成立。因为前面说过，如果说这是两条规律的话，那么，由于它们的要求就是相同的，不能说后者会对前者起限制作用。同理，根据逻辑，反映后者要求而制定的经济计划等，也不会对前者起限制作用。

总之，如果社会主义确实存在着斯大林所说的国民经济有计划（按比例）发展规律，并且和价值规律的要求不同，那么，社会主义就只能存在计划生产，让价值规律通过市场的作用而调节生产，就没有存在的可能了。

（二）为何曾认为社会主义不存在市场

这里所用的市场这个范畴，和马克思以及列宁在早期著作中使用的市场范畴有所不同。马克思和当时的列宁认为，商品交换就构成政治经济学上所说的市场，而不问这种商品交换是包含着自发因素，还是包含着自觉因素。这里所说的市场是专指包含着自发因素的，因而同包含着自觉因素的计划是相对立的。

最早从经济过程具有自觉因素或自发因素的角度去研究经济范畴的，是鲁道夫·希法亭。他在《金融资本》（1910）中指出：卡特尔化是没有界限的，作为这个过程的结果是整个国民经济成为一个总卡特尔。此外，跨越国界的纵的联合，例如英国的棉纺业和埃及的植棉业组成联合企业。这样，整个资本主义生产就由一个主管机构有意识地加以计划，原来的各个独立企业，现在就成为一个"车间"，其逻辑结论就是：在它们之间调拨的产品就不是商品，调拨也不构成市场。

列宁从同样的角度去分析市场范畴。1917年俄国二月革命后成立的资产阶级临时政府，仍然参加由两个帝国主义集团发动的世界大战，发展军工生产;针对此事,列宁说:"资本家为国防即为国家工作,这已经不是'纯'资本主义了(这是明显的事实),而是国民经济的一种特殊形式。纯资本主义是商品生产。商品生产是为不可知的自由市场工作的。为国防'工作'的资本家则完全不是为市场'工作'。"①

布哈林深受希法亭的影响,也同意上述列宁的看法,因此在《过渡时期经济学》(1920)中,就对商品下了这样的定义:商品"这一范畴首先是以社会分工或其分裂及因此造成的缺乏经济过程的自觉调节者为前提的"。所以,"只有在生产无政府状态的基础上才存在着经常的而不是偶然的社会联系,商品才会成为普通的范畴"。因此,"当生产过程的不合理性消失的时候,也就是当自觉的社会调节者出来代替自发势力的时候,商品就变成产品而失去自己的商品性质。"他还特别指出:"并不是任何一种交换都是商品交换",例如,"无产阶级国家实行城乡间的产品交换"②,就不是商品交换。

列宁由于和布哈林在这个问题上有相同的认识,所以对于商品的定义,首先认为"对!",然后才认为:"不确切:不是变成'产品',而是另一种说法,例如,变成一种不经过市场(其经济过程具有自发性质——引者)而供社会消费的产品。"③对布哈林说的城乡间的产品交换不是商品交换,由于这是按合同或计划进行的,有自觉因素在其中,列宁便对此说采取默认的态度,不加评论。

我认为,布哈林在这里的全部议论,尤其是列宁在评论中使用市场这一范畴时所具有的特殊含义,对其后苏联的理论和实践都有极大的影响。

前面提到的苏俄实行的战时共产主义,从另一面看,就是消灭市场。因为它的核心是实行余粮征集制,即以法令为依据,将农民的剩余粮食征收到国家手中(在特殊情况下,付给农民日益贬值的纸币),以供应城市和士兵,不仅在城乡之间,而且在城市内部、农村内部,都消灭市场。列宁在《十月革命四周年》中继续说:实际生活指明了我们的错误。本来是需要经过国家资本主义与社会主义这些过渡阶段,以便用多年的工作来准备过渡到共产主

---

① 《列宁全集》(第二十五卷),人民出版社1958年版,第52—53页。
② 尼古拉·布哈林:《过渡时期经济学》,余大章、郑异凡译,生活·读书·新知三联书店1981年版,第115页。
③ 列宁:《对布哈林〈过渡时期的经济〉一书的评论》,人民出版社1958年版,第50页。

义。不是直接依据热忱,而是借助于伟大革命所产生的热忱,依据个人利益,依据经济核算,来在这个小农国家内,首先努力建成经过国家资本主义通到社会主义去的坚固小桥,否则就达不到共产主义,就不能把千百万人引导到共产主义。

由于犯了错误,苏俄就停止实行战时共产主义,改为实行从过渡时期开始就应该实行的新经济政策,停止实行余粮征集制,改为实行粮食税政策,即农民纳税后,剩余的粮食可以向市场出售,向市场买到工业品,并由此带动城乡市场的恢复。新经济政策的核心是承认市场的存在。但是,由于已有观念的束缚,苏联仍然将计划与市场对立起来,将市场看成是社会主义苏联实行计划经济体制的异己因素。我们且看布哈林是怎样说的。

列宁逝世后,布哈林一度是解释新经济政策的权威。他说:"只要想到我国大约有 1 亿农民,2 000 多万农户,只要想到农民经济是我国国营工业的经济基础,——那么问题一下子就清楚了,由于过渡到新经济政策我国该能获得多么大的前进动力","过去我们认为,我们可以一举消灭市场关系。而实际情况表明,我们恰恰要通过市场关系走向社会主义"。[①] 这里,在市场存在的问题上,他为什么像列宁那样,强调小农的存在呢? 他完全从经济过程的自发因素的角度出发,对市场下了这样的定义:"市场关系是怎么回事呢?这不是别的,而正是特种生产关系的表现,这种生产关系的特征是形式上独立的个体生产者的分散劳动。"[②]这样,农业集体化完成后,"在没有小生产的地方,大家就可以完全放心地反对'新经济政策',反对市场关系和类似其他事物"[③]。这是因为,为数众多的个体农民,在技术上无法一一与国家订立合同,与国家或工业进行交换,所以需要具有自发因素的市场;而为数少得多的集体农庄,在技术上则可以这样做,这样,经济过程就具有自觉因素,就不需要市场,也不需要实行新经济政策了。关于这个问题,布哈林下面的话说得更明确。他说:"比如像对澳大利亚来说,谈论新经济政策又有什么意义呢?"[④]我们知道,澳大利亚这个原移民垦殖殖民地,有大规模的牧场和农场,

---

① 《布哈林文选》(上册),人民出版社 1983 年版,第 440—441 页。
② 《布哈林文选》(下册),人民出版社 1983 年版,第 392 页。
③ 同上。
④ 同上书,第 391 页。

同苏俄的小农一样,是个体经济,但数量少得多,无产阶级取得政权后,在技术上完全可以与其订立合同,进行交换;或者可以很快就完成社会化,与其按计划进行交换:这在布哈林看来,就是不需要市场,不需要实行新经济政策。

按照这种理论,苏联完成农业集体化后,市场就应消灭,但是,事实上在这之前的 1927 年,苏联就实行第一个五年计划;而在 1930 年大体上完成农业集体化后,据斯大林在《苏联社会主义经济问题》中透露,苏联仍存在着市场。这是实际对理论的反驳。

斯大林在上述著作中论述怎样才能消灭这个市场,以便让计划经济体制能够囊括整个国民经济。他是在论述如何把集体农庄所有制提高到全民所有制的水平,以便向他所说的共产主义过渡时,谈论到这个问题的。他认为集体农庄可以完全自由地任意支配的财产,就是它们生产的农产品;此外,庄员在其园地即中国所说的自留地上生产的农产品,也是可以完全自由地任意支配的。斯大林认为,正是这些产品中的剩余产品,进入市场,从而列入商品流通系统。因此,"必须将集体农庄生产的剩余品从商品流通系统中排除出去,把它们纳入国家工业和集体农庄之间的产品交换系统"①。按照他的说法,产品交换制度"缩小着商品流通的范围",这就"使我们有可能把集体农庄的基本财产、集体农庄生产的产品纳入全民计划的总系统中"②。他并且认为:"和政府订有产品交换……合同的集体农庄所获得的利益,较之没有订立这种合同的集体农庄,要多得无比。"③因为根据合同,集体农庄农民从国家获得的产品,比在商品流通中获得的要多得多,价钱也更便宜。为什么会这样,他没有说明。

为了消灭市场,似乎什么都说到了。只是自留地上的剩余产品,仍然自发地进入商品流通,因而市场也就仍然存在。

(三) 计划和市场都是手段,并不表明制度性质

将计划和市场完全对立起来的传统理论,以及苏联计划经济模式,对我

---

① 斯大林:《苏联社会主义经济问题》,人民出版社 1961 年第 4 版,第 75 页。
② 同上书,第 76 页。引文中的着重号是引者加的。
③ 同上。

国的影响很大。

由于实际生活需要市场,但又认为它和我国实行的计划经济是对立的,因此党的决策提到市场的必要时,总要对它加以防范,将它置于国家监督之下,使它成为计划的补充,不认为它和计划一样,都是组织经济的手段。1956年党的八大决议,提出社会主义的统一市场应当以国家市场为主体,同时附有在一定范围内的国家领导下的自由市场,作为国家市场的补充。但实际上,自由市场很快就受到很大的限制。在1958年的人民公社化运动中,主要以由农民耕种自留地为基础而形成的自由市场,就被消灭了。其后虽然允许农民在田头地角种点东西,但如果将其出售,则就为资本主义尾巴,要坚决割掉。

长期主管我国财经和计划工作的陈云认为,当时苏联和中国这样作计划工作是完全对的,但没有根据经验,对马克思的原理及比例分配社会劳动原理,加以发展,这就导致现在计划经济中出现的缺点。为什么当时是对的呢?因为两国建国之初,都面临帝国主义的武装干涉或战争威胁,如不实行计划经济,就无法集中人力、物力、财力,从而迅速发展重工业,实现工业化,以加强国防力量。那么,没有发展马克思的原理又是什么意思呢?那就是马克思揭示的那条比例分配社会劳动才能进行生产的经济的自然规律,或布哈林所说的劳动消耗规律,还有其依以表现的历史形式,它就是价值规律,价值规律通过市场而产生的自发作用,也能实现比例分配社会劳动:我们忽视的就是这一点,以致产生本文第一部分所说的那些缺点。正是在这个意义上,陈云指出苏联和中国计划工作制度的缺点是:只有有计划按比例这一条,没有在社会主义制度下还必须有市场调节这一条。所谓市场调节,就是按价值规律调节,也就是经济生活中的某些方面可以用"无政府"、"盲目"生产的办法来加以调节。由于谈论问题的角度不同,陈云在这里未能阐述实行计划经济和实行市场调节,是同经济制度的性质无关的,尽管他所说的用无政府和盲目生产的办法来进行调节,已经包含着资本主义是经常用这种办法的这样的意思。就是说,运用这种办法,与经济制度的性质无关。至于计划生产,资本主义也可以用,同样与经济制度的性质无关,陈云则没有这样说过。

邓小平解决了陈云未能阐述的理论问题。这有一个过程。1979年,他在会见美国《不列颠百科全书》副总编辑吉布尼时指出,说市场经济只限于资本主义社会,肯定是不正确的,社会主义为什么不可以搞市场经济? 20 世纪 80 年代,他多次强调要把市场经济和计划经济结合起来。随着实践和认识的深入,他在 1992 年的南方谈话中明确指出:"计划多一点还是市场多一点,不是社会主义与资本主义的本质区别。计划经济不等于社会主义,资本主义也有计划;市场经济不等于资本主义,社会主义也有市场。计划和市场都是经济手段。"①

根据邓小平这一理论,1992 年 10 月召开的党的十四大,在其通过的工作报告中明确提出:"我国经济体制改革的目标是建立社会主义市场经济体制"。其具体要求之一是:使市场在国家宏观调控下对资源配置起基础性作用。国家宏观调控,就是由国家制定的最宏观的计划的作用。所以,社会主义市场经济体制并不是否定计划。这是因为市场经济本身不能决定经济发展的方向,只有国家的最宏观的计划才能决定这样的方向。

邓小平这一理论的提出,澄清许多糊涂观念,它标志着社会主义只存在计划生产、不存在市场理论的终结。

---

① 《邓小平文选》(第三卷),人民出版社 1993 年版,第 373 页。

四、社会主义有计划商品
经济理论依据探索[①]

现在我们认为社会主义经济是有计划的商品经济,并且寻求计划和市场结合的方法。这种认识和做法都和传统的相反。因此有必要探索其理论依据。在我看来,只要不拘泥于马克思的某些具体论述,而掌握其基本思想和理论体系,就可以看出这种认识和寻求都是有理论依据的。

(一) 从产生和运转看社会主义是计划经济

人们常说,社会主义经济是以公有制为基础的,它不可能在以私有制为基础的资本主义社会中自发产生,这当然是正确的。人们又说,以公有制为基础的经济是计划经济。现在看来,这种说法曾经包含有与商品经济相对立的内容,因而是不全面的。但是,如果认为,这种说法是指,不是自发产生的社会主义经济,其运转也不是自发的,至于它是不是商品经济,那是另一个问题,如果这样认识社会主义是计划经济,则是正确的。

马克思对社会主义经济产生及其运转都不是自发的这两者的解释,是统一的,这就是都有无产阶级和社会主义劳动者的自觉性在其中发生作用。关于社会主义经济的产生,他认为敲响资本主义私有制丧钟的是无产阶级;关于由这样的革命行动所产生的社会主义经济,他认为是"一个自由人联合体,他们用公共的生产资料进行劳动,并且自觉地把他们许多个人劳动力当作一个社会劳动力来使用"[②]。

马克思关于资本主义经济运转和社会主义经济运转的性质,以及前者

---

① 约写于 1992 年上半年。
② 马克思:《资本论》(第一卷),人民出版社 1975 年版,第 95 页。

的部分质变及其同后者的关系的论述，值得重视。他是在对英国无产阶级于19世纪30年代开始，利用英国资产阶级和地主阶级在存废谷物法问题上的矛盾，提出限制工时的要求，并最终获得胜利的时候，对这些问题加以论述的。他说，关于立法限制工时问题的斗争进行得更为激烈，除了贪得无厌的资产阶级惊慌害怕以外，还因为这里的问题涉及一个大的争论，即构成资产阶级政治经济学的实质的供求法则的盲目统治，和构成工人阶级政治经济学的由社会预见指导社会生产之间的争论，因此10小时工作日法律不仅是一个重大的实际成功，并且是一个原则上的胜利，资产阶级政治经济学第一次在工人阶级政治经济学面前公开投降了。① 之所以是公开投降，是由于工作日缩短后，劳动生产率提高，利润反而增加，因此，以前反对由法律来干预经济的资产阶级政治经济学，现在不仅承认这个事实，而且将这一承认看成是这一学科的新成就。②

　　法律干预经济，只是资本主义经济运转自发性发生变化的开始。随着垄断的产生，资本主义经济的生产和流通就从自发性开始过渡到自觉性，即经济运转发生部分质变。恩格斯说：一个国度内所有同一工业部门中的一切巨大生产者，为调节生产而结合为一个"托拉斯"，即结合为一个联盟。它们规定应该生产的总数，将这总数分配于彼此之间，并且强迫买主接受预先规定的卖价；这样，在托拉斯中，自由竞争变为垄断，而资本主义社会的无计划生产，向着未来社会主义社会的有计划生产投降。③ 其后，在专门研究垄断资本主义经济时，希法亭、列宁和布哈林都指出垄断经济的计划性或自觉因素。

　　这些论述对我们具有重要的方法论意义。我们知道，社会主义是由于要解决资本主义的基本矛盾而产生的，这矛盾包括了社会生产无政府状态和企业生产有组织之间的矛盾；垄断经济是社会主义的物质基础，其中的国家垄断资本主义则是社会主义的入口。因此，社会主义经济，不仅从要消灭资本主义生产资料私有制这一点看，其产生不可能是自发的；而且从直接由垄断资本主义经济变革而来这一点看，其运转包括着自觉因素的。

① 参见《马克思恩格斯选集》（第二卷），人民出版社1972年版，第132页。
② 参见马克思：《资本论》（第一卷），人民出版社1975年版，第328页。
③ 参见《马克思恩格斯全集》（第十九卷），人民出版社1963年版，第239页。

（二）计划经济怎样同商品经济对立起来

社会主义经济运转具有自觉性，即社会主义是计划经济，并不意味着它只能是产品经济，不可能同时又是商品经济。要知道，与计划经济相对立的是无政府状态的经济；与商品经济相对立的是自然经济和产品经济；计划经济既可能是产品经济，又可能是商品经济。

长期以来，人们将社会主义计划经济看成是产品经济，而不可能是商品经济，其中一个原因，是由于受到传统和权威的理论及由其指导下的实践的影响。在考察第一次世界大战期间资产阶级国家机构干涉经济时，列宁说："资本家为国防即为国家工作，这已经不是'纯'资本主义了（这是明显的事实），而是国民经济的一种特殊形式。纯资本主义是商品生产。商品生产是为不可知的自由市场工作的。为国防工作的资本家则完全不是为市场工作，而是按照国家订货甚至往往是为了取得国家贷款而工作的。"①这里已包含着计划因素或计划经济是商品经济的否定的思想，也包含着在资本主义条件下，它不是纯资本主义而是国民经济的一种特殊形式的思想。布哈林说得更明确："金融资本主义的生产关系的改组走向包罗一切的国家资本主义组织，同时消灭商品市场，使货币变为计算单位，实行国家范围内的有组织的生产，使整个'国民经济'的机制从属于世界竞争的目的。"②在这里，他认为国家资本主义组织即国家垄断资本主义经济内部已不存在商品生产。但是，这种组织参加世界竞争，在世界市场上它们的产品是不是商品呢？如果是，那么根据下面将要提到的马克思这个原理：产品对外一旦成为商品，由于反作用，它对内也成为商品，国家垄断资本主义经济内部是否也存在商品生产呢？他没有正面回答这问题，而是说："假如生产的商品性质消失的话，比如说，通过组织全世界经济成为单一的巨大的国家托拉斯——我们在讨论超帝国主义的一章里已经证明这是不可能的，那么，就会有一个全新的经济形式。这将不再是资本主义，因为商品生产消失了；更不是社会主义，因为一个阶级对另一个阶级的统治依然存在（而且甚至更加强了）。这样的

① 《列宁全集》（第二十五卷），人民出版社1958年版，第52—53页。
② 尼古拉·布哈林：《过渡时期经济学》，余大章、郑异凡译，生活·读书·新知三联书店1981年版，第26页。

经济结构,就像是没有奴隶市场的奴隶占有制经济。"①这就是说,只要消灭了阶级统治和被统治关系,这样一种消灭了商品生产,而存在着有组织的生产的经济结构,就是社会主义经济。

正是这样,列宁对布哈林关于商品的定义,是持同意态度的。布哈林说:"商品这一范畴首先是以社会分工或其分裂以及因此造成的缺乏经济过程的自觉调节者为前提的。"因此,"当生产过程的不合理性消失的时候,也就是当自觉的社会调节者出来代替自发势力的时候,商品就变成产品而失去自己的商品性质"。②对此,列宁首先说"对!",然后认为:"不确切:不是变成'产品',而是另一种说法。例如变成一种不经过市场而供社会消费的产品。"③这就是说,他们都认为,有组织的经济或计划经济,和商品经济是对立的。

他们这种认识,是以马克思这些论述为基础的。马克思说:"在商品生产者的社会里,一般的社会生产关系是这样的。生产者把他们的产品当作商品,从而当作价值来对待,而且通过这种物的形式,把他们的私人劳动当作等同的人类劳动来互相发生关系。"在这条件下,必然产生商品拜物教。"只有当社会生活过程即物质生产过程的形态,作为自由结合的人的产物,处于人的有意识有计划的控制之下的时候,它才会把自己的神秘的纱幕揭掉。"④马克思这里的论述,是符合自由竞争条件下的商品生产的。但是,如上所述,当垄断产生时,即使还没有"自由结合的人",有意识有计划的生产已经开始,这是恩格斯论述过的。这种生产本应是商品生产,但由于拘泥于马克思的论述,列宁和布哈林就将计划经济和商品经济对立起来了。

这种认识导致十月革命后俄国立即消灭商品生产的错误。长期以来,人们认为十月革命后俄国实行旨在消灭商品生产的战时共产主义政策,是14个帝国主义国家对革命的俄国实行武装干涉的产物。应该说不是这样。正如列宁在《十月革命四周年》中所总结的那样,是不正确理论的产物。这个不正确的理论,主要不是由于忽视革命政权刚建立时广大的小农经济是

---

① 尼·布哈林:《世界经济和帝国主义》,蒯兆德译,中国社会科学出版社1983年版,第126页注1。
② 尼古拉·布哈林:《过渡时期经济学》,余大章、郑异凡译,生活·读书·新知三联书店1981年版,第15页。
③ 列宁:《对布哈林〈过渡时期的经济〉一书的评论》,人民出版社1958年版,第50页。
④ 马克思:《资本论》(第一卷),人民出版社1975年版,第96—97页。

以个体所有制（因而同其他所有制之间要保留商品交换）为基础的，而是由于强调革命政权马上可以将小农经济纳入有计划的生产和分配之中（因而可以消灭商品生产）。列宁总结说："我们原打算（或许更确切些说，我们是没有充分根据地假定）直接用无产阶级国家的法令，在一个小农国家里按共产主义原则来调整国家的生产和产品分配。现实生活说明我们犯了错误。"①由于这样，其后就改为实行旨在恢复商品交换和商品生产的新经济政策。但对商品生产的必要性的认识，仍然认为是小农不能马上就能组织起来。列宁逝世后，布哈林是解释新经济政策的权威。他说：这个政策的核心是承认市场的存在，而"市场关系是怎么回事呢？这不是别的，而正是这种生产关系的表现，这种生产关系的特征是形式上独立的个体生产者的分散劳动（着重点是引者加的）"②。就是说，不是个体所有制的存在，而是个体小生产者的分散劳动一时难纳入计划，所以才需要商品生产。因此，布哈林又说，新经济政策对澳大利亚来说是不必要的（澳大利亚的大量牧场虽是个体所有制，但经营的是大生产，容易纳入计划）；无产阶级国家实行的城乡间产品交换不是商品（因为纳入计划）。所有这些，都是将商品和计划相对立的。

斯大林于1929年将布哈林当作党内右倾集团的领袖进行批判时，认为城乡间的产品交换是商品交换，即计划可以和商品交换相一致。他正确地说："为什么小宗交易、少量交换可以叫商品流转，而按照预先就货物的价格和质量订立的合同（预购合同）进行的大宗交易就不能叫作商品流转呢？"③但在1952年即他逝世前一年，他又认为计划和商品交换是相对产品的。研究如何消灭商品生产，以便向共产主义过渡时，他认为要将集体农庄所有制提高到全民所有制的水平，为此"必须将集体农庄的剩余品从商品流通中排除出，把它们纳入国家工业和集体农庄之间的产品交换系统。问题的实质就在这里"④。这样一来，又将计划和商品交换对立起来。

以上我们说明社会主义是计划经济。计划经济并不必然和商品经济相对立。但并没有说明社会主义又是商品经济，下面就来说明。

---

① 《列宁全集》（第二十三卷），人民出版社1957年版，第39页。
② 《布哈林文选》（下册），人民出版社1983年版，第392页。
③ 《斯大林全集》（第十二卷），人民出版社1955年版，第44页。
④ 斯大林：《苏联社会主义经济问题》，人民出版社1961年第4版，第75页。

（三）社会主义是计划经济也是商品经济

马克思认为，商品生产的存在条件，是社会分工和对产品的不同所有者同时存在。从生产资料所有制形式来考察商品经济在社会主义制度下的存亡问题，大体经历这样的过程。首先是根据马克思的有关论述，认为社会主义只存在一种所有制即全民所有制①，产品属于一个所有者，因而不存在商品经济。然后是根据恩格斯在 1894 年即逝世前一年写的《法德农民问题》，认为即使像法、德这样的发达资本主义国家，都存在着广大的个体农民，其生产资料不能收归国有，而要像列宁所特别强调的那样，将他们组织为合作社或集体农庄，这样，由于有两种不同的所有制形式，两者之间的交换，集体农庄之间的交换，就是商品交换，用于这种交换的产品生产，就是商品生产。最后是斯大林的有关论述：在两种所有制形式存在的条件下，虽然有商品生产，但社会主义并不全是商品经济，因为全民所有制企业之间交换的产品不是商品，而是具有商品形式，这就是说社会主义用于交换的产品，只有一部分是商品，社会主义虽然存在着商品生产，但它不是商品经济。

其实，在我看来，只要不拘泥于马克思对社会主义是不是商品经济的具体论述，而根据他的各种论述，并将其综合，就不仅可以得出即使存在着单一的全民所有制的社会主义，其经济是商品经济的结论，而且可以得出存在着两种所有制的社会主义，其中的全民所有制企业之间交换产品也是商品，即这种社会主义是商品经济的结论。

前面提到，马克思认为在历史上商品生产是由商品交换引起的，最初的"商品交换是在共同体的尽头，在它们与别的共同体或成员接触的地方开始的。但物一旦对外成为商品，由于反作用，它们在共同体内部也成为商品"。② 进一步论述这个问题时，他又说，最初的"产品交换是在不同的家庭、氏族、公社互相接触的地方开始的，因为在文化初期，以独立资格互相接触的不是个人，而是家庭、氏族等等"③。由于对外存在着商品交换，它就不仅

---

① 在这条件下，社会分工就变成工场内部分工。参见马克思：《资本论》（第一卷），人民出版社1975 年版，第 393 页。

② 马克思：《资本论》（第一卷），人民出版社 1975 年版，第 106 页。

③ 同上书，第 390 页。

使内部的生产逐渐变成商品生产,而且使内部各家庭由于自然和经济条件不同而发生产品交换,并使这些产品成为商品,因为它既可用于对外交换,也可用于内部交换。

人们常说,马克思研究资本主义经济时是以英国这个当时最发达的国家为对象的。英国的个体经济或小农几乎全部消灭,因此英国无产阶级夺取政权后,就可以建立单一的全民所有制,商品生产就不存在了。诚然,马克思是有这种看法的。但是,马克思还有另一种看法,这就是英国发生社会主义革命时,其他各国,至少是西欧以外的各国尚未发生这样的革命,亦即地球还不是一个共同体。这样,英国(或西欧)总存在对外贸易,例如对北美、印度的贸易等。这样,英国各企业或各生产单位用于对外贸易的产品是商品。根据前述原理,它不仅引起英国内部的商品生产,而且使英国各生产单位之间交换的产品也成为商品。如果像马克思设想的那样,西欧各国同时发生社会主义革命,那么,西欧就成为共同体,根据同样原理,其经济也是商品经济。斯大林在《苏联社会主义经济问题》中其实已接近解决这个问题的边缘,因为他说:"我撇开了对外贸易对英国的意义这个问题,而对外贸易在英国国民经济中所占的比重是极巨大的。我认为,只有研究了这个问题之后,才能最终解决英国的商品生产在无产阶级取得政权并把一切生产资料收归国有以后的命运问题。"①遗憾的是,他半途而废,并且不必要地强调对外贸易在国民经济中占的比重。

以上我们认为社会主义只存在单一的全民所有制只能是一种假设。实际上,英国也并不是没有个体经济,更不用说恩格斯考察过的法国和德国了。这就是说,社会主义可能存在多种形式的公有制。就目前的社会主义国家来说,普遍存在着两种公有制形式,即全民所有制和集体所有制。这就产生了全民所有制企业之间交换的产品是不是商品的问题。在我看来,根据前述原理,它同样是商品。只要我们将全部全民所有制企业看成是共同体,它和集体所有制企业之间的交换,就是对外贸易。在"外贸"中是商品,由于反作用,它对内也成为商品。

---

① 斯大林:《苏联社会主义经济问题》,人民出版社 1961 年第 4 版,第 8 页。

（四）社会主义商品经济怎么能够是有计划的

现在说明社会主义商品经济怎么能够是有计划的。

在我看来,马克思于 1868 年 7 月 11 日致库格曼的信已为解决这个问题提供了充分的理论依据。马克思说:"要想得到和各种不同需要量相适应的产品量,就要付出各种不同的和一定数量的社会总劳动量。这种按一定比例分配社会劳动的必要性,绝不可能被社会生产的一定形式所取消,而可能改变的只是它的表现形式,这是不言而喻的。自然规律是根本不能取消的。在社会劳动的联系体现为个人劳动产品的私人交换的社会制度下,这种劳动按比例分配所借以实现的形式,正是这些产品的交换价值。"①这里说明:在各生产部门按比例分配社会劳动,其实现方法虽有自发的和自觉的,总是社会生产得以进行的条件;在私人交换劳动产品(即商品交换;经过前面的说明,也适用于在公有条件下交换劳动产品)的社会制度下,通过交换劳动产品而交换的按比例分配的社会劳动,就是产品的交换价值(严格地说,应是价值②),也就是说,商品按价值交换,就表明这种商品作为使用价值,在结成比例关系的全社会各种使用价值中,其数量是符合比例的。

让我们进一步谈谈这个问题。马克思说过,使用价值是价值的物质承担者。对于这句话,我们通常只从有用性去理解使用价值,这是不够的,还应该从数量是否符合需要即是否符合比例去理解。如不符合,价格就会环绕价值波动,其作用就是导致符合。正是从这里可以看出,按比例分配社会劳动规律和价值规律如果是两个规律的话,它们的要求是一致的;如果能够自觉地按比例分配社会劳动去生产商品,这就是有计划的商品经济。

前面谈到,垄断经济的商品生产已经包含了计划的因素。但是,资本主义进入垄断阶段,并不可能有全社会的有计划的商品经济。这是因为垄断企业要从一般资本主义和个体经济那里攫取垄断利润,就不可能有囊括国民经济的垄断资本主义,从而计划的覆盖面受到限制;垄断资本家之间的矛

---

① 《马克思恩格斯全集》(第三十二卷),人民出版社 1974 年版,第 541 页。
② 参见马克思:《资本论》(第一卷),人民出版社 1975 年版,第 75 页。

盾,以及与此相关的重要政府职位的变动,使计划的稳定性和持续性受到影响。

建立在公有制上的社会主义有计划的商品经济,不是这样。我们可以根据下述原理进行工作,使社会主义的商品经济成为有计划的。

首先要将社会劳动划分为农业劳动和非农业劳动。马克思总结由英国经济学家斯图亚特提出来的"自由人手"理论时指出,把对外贸易撇开不说,很明显,能够用在工业等上面,可以完全从农业解放出来的劳动者人数,亦即斯图亚特所说的"自由人手"的数量,要由农业劳动者在他们本人的消费额以上能够生产的农产品总量,亦即由农业劳动生产率决定。

其次要确定各大物质生产部门的比例。根据由马克思提出来的再生产理论,就可以认识到:由上述原理决定的农业生产规模,进一步决定工业生产规模和内部结构,工、农业生产规模再进一步决定运输业的规模。详细地说就是:(1)农业劳动者和"自由人手"对由工业生产的消费品的需求(如衣服),决定生产消费品的工业部门(如服装业)的规模;(2)上述规模(如服装业)决定生产用来制造工业消费品的生产资料(如缝纫机)的工业部门(如缝纫机业)的规模;(3)农业部门对由工业生产的生产资料的需求(如农业机械业),决定生产用来制造农用生产资料的工业部门(如农业机械业)的规模;(4)由(2)的规模和(3)的规模(如缝纫机业和农业机械业)合起来,决定生产用来制造工业用生产资料的生产资料的工业部门(如机械工业和采矿业)的规模;(5)上述工、农业的规模决定运输业的规模;运输业规模又反过来影响生产运输业用的生产资料的工业部门(如机械工业)的规模。

最后要确定计划在各大物质生产部门中发生作用的程度。为了在理论上解决这个问题,从上述就可以知道,首先要了解计划在消费品生产部门中发生作用的程度。这又要以计划劳动者的消费基金为前提。消费基金取决于社会劳动生产率,因为根据它的高低,可以决定各物质生产部门创造的新价值,分解为消费基金和积累基金份额。消费基金已定,全社会投下用来生产消费品的劳动量也随之为已定。消费品有两种:一是必需的,二是非必需的。必需的如粮食等,多为农业部门生产,对其需求变动较小,计划生产的程度较高;非必需的如化妆品等,多为工业部门生产,个人对其需求,随商品价格和个人收入的变化而变化,即需求变动较大,其生产不能用计划决定。

但由于各种非必需品是包括在由计划决定的消费基金内的,这就从这个范围内决定了各种非必需品的生产。这就是说,全部非必需品的价值和价格,同计划生产的全部必需品的价值和价格,合起来等于由计划决定的用来生产消费品的劳动量创造的价值。以上谈的是计划在两种消费品生产中的作用问题。

现在谈计划在生产资料生产部门发生作用的程度。必需消费品的计划生产程度较高,其生产所需的生产资料的计划生产程度也随之较高;非必需消费品的计划生产程度很低,但生产这种消费品的生产单位,将个人消费者的分散需求集中起来,再变成生产单位对生产这种消费品的生产资料的需求,从而使这种生产资料的计划生产程度,高于由其生产的消费品的计划生产程度。上述生产两种消费品的生产资料的计划生产特点,使生产这些生产资料的生产资料的计划生产程度更高,因为它们都是根据生产单位的集中需求进行生产的。

从上述可以看出,必需消费品的生产是有计划的,其生产所必需的各个层次的生产资料生产也是有计划的;非必需消费品的生产合起来是在计划范围内,分开来则计划程度很低,但其生产所必需的各个层次的生产资料生产的计划程度则较高。

以上说的是社会主义简单再生产的情况,但其基本原理也适用于扩大再生产,扩大再生产就是将积累基金合乎比例地分解为生产资料和消费品。这里不再阐述。

根据上述原理和技术进步对两大生产部类比例变化所发生的作用的原理,就可以看出,随着社会主义扩大再生产的进行,社会计划生产的程度越来越高。这是因为,在技术进步的条件下,制造生产资料的生产资料其生产增长最快,投到这个部门中的社会劳动的比重增大,其计划生产程度又是各生产部门中最高的。

五、中国怎样从计划经济体制
过渡到市场经济体制①

　　社会主义国家的产生,并不像马克思主义创始人所说的那样:是几个发达资本主义国家同时发生无产阶级的社会主义革命的结果,而是比较落后的国家个别冲破世界发达资本主义的统治而建立起来的。因此,它诞生时,一般都受到几个发达资本主义国家的联合包围,甚至武装干涉。这些资本主义国家的目的,不一定是由于社会主义是一种和资本主义相对立的社会制度,因而要消灭它,而是由于少了一个由它统治的市场,因而要恢复这样的市场,并在包围和干涉中,由其中一个最强大的资本主义国家,排挤另外的资本主义国家,一句话,就是要在反对社会主义的名义下,由某一个资本主义国家建立世界霸权。所以,只要这个新产生的社会主义国家能经得起包围和干涉的考验,站稳了脚跟,资本主义国家的联合行动,就会分化瓦解,就会逐渐和这个新诞生的社会主义国家拉关系,并害怕成为迟来者。14个帝国主义国家武装干涉苏俄的失败史说明了这一点。

　　社会主义国家一旦站稳脚跟,或完成工业化后,其经济要进一步发展,就要消除计划经济体制所导致的产品经济,发展商品经济,在这基础上使国民经济各部门合乎比例地发展。但是,苏联一直到解体为止,都没有这样做,或者说想这样做而归于失败。由此导致的经济比例失衡和人民生活贫困,是苏联解体的主要经济原因。这种模式对其他社会主义国家影响很大。

(一) 社会主义经济运行要以计划和市场为手段的理论和尝试

　　明确社会主义社会存在的是商品经济,和明确社会主义经济不能只由

---

　　① 约写于 2001 年。

计划来指导,也要由市场来调节,这两者是结合在一起的。对此,中国共产党起了决定性的作用。最先提出这个问题的是陈云。

陈云从我国实际出发,明确指出,我国经济工作的一个大方针是:要使10亿人民有饭吃;要进行社会主义建设。后者说到底也是为了使人民的生活一天比一天好。为此目的,就"必须在保证有饭吃后,国家有余力进行建设。因此,饭不能吃得太差,但也不能吃得太好。吃得太好,就没有力量进行建设了。这里就包含着一个提高人民生活水平的原则界限:只有这么多钱,不能提高太多,必须做到一能吃饭二能建设"①。为了确定这个原则界限,就要总结多年来国民收入中划分为积累基金和消费基金的比例,以何者为度最为适宜。这个由我国经济工作大方针所决定的比例,以及根据它将国民收入分解而成的积累基金和消费基金,就构成我国最宏观的计划。这是因为:积累基金中用于购买生产资料的部分,决定生产资料在原有基础上增长的总价值额;用于增加就业的部分,连同消费基金决定消费资料在原有基础上增长的总价值额。这样,社会物质资料生产两大部类的增长规模,就有所规划。当然,这个一般原理还要具体化。

陈云以实际工作回答了如何具体化的问题。1962 年 2 月,那是经济困难、比例严重失调时期,陈云针对具体情况提出克服困难、调整比例的办法,当然具有特殊性,但特殊中却含有一般。他说:对农业生产,首先是对于农业或粮食生产恢复快慢的估计不同,我们财政经济工作所采取的步骤就会有很大的不同。比如:"每年能够征购多少粮食?要不要进口粮食?经济作物和猪的恢复速度有多快?今后几年每年能够投资多少,基本建设的规模多大?城市人口要不要减,减多少?这些问题,都要根据农业首先是粮食增产的速度来决定。拿基本建设来说,增加投资,除了增加生产资料以外,还必须相应地增加粮食和其他各种生活消费品。农业生产恢复的快慢,也直接关系到工业生产恢复的快慢。"②这里已将农业,尤其是粮食生产,对我国城市人口、重工业、经济作物、轻工业的制约作用,即农业是各种结成比例关系的生产部门的基础,说得很明确了。这又会反过来修正积累基金和消费

---

① 陈云:《对经济工作的几点意见》,载中共中央文献研究室编《三中全会以来重要文献选编》(下),人民出版社 1982 年版,第 1058 页。

② 《陈云文选》(第三卷),人民出版社 1995 年版,第 194 页。

基金等的比例。

这里谈的虽是恢复时期的比例应如何恢复或建立,但其中包含的规律显然是具有普遍意义的。这是因为,这里的基本思想是:提供吃穿的农业是国民经济的基础,它有多少剩余生产品提供给轻工业,就从物质亦即原材料方面决定轻工业的规模,而工业和农业对生产工具和动力的需要,又决定重工业的规模。当然,这只是国民经济比例网依以建立的荦荦大端,它还有其他因素,也就是在以农业为基础的条件下,要综合平衡。

现在谈由最宏观的计划或发展方针所决定的结成比例的各具体生产部门,应如何运行才能保持比例的问题。在这里我们看到,陈云认为应该既有层次不同的计划生产,又有市场自发调节的生产。

他指出,无论是苏联还是我国,计划经济体制都是将宏观计划控制下各具体生产部门的生产,不区分情况以微观计划来决定,是有缺点的。他说:1917年后苏联实行计划经济,1949年后我国实行计划经济,都是按照马克思所说的有计划、按比例的理论办事的。当时苏联和中国这样做是完全对的。但是没有根据已经建立社会主义经济制度的经验,对马克思的原理(有计划按比例)加以发展,这就导致在计划经济中出现缺点。这就是"只有'有计划按比例'这一条,没有在社会主义制度下还必须有市场调节这一条。所谓市场调节,就是按价值规律调节,在经济生活的某些方面可以用'无政府'、'盲目'生产的办法来加以调节"。由于这样,就致使"现在的计划太死,包括的东西太多,结果必然出现缺少市场自动调节的部分。计划又时常脱节,计划机构忙于日常调度。因为市场调节受到限制,而计划又只能对大路货、主要品种作出计划数字,因此生产不能丰富多彩,人民所需日用品十分单调"。① 据此,他认为整个社会时期经济必须有两个部分:计划经济部分和市场调节部分。

对于各个具体生产部门的市场调节,陈云有一个十分重要的看法,这就是:它只能在国家制定的计划范围内活动。对此,他有一个很形象的说法:国家计划是笼子,市场调节是笼子里的鸟。他说:"今后要继续实行搞活经济的政策,继续发挥市场调节的作用。但是,我们也要防止在搞活经济中,

---

① 《陈云文选》(第三卷),人民出版社1995年版,第244页。

出现摆脱国家计划的倾向。搞活经济是在计划指导下搞活,不是离开计划的指导搞活。这就像鸟和笼子的关系一样……没有笼子,它就飞跑了。"这是个基本原则。在这基础上,他进一步指出:"当然,'笼子'大小要适当,该多大就多大。经济活动不一定限于一个省、一个地区,在国家计划指导下,也可以跨省跨地区,甚至不一定限于国内,也可以跨国跨洲。另外,'笼子'本身也要经常调整,比如对五年计划进行修改。但无论如何,总得有个'笼子'。"①这就是说,可以从不同的角度将经济活动,划分为若干领域,每一领域都是国家计划控制的,市场调节只能在计划的范围内发挥作用。由此可见,国民收入之划分为积累基金和消费基金就是大"笼子",市场调节如果冲出这"笼子",经济生活就必然发生混乱。

在肯定了社会主义经济必须分为计划经济和市场调节两部分的基础上,陈云进一步明确指出:问题是要弄清楚它们在不同部门中占有不同的比例。这就是说,在确定了国民收入划分为积累基金和消费基金,从而确定了物质生产两大部类规模,亦即确定这些最宏观的计划或规划之后,各生产部门,农业、轻工业和重工业各部门,都可以分为计划经济和市场调节这样两部分,各自所占的比例如何,那是要根据具体情况加以研究,才能弄清楚的。

他很重视这两部分经济所占比例的变化,说在今后经济的调整和体制的改革中,计划经济和市场调节这两个部分的调整,将占很大的比重。这看法是很有预见性的。随着我国经济体制改革,尤其是市场经济体制的建立,市场调节的比例无疑地是扩大了。

一提到一个生产部门须有计划经济和市场调节两部分,人们就会说这必然使一种商品有两种价格,从而产生很大的弊端。应该说这是发生过的。问题是苏联和我国的计划经济体制不存在平均利润引起的。原苏联长期主管计划经济工作的苏共政治局委员沃兹涅辛斯基认为,在计划经济体制下,只要商品的总价值等于总价格,有的商品其价格可以远远高于其价值,有的则可以远远低于其价值,甚至低于成本,它们的盈亏由财政调节:以为这样经济发展就能符合计划要求。结果,除了导致农、轻、重比例严重失调外,还造成经济工作人员对于利润观念的阙如。对此,陈云批评说:"忽视了市场

---

① 《陈云文选》(第三卷),人民出版社 1995 年版,第 320 页。

调节部分的另一后果是,同志们对价值规律的忽视,即思想上没有'利润'这个概念。这是大少爷办经济,不是企业家办经济。"①

这就是说,计划经济应重视利润,各生产部门应存在平均利润率。我们讨论过社会主义应有平均利润,问题在于以什么来计算(制定计划)平均利润率。市场调节部分的产生和发展,只要真正做到陈云所说的那样,平均利润率就会形成。计划经济部分各生产部门中的平均利润,就可以参照它来制定。这样,某生产部门的市场调节部分,根据供求关系的变化进行生产时,这市场价格的变化就会导致一个同计划价格利润率大体相等的利润率,产生两种价格的经济体制的条件就不复存在。

关于社会主义社会经济的运行要以计划和市场为手段,中国共产党也有尝试。只是由于受斯大林的理论和苏联模式的影响,就不能像对待计划那样对待市场。1956年,党的"八大"关于政治报告的决议说:"全国工农业产品的主要部分都将列入计划……有一部分产品将不列入计划,而由生产单位直接按照原料和市场情况进行生产,作为计划的补充。"又说:"社会主义的统一市场应当以国家市场为主体,同时附有在一定范围内的国家领导下的自由市场,作为国家市场的补充。"但实际上,自由市场很快就受到很大的限制。两年之后,1958年,党的八届六中全会《关于人民公社若干问题的决议》说:"人民公社无论在工业方面和农业方面,既要发展直接满足本社的自给性生产,又必须尽可能广泛地发展商品生产……在国家领导下,同别的公社和国营企业实行必要的生产分工和商品交换","这种商品生产和商品交换……是在社会主义公有制的基础上有计划地进行的"。以前那种以农民的自留地为基础进行生产而建立起来的自由市场,则因人民公社实行供给制、办公共食堂、种好公共的菜园、将自留地收归食堂耕种而消灭。其后虽然允许农民种"十边地",但受到"一大二公"和"刮共产风"的影响,农民如果将个人生产的产品出售,则视为资本主义尾巴,坚决割掉。

(二) 中国社会主义市场经济体制的建立

社会主义经济是计划经济和市场调节相结合的经济,这种认识比认为

---

① 《陈云文选》(第三卷),人民出版社1995年版,第246页。

社会主义经济是计划经济无疑是进了一步。但是还没有确认社会主义经济是商品经济，而且这种认识还存在这样的缺陷：计划经济是体制，市场调节是方法，是不同层次的经济范畴，不同层次的范畴是不能并列的，尤其是不能结合的，因而体制与方法结合，是一个理论难题。根据高路写的《社会主义市场经济提法出台始末》①的说明，1989 年 8 月邓小平提出要坚持计划经济与市场经济相结合。这个谈话内部印发时是这种提法。但同月 28 日公开发表的"根据记录整理文本"，却变成了计划经济与市场调节相结合。这样，违反范畴学的提法就出现了，市场经济的提法被取消了。这反映出反对社会主义经济是市场经济这种认识是多么根深蒂固。改变这种认识经历了一个长过程。

应该说，中国经济学家较早地认识到这个问题。第一个提出这个问题的是顾准。他在 1957 年说："一个实行广泛分工的社会主义生产，只有实行计划经济，才能避免生产无政府状态。但同时也只有它是实行经济核算制的计划经济，才能广泛动员群众的积极性，提高生产力，在计划经济所不能细致规定的地方（事实上过于细致的结果，一定是与实际生活脱节）自动调节生产、分配、产品转移与消费之间的关系，同时也提供许多制订再生产计划的根据。"他进一步指出：要充分发挥经济核算制的作用，就要使"劳动者的物质报酬与企业盈亏发生程度极为密切的联系，使价格成为调节生产的主要工具。因为企业会自发追求价格有利的生产，价格也会自发涨落，这种涨落实际上就在调节生产。同时全社会还有一个统一的经济计划，不过这个计划是'某种预见，不是个别计划的综合'，因此它更富于弹性，更偏向于规定一些重要的经济指标，更减少它对于企业经济活动的具体规定"。② 可惜的是，由于缺乏社会主义市场的概念，他就无法提出通过社会主义市场以组织社会生产的理论。顾准这篇文章后来被指责为"集中地攻击了社会主义经济制度，否定计划经济的优越性"③。这一批评证明当时的经济学界受

---

① 载《经济日报》1992 年 1 月 14 日或《新华文摘》1993 年第 1 期。

② 顾准：《试论社会主义制度下的商品生产和价值规律》，《经济研究》1957 年第 3 期，第 34—36 页。

③ 张纯音、刘泽曾、桂世镛、张卓元：《驳斥顾准关于价值规律的修正主义观点》，《经济研究》1957 年第 6 期，第 27 页。

斯大林理论和苏联经济模式影响之深。

中国共产党从体制的层面制定政策以处理社会主义经济中的计划和市场的关系,其关键问题和过程,薛暮桥作为体制改革的咨询者,在《薛暮桥回忆录》里,作了详尽的分析和记述①。他指出,1978 年党的十一届三中全会确定了改革的必要性,但是改革的具体方案还有待在实践中逐步探索。1979 年改革开放之初,重新强调陈云提出的要发挥市场的调节作用,虽然还没有摆脱高度集中的行政指令性计划经济体制的整体框架,但是针对过去20 多年经济体制日益僵化的情况,是一个最初的突破,对体制改革的起步是有力的推动。1979 年到 1980 年,党中央倾向于继续以 1979 年陈云的意见作为体制改革的指导方针。在 1981 年 6 月,十一届六中全会《关于建国以来党的若干历史问题的决议》中提出:"必须在公有制基础上实行计划经济,同时发挥市场调节的辅助作用。"1981 年 11 月,全国人大五届四次会议《政府工作报告》再次强调,"我国经济体制改革的基本方向应当是:在坚持社会主义计划经济的前提下,发挥市场调节的辅助作用"。这种提法的缺点仍然是以行政指令性计划经济为主体,市场调节被限制在狭小的范围内。1982 年 9 月,党的十二大,对于经济体制改革问题,在总体构思上仍然规定要贯彻计划经济为主、市场调节为辅的原则,而在具体设想中则采纳了对许多产品和企业要实行指导性和指令性计划的主张。由于大会在计划和市场问题上有所前进,所以十二大以后我国经济体制改革是继续向前发展的。

薛暮桥继续说:在经济发展和体制改革新形势面前,原来党的十二大通过的"计划经济为主、市场调节为辅"的方针,越来越显得不能适应推进改革的需要。在农村中,实际上已经不是计划经济为主了;在城市中,指令性计划范围逐渐缩小,市场调节范围不断扩大。针对这种情况,1984 年 9 月,党的十二届三中全会通过的《关于经济体制改革的决定》,改变了"计划经济为主、市场调节为辅"的提法,明确指出:"要突破把计划经济同商品经济对立起来的传统观念,明确社会主义计划经济必须自觉依据和运用价值规律,是在公有制基础上的有计划的商品经济。"党的十二届三中全会的改革理论,

---

① 本节《中国社会主义市场经济体制的建立》的内容,主要参见《薛暮桥回忆录》(天津人民出版社 1996 年版)。不一一加注。

到 1987 年党的第十三次代表大会，又得到进一步的发展。十三大在论述社会主义初级阶段理论的基础上，对改革理论和方针的提法更前进了一步，指出："社会主义有计划商品经济的体制，应该是计划和市场内在的统一体制。""利用市场调节决不等于搞资本主义。"十三大的论述，表明我们对计划和市场关系的认识又前进了一步，距离建立社会主义经济体制的改革目标，更加接近了。

1989 年春夏之交国内发生政治风波，随后苏联解体、东欧变色。在这种形势下，有人对改革的正确方向产生怀疑，重提坚持计划经济体制的问题，并且把"市场取向"和建立社会主义市场经济的主张，当作否定四项基本原则的资产阶级自由化来批判，把计划经济还是市场经济的问题，同社会基本制度直接联系，认为这是姓"社"姓"资"的问题。针对这种情况，邓小平在1989 年 8 月，专门讲到党的十三大路线不能改，认为在这个时候，展开一个什么理论问题的讨论，比如对市场和计划等问题的讨论，不但不利于稳定，反而会误事。为了解决问题，他在 1992 年初的南方谈话中郑重地申述："计划多一点还是市场多一点，不是社会主义与资本主义的本质区别。计划经济不等于社会主义，资本主义也有计划；市场经济不等于资本主义，社会主义也有市场。"这就在理论上解决了问题。

江泽民总书记根据邓小平的南方谈话，1992 年在一个重要决策的场合表示：十四大在计划和市场的关系上要前进一步，这是关系改革开放和现代化建设全局的一个重大问题。接着，他又在中共中央党校的报告中提出：他个人倾向于建立社会主义市场经济体制的提法。其后，他向邓小平汇报，邓小平表示赞成这个提法，并说，我们事实上是在这样做，深圳就是市场经济，不搞市场经济，没有竞争、没有比较，连科学、技术都发展不起来，产品总是落后，也影响到消费，影响到对外贸易。

有了这样的理论准备，1992 年 10 月，党的十四大就明确提出："我国经济体制改革的目标，是建立社会主义市场经济体制，以利于进一步解放和发展生产力。"从此，我国经济又有新的发展。

从上述可以看出，中国社会主义经济体制改革的核心问题是：计划与市场两者既然都是组织经济的手段，就有一个其关系应如何处理的问题。从理论上看，通过市场组织经济是事后才发生作用的，因为这是通过价格波动然后进行组织的,总会带来一些损失,资本主义经济就是因搞市场经济而吃亏,才增加计划经济因素(如恩格斯所说,由自由竞争引起垄断)的;通过计划组织经济,则必与人的认识能力有关,因为计划要由人来制定,而具体人的认识总有局限性,不能精确反映客观规律,计划总有偏差和失误。从我国目前看,市场确实优于计划。但是市场不能决定发展的方向,这是要由最宏观的计划来决定的。总之,对这个问题,我们还要随着实践的发展,深化认识。

(三) 社会主义经济的进一步发展要以计划和市场为手段

从经济发展规律看,社会主义经济中的计划和市场的关系应该是怎样的?

社会主义国家完成工业化后,其经济要进一步发展,其运行就要突破计划经济体制,而以计划和市场两者为手段。之所以不能全部舍弃计划,而以市场完全取代之,是因为社会主义经济建设是有目标的,这样,国民收入以何种比例划分为积累基金、保险基金、消费基金,以及包括在其中的生产增长以何种速度快于消费增长,等等,都需要有一个最宏观的计划加以确定;靠市场调节,靠"看不见的手"的作用,无法奔向这个目标。但是,前面说过,国民经济部门的比例网十分庞杂,靠计划不能穷尽其事,微观比例的确定,就要靠市场。

马克思指出:任何社会化的大生产,都要求合乎比例地分配社会劳动在各个生产部门之间。他说:"要想得到和各种不同需要相适应的产量,就要付出各种不同的和不同数量的社会总劳动量。这种按一定比例分配社会劳动的必要性,绝不可能被社会生产的一定形式所取消,而可能变动的只是它的表现形式,这是不言而喻的;……在社会劳动的联系体现为个人劳动产品的私人交换的社会制度下,这种劳动按比例分配所借以实现的形式,正是这些产品的交换价值。"①分号以后这段话,说的就是价值规律的要求,它的自发作用能使社会劳动合乎比例地分配在各生产部门之间,这种作用是通过市场的自发势力而实现的。

---

① 《马克思恩格斯全集》(第三十二卷),人民出版社 1974 年版,第 541 页。

在全部国民经济中,由计划决定的部分和由市场调节的部分,应有怎样的比例,这不能抽象地回答。总的说来应该是:合乎比例地分配社会劳动,人们已经认识到的,就用计划决定的办法来达到目的;尚未认识到的,就用市场调节的办法来达到目的。但有一点可确定:由发达资本主义国家发展而来的社会主义国家,其计划决定的部分,要比由落后国家发展而来的社会主义国家的大些,因为前者的垄断企业,已有较高程度的计划化,无产阶级夺取政权后,是要将它保留下来的。

六、陈云关于计划和市场的思想

——中国经济运行必须和怎样以计划和市场为手段①

陈云运用辩证唯物主义的方法论,也就是他说的"全面、比较、反复"和"不唯上、不唯书、只唯实",指导他长期主管的全国财经工作和计划工作,并加以总结。从中他所揭示的关于计划和市场的关系,不仅具有可操作性,而且更具有理论意义。

(一)

先谈国民经济的最宏观计划即发展方针。

陈云从我国实际出发,明确指出,我国经济工作的一个大方针是:要使10亿人民有饭吃;要进行社会主义建设。后者说到底也是为了使人民的生活一天比一天好。为此目的,就"必须在保证有饭吃后,国家还有余力进行建设。因此,饭不能吃得太差,但也不能吃得太好。吃得太好,就没有力量进行建设了。这里就包含一个提高人民生活水平的原则界限:只有这么多钱,不能提高太多,必须做到一能吃饭二能建设"②。为了确定这个原则界限,就要总结多年来国民收入中划分为积累基金和消费基金的比例,以何者为度最为适宜。对于这种划分,薄一波在党的第八次全国代表大会的发言中有所论述。对此,陈云十分重视,说:"我很同意他的研究。他所提出的比例数字可能会略有出入,但寻找这种比例关系,是完全必要的。"③

这个由我国经济工作大方针所决定的比例,以及根据它将国民收入分

---

① 与陈东村合写,原载《陈云和他的事业——陈云生平与思想研讨会论文集》,中央文献出版社 1996 年版。

② 《陈云文选》(第三卷),人民出版社 1995 年版,第 306 页。

③ 同上书,第 52 页。

解而成的积累基金和消费基金，就构成我国最宏观的计划。这是因为：积累基金中用于购买生产资料的部分，决定生产资料在原有基础上增长的总价值额；用于增加就业的部分，连同消费基金决定消费资料在原有基础上增长的总价值额。这样，社会物质资料生产两大部类的增长规模，就有所规划。当然，这两者的规模的决定，并不能像现在所说的那样简单，它们还要受其他因素的制约。

（二）

再谈由发展方针直接决定社会生产两大部类的规模及其内部比例。

根据马克思的再生产理论，社会物质资料生产可以分为生产资料和消费资料生产两大部类。我国两大部类的增长规模既然有所规划，这增长规模连同其基础一起，就等于社会物质生产两大部类的规模也都是由宏观的计划控制的。但是，社会主义经济的运转不能空洞地依据这个宏观计划。因为由马克思揭示的社会再生产的实现规律表明，两大部类之间、每部类内部各个生产部门之间，是有一定的比例关系的；换言之，在社会化的大生产中，不同的使用价值量要符合比例，它互相结成一个复杂的比例网。因此，必须用某些手段使它们的生产符合比例，并要决定构成这个比例网的基础是哪一种使用价值或生产部门，其他的使用价值或生产部门的规模，是由它直接、间接按比例决定的。这是一个非常复杂的问题。

陈云从我国的实际工作回答了这个问题。1962年，当时是三年困难即国民经济比例大失调后的恢复时期，他在中央财经小组会议上的讲话中说："农业问题，市场问题，是关系5亿多农民和1亿多城市人口生活的大问题，是民生问题。解决这个问题，应该成为重要的国策。……今年的计划，特别是材料的分配，要先把农业、市场这一头定下来，然后再看有多少材料搞工业。工业也要首先照顾维修、配套，维持简单再生产。满足了当年生产方面的需要，再搞基本建设。……要准备对重工业、基本建设的指标'伤筋动骨'。"陈云说到这里，周恩来插话说，可以写一副对联："上联是先抓吃穿用，下联是实现农轻重，横批是综合平衡。"①这里谈的虽是恢复时期的比例应如

---

① 《陈云文选》（第三卷），人民出版社1995年版，第210页。

何恢复或建立,但其中包含的规律显然是具有普遍意义的。

这是因为,这里的基本思想是:提供吃穿的农业是国民经济的基础,它有多少剩余生产品提供给轻工业,就从物质亦即原材料方面决定轻工业的规模,而工业和农业对生产工具和动力的需要,又决定重工业的规模。当然,这只是国民经济比例网依以建立的荦荦大端,它还有其他因素,也就是在以农业为基础的条件下,要综合平衡。

这里先谈一谈陈云关于用哪一种方法建立平衡的看法。他说,过去几年,基本上是按长线搞平衡。这样做,最大的教训就是不能平衡。结果,材料和半成品大量积压,造成严重浪费。按短线搞综合平衡,才能有真正的综合平衡。"所谓按短线平衡,就是当年能够生产的东西,加上动用必要的库存,再加上切实可靠的进口,使供求相适应。例如,生产一定数量的钢,需要一定数量的有色金属,就要认真地计算这些有色金属当年能生产多少,能动用库存多少,能从国外进口多少,在这个基础上进行平衡,确定钢的生产指标。……这样做,生产就可以协调,生产出来的东西就能够配套。配了套才能做大事情,不配套就只是一堆半成品,浪费资金。"①这里说的是,在两大物质生产部类生产规模已有所规划的条件下,生产其中一种产品,其数量要同有关产品的数量符合比例。因为每一种产品的生产都有这个问题,就构成综合平衡。

这样就产生像钢铁、木材等原材料的供应,应当有个分配顺序的问题。对此,陈云的看法是:在原材料紧张的时候,首先要保证生活必需品部门最低限度的需要,其次要保证必要的生产资料生产的需要,剩余部分用于基本建设。这当然是社会主义经济的本质决定的。从这里也可以看出,由这分配顺序所决定的分配到各生产部门的物质资料的多寡,会影响国民收入划分为积累基金和消费基金的比例。

在参照这一因素确定了积累基金和消费基金后,为了在宏观上防止这些基金被突破,即防止经济建设规模超过国力的危险,陈云认为:"财政收支和银行信贷都必须平衡,而且应该略有结余。只要财政收支和信贷是平衡

---

① 《陈云文选》(第三卷),人民出版社 1995 年版,第 211—212 页。

的,社会购买力和物资供应之间,就全部来说也会是平衡的。"①总的说来,这就是货币流通量要和商品流通的总价值相适应或平衡。

在我国实行计划经济体制时,国营企业基本建设的资金都来自财政拨款;集体企业如农业生产合作社部分基本建设的资金亦然。这样,只要财政收支平衡,用于基本建设的资金和物资,就全部或大体来说是会平衡的。如果发生赤字,就意味着积累基金突破限额,它和物资供应就不平衡。这赤字,如用发行公债的办法来弥补,就等于将既定的消费基金部分地转变为积累基金,这样按既定消费基金而生产的消费资料,就有一部分缺少相应的购买力。这赤字,如用向国家银行透支的办法,亦即由中央银行增发纸币来弥补,由于基本建设周期长,在生产出产品之前,货币流通量就超过商品的总价值量,在实行固定的计划价格的条件下,商品不能自行涨价以吸收更多的货币,就发生有货币却买不到商品的现象。总之,财政收支不平衡,财政赤字,会使社会经济发生混乱。

同样道理,银行信贷平衡也是保证积累基金和消费基金不被突破所必需的。但要指出的是,银行并不是只能根据它的存款来决定它的贷款;如果是那样,银行信贷自然是平衡的。银行能产生信用,即贷款额可以适量地超过存款额。在实行计划经济条件下,银行短期贷款用于满足国营企业和集体企业对流动资金的需要,长期贷款用于满足集体企业对基本建设的需要。为了实现国民经济综合平衡,就要由中央金融机关按照全国经济发展的需要,确定全国的信贷计划,对各银行下达数额。这样,货币金融才能和经济发展相适应。如果全国银行合起来突破贷款总额,就会发生物资供应紧张问题。

陈云在总结1956年的财经工作时说:成绩是主要的,但也有缺点。缺点是:在财政信贷方面多支出了近30多亿元,其中基本建设投资多用了15亿元以上,工资多支出了6亿—7亿元,农贷和其贷款多开支了5亿多元。结果是"生产资料和生活资料的供应都紧张。基本建设和生产所需要的原材料,如钢材、木材、竹子、煤炭等,人民生活需要的许多消费品,都出现了严重的供不应求的现象"。其中的规律是:"钞票是物资的筹码,发行钞票必须有

① 《陈云文选》(第三卷),人民出版社1995年版,第52—53页。

可以相抵的物资。按物资的数量来说,1956 年比 1955 年是增加了,但是却发生了供应紧张的现象,原因就在于财政和信贷多支出了近 30 亿元。"①如果在市场经济体制下,不存在固定的计划价格,这就导致物价水平上涨。

(三)

现在谈由最宏观的计划或发展方针所决定的结成比例的各具体生产部门,应如何运转才能保持比例的问题。在这里我们看到,陈云认为应该既有层次不同的计划生产,又有市场自发调节的生产。

他指出,无论是苏联还是我国,计划经济体制都是将宏观计划控制下各具体生产部门的生产,不区分情况以微观计划来决定,是有缺点的。他说:1917 年后苏联实行计划经济,1949 年后我国实行计划经济,都是按照马克思所说的有计划、按比例的理论办事的。当时苏联和中国这样做是完全对的。但是没有根据已经建立社会主义经济制度的经验,对马克思的原理(有计划按比例)加以发展,这就导致在计划经济中出现缺点。这就是"只有'有计划按比例'这一条,没有在社会主义制度下还必须有市场调节这一条。所谓市场调节,就是按价值规律调节,在经济生活的某些方面可以用'无政府'、'盲目'生产的办法来加以调节"。由于这样,就致使"现在的计划太死,包括的东西太多,结果必然出现缺少市场自动调节的部分。计划又时常脱节,计划机构忙于日常调度。因为市场调节受到限制,而计划又只能对大路货、主要品种作出计划数字,因此生产不能丰富多彩,人民所需日用品十分单调"。② 据此,他认为整个社会时期经济必须有两个部分:计划经济部分和市场调节部分。

前面提到,陈云认为实行计划经济,是按照马克思的理论办事的。现在的说法是否符合马克思的理论呢? 符合的。这是发展了的马克思的理论。马克思说:"要想得到和各种不同需要量相适应的产品量,就要付出各种不同的和一定数量上的社会总劳动量。这种按一定比例分配社会劳动的必要性,绝不可能被社会生产的一定形式所取消,而可能改变的只是它的表现形

---

① 《陈云文选》(第三卷),人民出版社 1995 年版,第 49—50 页。
② 同上书,第 245 页。

式,这是不言而喻的。"①对于和各种不同需要量相适应的产量,已经认识了的,就用自觉的方法分配劳动量去获取,这就是计划经济;尚未认识到的,就让自发的方法分配劳动量去获取,这就是市场调节。这在不同社会的社会化生产条件下,都是存在的,同所有制形式没有必然的联系。例如,资本主义的垄断经济,如希法亭所说,是用自觉的办法分配劳动量进行生产的,它是私人资本主义所有制。

在肯定了社会主义经济必须分为计划经济和市场调节两部分的基础上,陈云进一步明确指出:问题是要弄清楚它们在不同部门中占有不同的比例。这就是说,在确定了国民收入划分为积累基金和消费基金,从而确定了物质生产两大部类规模,亦即确定这些最宏观的计划或规划之后,各生产部门,如下面将论述的农业、轻工业和重工业各部门,都可以分为计划经济和市场调节这样两部分,各自所占的比例如何,那是要根据具体情况加以研究,才能弄清楚的。

他很重视这两部分经济所占比例的变化,说:"在今后经济的调整和体制的改革中,实际上计划经济和市场这两种经济的比例的调整将占很大的比重。"②这看法是很有预见性的。随着我国经济体制改革,尤其是市场经济体制的建立,市场调节的比例无疑地是扩大了。

对于这部分的发展趋势,陈云也有所论述。他说:"不一定计划经济部分愈增加,市场经济部分所占绝对数额就愈缩小,可能是都相应地增加。"③应该怎样理解这一点呢?我的初步看法是:在不是经济调整和经济体制改革时期,也就是社会主义正常发展时期,计划经济部分是愈增加的,因为我们对经济规律的认识,将随着实践增加而愈深,就愈能用自觉的办法分配社会劳动,去生产我们所需要的符合比例的各种使用价值量。这其实就是人类逐渐从必然王国向自由王国发展在经济工作中的反映。在计划经济部分愈增加时,市场调节部分的绝对额之所以不缩小,而可能是相应地增加,这是因为全部生产量扩大了,在生产量扩大幅度远远大于市场调节比例

---

① 《马克思恩格斯全集》(第三十二卷),人民出版社 1974 年版,第 541 页。
② 《陈云文选》(第三卷),人民出版社 1995 年版,第 247 页。
③ 同上。

缩小（其原因是计划经济比例扩大）的幅度时，市场调节的绝对数额就增大①。

（四）

对于各个具体生产部门的市场调节，陈云有一个十分重要的看法，这就是：它只能在国家制定的计划范围内活动。

对此，他有一个很形象的说法：国家计划是笼子，市场调节是笼子里的鸟。他说："今后要继续实行搞活经济的政策，继续发挥市场调节的作用。但是，我们也要防止在搞活经济中，出现摆脱国家计划的倾向。搞活经济是在计划指导下搞活，不是离开计划的指导搞活。这就像鸟和笼子的关系一样……没有笼子，它就飞跑了。"②这是个基本原则。在这基础上，他进一步指出："当然，'笼子'大小要适当，该多大就多大。经济活动不一定限于一个省、一个地区，在国家指导下，也可以跨省跨地区，甚至不一定限于国内，也可以跨国跨洲。另外，'笼子'本身也要经常调整，比如对五年计划进行修改。但无论如何，总得有个'笼子'。"③这就是说，可以从不同的角度将经济活动，划分为若干领域，每一领域都是国家计划控制的，市场调节只能在计划的范围内起作用。

从上述可以看出，国民收入之划分为积累基金和消费基金就是大"笼子"，市场调节如果冲出这"笼子"，经济生活就必然发生混乱。

（五）

上述国民收入划分为积累基金和消费基金的比例，与此相应，生产资料生产部类和消费资料生产部类的规模，或者农业、轻工业和重工业的规模，直接间接都是由具有一定高度的农业劳动生产率决定的，亦即由农业劳动者除了满足自己的消费外，有多少食品以养活非农业人口、有多少原料以供

---

① 例如，某一生产部门，生产总值为 10 亿元，计划经济和市场调节各占 50%，即绝对数各为 5 亿元。其后，生产总值增加 100%，即为 20 亿元。此时，市场调节的比例，如减为 30%，即降幅为 40%，其绝对数额则为 6 亿元，比以前增加 1 亿元；如减为 20%，即降幅为 60%，其绝对数额则为 4 亿元，比以前减少 1 亿元。

② 《陈云文选》（第三卷），人民出版社 1995 年版，第 320 页。

③ 同上。

应工业生产来决定。这就是农业是国民经济的基础的含义。这就决定了生产衣、食的农业更需要计划经济。

陈云对我国农业的基础作用，即制约工业的作用，或农业和工业的比例，以及农业生产中计划和市场的关系，都有论述。

1962年2月，那是经济困难、比例严重失调时期，陈云针对具体情况提出克服困难、调整比例的办法，当然具有特殊性，但特殊中却含有一般意义。他说：对农业生产，首先是对于农业粮食生产恢复快慢的估计不同，我们财政经济工作所采取的步骤就会有很大的不同。比如："每年能够征购多少粮食？要不要进口粮食？经济作物和猪的恢复速度有多快？今后几年每年能够投资多少，基本建设的规模多大？……这些问题，都要根据农业首先是粮食增产的速度来决定。拿基本建设来说，增加投资，除了增加生产资料以外，还必须相应地增加粮食和其他各种生活消费品。农业生产恢复的快慢，也直接关系到工业生产恢复的快慢。"①这里已将农业，尤其是粮食生产，对我国城市人口、重工业、经济作物、轻工业的制约作用，即农业是各种结成比例关系的生产部门的基础，说得很明确了。这又会反过来修正积累和消费基金等的比例。从以上可以看到，粮食生产是国民经济基础中的基础。陈云十分重视这个问题。当棉粮比价波动而有利于棉花的时候，"农业部就开农业会议，提出来扩种棉花……我说，那就不得了，粮食会不够吃"②。因此，粮食耕种面积不能缩小；经济作物只能提高单产和利用不种粮食的土地。

强调粮食生产的重要性，是非常必要的。马克思说："社会上的一部分人用在农业上的全部劳动——必要劳动和剩余劳动——必须足以为整个社会，从而也为非农业工人生产必要食物；也就是使从事农业的人和从事工业的人有实行这种巨大分工的可能；并且也使生产食物的农民和生产原料的农民有实行分工的可能。"③

正是这种生产食物的、从社会看是必需的劳动，陈云认为是要由国家规定的。粮食生产是这样；此外，"一年交多少头猪，要规定任务"；"郊区必须种菜，不种不行"。这些都是计划。"市场调节只能在这个范围内灵活灵活。

---

① 《陈云文选》（第三卷），人民出版社1995年版，第194页。

② 同上书，第305页。

③ 《马克思恩格斯全集》（第二十五卷），人民出版社1974年版，第716页。

不这样做,8亿农民的所谓自由,就会冲垮国家计划。说到底,农民只能在国家计划范围内活动。只有这样,才有利于农民的长远利益,国家才能进行建设。这是农民与国家两利的大政方针。"①

（六）

一提到一个生产部门须有计划经济和市场调节两部分,人们就会说这必然使一种商品有两种价格,从而产生很大的弊端。应该说这是发生过的。

问题是苏联和我国的计划经济体制不存在平均利润引起的。苏联长期主管计划经济工作的苏共政治局委员沃兹涅辛斯基认为,在计划经济体制下,只要商品的总价值等于总价格,有的商品其价格可以远远高于其价值,有的则可以远远低于其价值,甚至低于成本:它们的盈亏由财政调节,以为这样经济发展就能符合计划要求。结果,除了导致农、轻、重比例严重失调外,还造成经济工作人员对于利润观念的阙如。对此,陈云批评说:"忽视了市场调节部分的另一后果是,同志们对价值规律的忽视,即思想上没有'利润'这个概念。这是大少爷办经济,不是企业家办经济。"②

这就是说,计划经济应重视利润,各生产部门应存在平均利润率。我们讨论过社会主义应有平均利润,问题在于以什么来计算(制定计划)平均利润率。市场调节部分的产生和发展,只要真正做到陈云所说的那样,平均利润率就会形成。计划经济部分各生产部门中的平均利润,就可以参照它来制定。这样,某生产部门的市场调节部分,根据供求关系的变化进行生产时,这市场价格的变化就会导致一个同计划价格利润率大体相等的利润率,产生两种价格的经济体制的条件就不复存在。

综上所述就是:社会主义经济有计划经济和市场调节两部分,其运转要以这两者为手段;积累基金和消费基金的确定,是最宏观的计划;由它决定的两大部类规模已定时,生活必需品的生产计划经济占的比重大些;非生活必需品的生产市场调节的比重大些。至于生产资料的生产部门,这两部分的比重如何,则是要进一步弄清楚的问题。

---

① 《陈云文选》(第三卷),人民出版社1995年版,第306页。
② 同上书,第246页。

七、马克思的农业是社会生产
基础的理论及其渊源①

　　人类吃的和穿的都来自农业。只要这样,农业劳动者的剩余生产物就必然制约非农业劳动者的数量;而农业劳动者以及其他物质生产劳动者,其所以能够提供剩余生产物或剩余劳动,则是由于农业劳动生产率已经达到一定的高度;此外,以具有一定高度生产率的农业劳动为基础的农业生产规模,决定工业生产规模和工业内部结构,并进一步决定适应于工农业生产规模的交通运输业;总之,撇开对外贸易不谈,一个国家的工业生产规模和结构是以农业劳动为基础的。对于这些问题,处在不同历史条件下的重要经济学家曾经探讨过:马克思以前的经济学家,探讨过其中一些问题;马克思则对其加以总结,并进一步全面地研究了农业劳动是社会生产的基础这一重要理论问题。由马克思揭示的这些规律体系,是适合于一切社会形态的。但是,它们是在特定的生产关系内发生作用的,因此不能不受该生产关系的制约。这就是说,不变革生产关系,就不可能实现农业社会的工业化。认识这一点,非常重要。

(一) 农业劳动是农业范围内的剩余劳动的自然基础

　　马克思提出的农业劳动是农业范围内的剩余劳动的自然基础这一命题,是他在科学地区分农业和工业的基础上,对重农学派的剩余价值理论,即纯产品理论加以扬弃的结果。

　　对于经济学家至今仍在区分的农业和工业,马克思早就加以区分。这种区分,在我看来是正确的。他认为,农业的特点在于:劳动对象处在生命

---

① 原载《马克思主义来源研究论丛》(第 16 辑),商务印书馆 1994 年版,第 1—19 页。

的生长过程中,因此,生产时间必然大于劳动期间;工业就不是这样:劳动对象并不处在生命的生长过程中;因此,生产时间通常等于劳动期间。① 这样,在农业生产上,自然力的作用就特别显著和巨大。马克思说:"在农业上面,自始就有自然力在协同发生作用;在农业上面,人类劳动力的增进自始就要有自然力这样一个自动发生作用的物体的运用和利用,方才可以完成。但在工业上自然力这样大规模的利用,却是跟着大工业的发展方才出现。"②不仅如此,劳动对象在不属于劳动期间的生产时间内的生长,是农业独有的,这种自然力的作用是工业没有的。由于这样,如果将使用价值或物质财富看成是价值,那就必然认为,只有农业是生产剩余价值的,这就是农业生产物大于其生产中消耗的农业生产物(种子、口粮等),亦即农业中的纯产品,并且认为它是自然的赐予;工业是不可能生产剩余价值的,因为工业只能使物质财富的效用和形态发生变化,而不能使其数量增加,并且工业生产的和在生产中消耗的物质财富两者性质不同,无法在物质形态上考察剩余价值。重农学派的纯产品理论就是这样。

重农学派产生在 18 世纪中叶的法国。在它看来,使用价值就是价值,因此剩余价值就是生产出来的使用价值量,大于生产这使用价值时消耗的使用价值量的差额。所以,剩余价值不是在交换中,而是在生产中产生的。但是,不是一切生产部门都生产剩余价值,只有农业部门才生产剩余价值。这是因为,它认为工人和资本家在生产中分别消耗的工资和利润的价值,只是不增不减地加到生产物中去,所以,剩余价值不可能由劳动生产。但是,在农业生产中,除了劳动以外还有自然在发生作用,由于自然的恩惠,农业的生产量就比生产中所消耗的种子、肥料、工资和利润(所有这些都可还原为农产品)大些,其差额即农业中的纯产品,就是地租。因此,地租就是剩余价值的唯一形态。它是自然的赐予。这里需要说明的是,重农学派将利润看成是资本家用于个人消费的工资。这是因为,当时法国的雏形资本家还参加生产和管理,利润还不是一个同工资对立的范畴。

马克思总结重农学派这一理论时,指出它之所以只将农业劳动看成会

---

① 按照马克思的观点,捕鱼业应是工业,酿酒业应是农业。按照此例,工业也能提供食品。但这并不影响人类吃的和穿的,都直接间接来自农业这一命题的正确性。

② 马克思:《剩余价值学说史》(第一卷),郭大力译,人民出版社 1975 年版,第 17 页。

生产剩余价值,并且地租就是唯一的剩余价值的原因。这就是劳动力的价值及其价值增殖之间的差额,在一切生产部门中,是最明显地表现在农业生产上。这是因为,农业劳动者消耗的生活资料总和,与他们生产的生活资料总和相比,在农业劳动生产率有一定高度的条件下,总是更小的。工业生产就不是这样。所以,在农业上面,即使对价值概念不理解,将使用价值看成是价值,也能理解这个过程。至于它将地租看成是剩余价值的唯一形态,是来自自然的恩惠,那是因为工农业都要垫支或消耗工资和利润,但农业生产却要交纳多得多的地租,而农业生产和工业生产的显著不同,就是自然力的作用特别大,农产物的生产过程和它的生命生长过程结合在一起,这就使人容易错误地认为地租是自然的赐予。

在这里需要指出的是,马克思经过这样的分析,就将重农学派的地租即纯产品来自自然的恩惠的理论,扬弃为农业劳动是农业范围内的剩余劳动的自然基础的理论。这就是说,在马克思看来,农业纯产品即农业的剩余劳动,是一定高度的农业劳动生产率的产物,而一定高度的农业劳动生产率则同自然力或自然条件有关。

为了加深理解马克思关于"自然基础"的论述,以及区别它在使用价值和价值生产中的不同作用,有必要再论述一下马克思的有关理论。在说明级差地租的性质时,马克思举了这样一个例子:某国的工厂绝大多数是用蒸汽机推动的,少数是用自然瀑布推动的,后者比前者低廉,由此产生的超额利润便是级差地租。接着马克思说:瀑布这"自然力不是超额利润的源泉,而只是超额利润的一种自然基础,因为它是特别高的劳动生产力的自然基础。这就像使用价值总是交换价值的承担者,但不是它的原因一样。如果一个使用价值不用劳动也能创造出来,它就不会有交换价值……如果一物没有使用价值,没有劳动的这样一个自然的承担者,它也就没有交换价值"①。这就是说,自然基础在生产使用价值中有作用,在生产价值(包括剩余价值)中没有作用。

---

① 马克思:《资本论》(第三卷),人民出版社 1975 年版,第 728—729 页。引文中的交换价值应理解为价值。参见马克思:《资本论》(第一卷),人民出版社 1975 年版,第 75 页。

（二）农业劳动是其他劳动部门能独立经营的自然基础

马克思提出的农业劳动是其他一切劳动部门所以能够独立经营的自然基础这一命题，是他对以詹姆斯·斯图亚特为代表的经济学家提出的被称为"自由的手"的理论加以总结的结果。

马克思明确地指出：把对外贸易撇开不谈，"能够用在工业等等上面、可以完全从农业解放出来的人数"，即斯图亚特所说的"自由的手"的数目，"要由农业劳动者在他们本人的消费额以上能够生产的农产品的总量决定"。①

斯图亚特将农业区分为"作为生产直接生存资料的农业"和"作为商业部门的农业"。他认为如果没有特别的原因，农业劳动者就只生产足够自己能生活的农产品，这样一来，从事政治和军事的人就无法生存了。在古代，由于要使农业劳动者生产剩余的农产品，就有必要强制他们这样做，他认为这就是奴隶制强制劳动产生的原因。这部分剩余农产品越多，可以不束缚在农业劳动中的人数，即"自由的手"的人数就越多。他概括地说：频繁地出售生活必需品，标志着居民划分为劳动者和"自由的手"。撇开奴隶制起源的原因不谈，认为奴隶提供的剩余农产品数量决定"自由的手"的人数，这种看法是正确的。

马克思对以斯图亚特为代表②的"自由的手"的理论加以概括之后，特别引用了理查·琼斯的有关论述。琼斯说：很清楚，究竟有多少人可以不从事农业也能生活呢，他们的相对人数，必须完全按农业劳动者的生产力来计算。这样，我们就可以看到，斯图亚特是从特定的社会形态，并从由其决定的农业中的剩余劳动的具体形态，去说明该社会的"自由的手"的形成及其人数的决定。琼斯则在此基础上运用抽象法，将特定社会形态，以及由其决定的农业中的剩余劳动的具体形态予以舍象，提出上述抽象的适合于一切社会形态的命题。马克思则更进一步，提出农业劳动不只是农业范围的剩余劳动的自然基础，并且是其他一切劳动部门所以能独立经营的自然基础的命题。

---

① 马克思：《剩余价值学说史》（第一卷），郭大力译，人民出版社 1975 年版，第 16 页。

② 之所以是代表，因为在他之前的理查德·坎蒂隆在《商业性质概论》中已初步揭示了这一规律。

在这里，我想顺便提出马克思的劳动价值理论中的一个重要问题，这也是马克思的劳动价值理论和古典派的重大区别。马克思指出："社会上一部分人用在农业上的全部劳动——必要劳动和剩余劳动——必须足以为整个社会，从而也为非农业工人生产必要的食物；也就是使从事农业的人和从事工业的人有实行这种巨大分工的可能"，"虽然食物直接生产者的劳动，对他们自己来说也分为必要劳动和剩余劳动，但对社会来说，它所代表的，只是生产食物所需的必要劳动"。① 这里的"所需的必要劳动"，是由生产全社会人口所需食物这种使用价值总量来决定的，它和人口有一定的比例关系。推而广之，各种不同的使用价值总量之间也有一定的比例关系，生产这种结成比例关系的使用价值总量的必要劳动，也是所需的必要劳动。从这个角度看，生产构成比例的生产总量中的一单位使用价值所需的必要劳动，同我们通常说的生产一单位商品所需的必要劳动，即平均条件下的必要劳动这两者的关系，是一个值得研究的重大理论问题，是马克思的劳动价值理论的重要内容②。

（三）农业劳动是一切部门创造的剩余价值的自然基础

马克思提出农业劳动是一切部门创造的剩余价值的自然基础的命题，是来自由杜阁发展了的重农学派的有关理论，同时是对李嘉图的农业劳动生产率和利润成正比例这一理论的扬弃。

马克思深刻地指出"剩余价值有一个自然基础"③，这就是一定高度的劳动生产率，并且分析到底是一定高度的农业劳动生产率。这是因为，"如果工人需要用他的全部时间来生产维持他自己和他的家庭所必需的生活资料，那么他就没有时间来无偿地为第三者劳动。没有一定程度的劳动生产率，工人就没有这种可供支配的时间，而没有这种剩余时间，就不可能有剩余劳动，从而不可能有资本家，而且也不可能有奴隶主，不可能有封建贵族……"④。这个原理适合于工业生产，也适合于农业生产。

---

① 马克思：《资本论》(第三卷)，人民出版社 1975 年版，第 716 页。
② 在我看来，分析到底，这就是社会主义商品经济之所以是有计划的之理论依据。
③ 马克思：《资本论》(第一卷)，人民出版社 1975 年版，第 559 页。
④ 同上。

一定高度的农业劳动生产率之所以是剩余价值的自然基础，首先是由于它生产的生活必需品的价值，亦即劳动力的价值，只需工人以其劳动日中的部分劳动时间就能生产出来。但在这一条件下，如某一企业在该生产部门中有较高的劳动生产率，在相同时间内工人生产的价值更多，就有更多的剩余价值即超额剩余价值，它似乎与农业劳动生产率无关。但分析下去就知道，该企业的工人虽然可以以较短的时间生产其劳动力价值，但这价值仍然由农业劳动生产率决定。竞争导致的劳动生产率普遍提高使上述超额剩余价值消灭。为了得到新的超额剩余价值，各个企业又要提高劳动生产率……这过程会发生在包括农业部门在内的一切劳动部门。农业部门劳动生产率提高，生活资料价值下降，劳动力价值降低，全社会的剩余价值都增大。

马克思深刻地指出：良好的自然条件始终只是提供剩余劳动的可能性，从而只提供剩余价值或剩余产品的可能性，而绝不能提供它的现实性；"自然条件只作为自然界限对剩余劳动发生影响，就是说，它们只确定开始为别人劳动的起点"①；资本主义的劳动日的长度，在大于工人的必要劳动时间和小于一天 24 小时的基础上，取决于全体资本家和全体工人之间的斗争。

虽然劳动生产率，尤其是农业劳动生产率是同自然条件相联系的，但是马克思明确地指出："作为资本关系的基础和起点的已有的劳动生产率，不是自然的恩惠，而是几十万年历史的恩惠。"②李嘉图认为，土地有一种固有的、不变的、纯自然的力量，对此马克思提出批评。李嘉图是在对地租下定义时，谈到这一点的。他认为地租是土地产品中为报酬土地原始的、不可毁灭的力的利用而支付给土地所有者的部分。他的目的是要区分包括地租在内的租金和真正的地租。这种区分是有意义的。但认为土地有这样一种力量则是错误的。马克思说："土地并没有什么'不可毁灭的力'"，"也没有什么'原始的力'"，"因为土地根本不是'原始的东西'，而是一个自然历史过程的产物"。③

前面说过，农业劳动是其他劳动部门能够独立经营的自然基础。重农学派的看法也是这样。例如，杜阁就指出，家畜会提供各种常年的产品，如

---

① 马克思：《资本论》（第一卷），人民出版社 1975 年版，第 562 页。
② 同上书，第 560 页。
③ 马克思：《剩余价值学说史》（第二卷），郭大力译，人民出版社 1975 年版，第 272—273 页。

牛乳、羊毛、皮革等材料,这种材料同森林中取得的木材一起,为工业生产形成一个最初的基金。此外,工业部门的经营者和劳动者的食物,也是农业部门提供的(这些食物就是纯产品,作为地租它应归土地所有者;它如何转为工业部门成员的食物,下面说明)。这两者合起来,用杜阁的话来说就是:逐日以材料和工资直接付给一个纺织女工的,就是土地的所有者或耕者。我们知道,重农学派将使用价值看成是价值,因而认为农业中有剩余价值,它就是产出的使用价值量大于投入的使用价值量的差额;工业中不可能有剩余价值,因为它只能使使用价值的形态和性能发生变化。更重要的是,工业部门的材料和食物是农业部门供应的。因此,如果根据重农学派的观点,即将使用价值看成是价值,就必然认为,工业部门的价值(包括剩余价值)是农业劳动创造的。所以马克思说:如果把"具体的劳动,而不是把抽象的劳动……当作价值的实体来理解,农业劳动就一定会被视为是剩余价值的创造者了"①。这还不是马克思上述命题的直接思想来源。

但是,马克思指出,重农学派关于纯产品是自然的赐予的观点,到这个学派的最高代表者杜阁手里,"已经暗中转化为农业劳动者的剩余劳动"②的产物了。杜阁说:"耕者除了生产他自己的工资,还会在这以上生产那种收入(即纯产品——引者),用以报酬整个手工业者及其他雇工阶级(即提供生活资料给不生产阶级——引者)。……土地所有者除了靠耕者的劳动,再没有什么东西可得。他从耕者手里得到他的生活资料,并得到东西用以支付其他雇工的报酬(即得到纯产品或地租,其中一部分成为他的由农业生产的生活资料,另一部分转换为他的由工业生产的生活资料,工业生产者将出售生活资料得到的货币,再向耕者购买前面提到的生活资料)。(这个问题后面还要谈——引者)。"③这里,由于"靠耕者的劳动",纯产品就不是自然的赐予,而是剩余劳动的产物了。

从这个角度看,重农学派的理论就有了新的意义了。就我们的问题来

---

① 马克思:《剩余价值学说史》(第一卷),郭大力译,人民出版社1975年版,第16页。

② 同上书,第24页。

③ 杜阁:《关于财富的形成和分配的考察》,南开大学经济系经济学说史教研组译,商务印书馆1961年版,第27页。译文用《剩余价值学说史》(第一卷,郭大力译,人民出版社1975年版)中的,第27页。

说就是：农业和其他物质生产部门的劳动，都可以分为生产工资的必要劳动和在这以上的剩余劳动；在农业部门这必要劳动就是生产其劳动者的生活资料的价值所必需的劳动，在其他部门也是这样，它的大小取决于农业劳动生产率，也就是取决于农业劳动利用自然生产力的结果。在劳动日长度为已定的条件下，剩余劳动或剩余价值和农业劳动生产率成正比。

李嘉图用简洁的语言说明这一原理。根据劳动价值理论，他指出，由劳动创造的价值要分解为工资和利润，这两者必然此大彼小。因此，这里的利润就是剩余价值。他说："利润取决于工资的高或低，工资取决于必需品的价格，而必需品的价格又主要取决于食物的价格，因为其他必需品都几乎可以没有限制地增加。"[1]这就是说，工资主要取决于生产食物的农业劳动生产率；农业劳动生产率和货币工资成反比，和利润成正比。为什么工资主要取决于食物的价格，它和其他必需品几乎可以没有限制地增加有什么关系？这要由他的地租理论来回答。从中我们并可以看到自然的赐予同货币工资成反比，同利润成正比。他认为土地未被人占有、愿意耕种者可以随意支配的土地还很丰富时，就没有地租（绝对地租）；两份等量资本投在不同的土地上，或在同一土地上递增等量的投资，如都有相同的生产率，也没有地租（级差地租）。但随着人口增加，土地就不丰富，耕作土地是从优到劣；在同一土地上递增投资，生产率降低，因此食物不可能无限制地增加，其价值增大，成为工资中的主要部分。随着农业生产率降低，新农业资本的生产率和原农业资本的生产率的差额扩大，地租（级差地租）增加。对此，李嘉图认为是："自然的赐予愈是吝啬，它的工作也就会索取愈大的价格"[2]，反之亦然。这一命题，他是用来说明地租的。在我看来，它也可以从正面说明食物价格即货币工资，从反面说明利润。不过这时的利润已不是全部的剩余价值，因为从整体看，这利润已扣除了地租。这种利润，根据李嘉图的说法，由于工资和地租都在增大，就格外小了。

上述基本原理，都成为马克思的农业劳动是一切部门的剩余价值的自然基础这一论点的思想材料。

---

① 李嘉图：《政治经济学及赋税原理》，郭大力、王亚南译，商务印书馆 1962 年版，第 101 页。
② 同上。

（四）农业规模决定工业规模和结构，决定运输业规模

马克思提出的国内市场形成的理论，包含着农业生产的规模直接间接决定工业生产的规模和结构、工农业生产规模和结构决定运输业规模的思想。

在马克思看来，资本主义国内市场的形成，是由于："伴随土地所有权关系革命而来的，是耕作方法的改进"，这样，"虽然种地的人数减少了，但土地提供的产品和过去一样多，或者比过去更多"，"自由的手"就增加；因而，"随着一部分农村居民的游离，他们以前的生活资料也被游离出来……变成可变资本的物质要素"；同时，"国内农业提供的工业原料……变成了不变资本的一个要素"。① 这就是说，"一部分农村居民的被剥夺和被驱逐，不仅为工业资本游离出工人及其生活资料和劳动材料，同时也建立了国内市场"②。

从上述可以看出，工业生产的规模和结构，说到底是农业生产的规模决定的。这就是：一方面，农业供应工业原料和游离出"自由的手"，前者数量和后者对由工业生产的生活资料的需要，是工业生产规模决定因素之一；另一方面，农业部门对由工业生产的生活资料和劳动资料的需要，是工业生产规模决定因素之二。关于生活资料的需要，马克思说："以前，农民家庭生产并加工绝大部分供自己以后消费的生活资料和原料。现在，这些原料和生活资料都变成了商品；……纱、麻布、粗毛织品……变成了工场手工业的产品，农业地区正是这些东西的销售市场。"③关于劳动资料的需要，随着耕种方法的改进，是日益增多的。

从马克思的上述理论和再生产理论，就可以看出他对农业生产制约工业生产和运输业的看法。这就是撇开对外贸易（如不撇开，那就以全世界为对象）不谈，一国的农业生产，决定该国"自由的手"的数量；农业劳动者和"自由的手"对工业生产的消费品的需求（如布），决定生产消费品的工业的规模（如纺织业）；农业对由工业生产的农用生产资料的需求（如化肥），决定生产农用生产资料的工业的规模（如化肥业）；生产消费品的工业以及生产

① 马克思：《资本论》（第一卷），人民出版社 1975 年版，第 814 页。
② 同上书，第 815—816 页。
③ 同上书，第 816 页。

农用生产资料的工业对工业用生产资料的需求（如机械），决定生产工业用的生产资料的工业的规模（如机械制造业）；这种工业对由工业生产的生产资料的需求（如钢铁），决定生产工业用的生产资料的生产资料的工业的规模（如采矿业）；上述工、农业的规模，决定运输业的规模；运输业的规模又反过来决定生产运输业用的生产资料工业的规模；等等。总之，农业劳动生产率越高，"自由的手"就越多，工业和运输业就越发达；这几种物质生产部门之间的比例的决定，具有一定高度的劳动生产率的农业生产规模是重要的因素。

重农学派奠基人魁奈在其关于经济表的多种论述中，已从重农学派基本观点即只有农业是生产的这一角度，在论述社会资本的再生产是如何实现的这一范围内，分析了农业劳动生产力提供的纯产品即地租，如何决定"自由的手"的数量；"自由的手"中一部分人（即不包括不生产阶级，其原因下面说明）对由工业生产的消费品的需要，生产阶级即土地耕种者对由工业生产的生产资料的需要（即不包括对由工业生产的消费品的需要，其原因下面说明），这两种需要合起来决定"自由的手"中有多少人从事工业生产，以及工业生产的规模。我在这里选用的是魁奈于 1766 年发表的《经济表分析》，首先要说明它的原意，然后再引用马克思于 1878 年为《反杜林论》撰写的《〈批判史〉论述》中的有关内容，也就是对魁奈某些说明的修正，以便清楚地看出，马克思是从哪些方面接受魁奈的思想的。为了简明，将货币这个在实现理论中的非必要因素予以舍象。

魁奈根据法国某地情况提出：生产阶级用 100 亿原预付（即固定资本；每年折旧 10 亿，他称为利息）和 20 亿年预付（即流动资本，包括原料和工资或生活资料），生产出 50 亿农产品。这从价值构成看是 10 亿折旧、20 亿流动资本（原料和工资）和 20 亿纯产品（地租）；从物质构成看是 10 亿工业用的原料，20 亿生产阶级自己用于生产消费和个人消费的原料和食物，20 亿供"自由的手"消费的食物。这就决定了"自由的手"的数量只能限于 20 亿食物所能养活的。这 20 亿食物由于从价值看是纯产品，作为地租首先全部归土地所有者。但他们只需消费其中的 10 亿，余下的 10 亿要变换成由工业生产的生活资料，再供他们消费。这 10 亿对由工业生产的生活资料的需要，以及前面提到的生产阶级对由工业生产的 10 亿固定资本的需要，决定工业部门的规模和不生产阶级的人数,即规模是 20 亿,其中 10 亿是土地所有者需要的生活资料,10 亿是生产阶级需要的生产资料,前 10 亿生活资料和土地所有者手里余下的 10 亿食物交换,并由此决定不生产阶级的人数,后 10 亿生产资料和生产阶级生产的 10 亿工业用原料相交换,这原料被加工为 20 亿产品,其所以只能是 20 亿,因为加工 10 亿原料所消费的食物是 10 亿,两者之和是 20 亿,换言之,工业没有纯产品,它是不生产的。

在这里,农业劳动生产率决定"自由的手",农业对由工业生产的农用生产资料的需要,加上"自由的手"中的土地所有者对由工业生产的生活资料的需要,决定工业生产的规模和结构,以及农业和工业之间的比例关系,是初步地提出来了。但由重农学派理论的部分错误带来的缺陷也很清楚,这就是:不生产部门没有可供更新的固定资本,其成员也没有可供消费的工业品;生产阶级消费的只是农业生产的生活资料,不消费工业生产的生活资料。这些缺陷是必然的。这是因为,第一,该学派认为工业是不生产纯产品的,其产品价值只等于农业部门提供给它的原料和食物这两者的价值,即上述的 20 亿。这样,如果设想它利用这食物将原料加工成供生产阶级所需的工具,以及供土地所有者所需的生活资料之外,还将自然界的劳动对象加工成供本部门需要的固定资本的和生活资料,所有上述产品的价值总和,仍然是 20 亿,这样本部门留下一部分后,生产阶级和土地所有者交换到的产品的价值总和必小于 20 亿,这破坏该学派要遵守的等价交换原则。第二,该学派认为农业是生产的,其突出表现是农业生产中的生活资料,比为了生产这生活资料而消费的生活资料多,这样,如果认为消费的生活资料中也有工业品,上述说法就有破绽。

我认为,马克思在《〈批判史〉论述》中,对上述缺陷是设法予以修正的[①]。这主要有两处:第一,工具、机器等算是不生产阶级本身的制造品,但经济表没有涉及;第二,不生产阶级,不但自己消费自己的商品的一部分,此外还企图尽可能多地保留一部分商品。因此,它把投入流通的商品卖得比实际价值高。对于生产阶级的生活资料中没有工业品这一问题,马克思认为这个阶级向不生产阶级购买的工业品,其中很大一部分是农业工具和农业所必

[①] 《马克思恩格斯全集》(第二十卷),人民出版社 1971 年版,第 266—279 页。

需的其他生产资料;意即有很小部分是生活资料。由于这样,马克思相应地又认为,不生产阶级所需的生活资料即食物并不是全部间接地经过土地所有者而获得的,有一部分是直接从生产阶级获得的:意即生产阶级从自己生产和消费的生活资料(不是纯产品中的生活资料)中拿出一部分,同不生产阶级生产的工业消费品相交换。经过这样的修正,就不仅说明农业中的纯产品制约"自由的手",而且说明农业对由工业生产的生产资料和生活资料的需要,以及"自由的手"对由工业生产的生活资料的需要,决定工业生产的规模和结构。至于这样的修正,如何能与重农学派的观点相一致,那是另一个问题。

由于斯密教条的阻碍,斯密当然不可能像魁奈那样谈论再生产的实现问题。但是,他对农业和工业之间的比例关系是了解的。他说:"乡村居民须先维持自己,才以剩余产物维持都市的居民","乡民和市民是互相服务的。……依着……交换,都市居民才取得工作材料和生活资料的供给。所以,他们的材料及食料的增加,只能按照乡民对制成品需要增加的比例而增加,而这种需要,又只能按照耕作及改良事业发展的比例而发展"。[①] 他还指出:"进步社会的资本,首先是大部分投在农业上,其次投在工业上,最后投在国外贸易上。"[②]并认为,这是事物的自然趋势。

所有这些,都是马克思的农业规模决定工业规模和结构,并决定运输业规模这一论点的思想材料。

(五) 农业社会的工业化要以生产关系变革为前提

马克思揭示的这些构成体系的规律,是适合于任何一个存在着农业、工业、运输业和其他部门这样分工的社会形态的。但是,这些规律的作用是受它们在其中发生作用的社会生产关系的制约的。正是从这里可以看出,不变革生产关系,农业社会的工业化是不可能的。

从前面的论述可以看出,撇开工业化的量的规定,即工业总产值在工农业总产值中占的比重应有多大这问题不谈,它的质的规定应该是工业脱离

---

① 亚当·斯密:《国民财富的性质和原因的研究》(上卷),郭大力、王亚南译,商务印书馆1972年版,第346—347页。

② 同上书,第349页。

农业而独立发展为机器大工业,以及从农业中游离出来的"自由的手"有一部分可以进入工业生产部门这样相互联系的内容。这样,在私有的社会,比如在资本主义产生初期,就有一个将资本投到按资本主义方式经营的产业取得的利润,以及将资本购买土地按封建主义原则取得的地租,这两者孰高孰低的问题。只有在前者高于后者的条件下,那些货币所有者才会将资本投到产业上,而不再投到购买更多的土地上。只有这样,工业化才具备社会条件。

我们知道,资本主义产业的利润,就其整体而言,就是工人的剩余劳动创造的剩余价值;封建主义的地租,原来是农奴或农民的剩余劳动,后来随着商品经济的发展,封建土地所有者对地租的剥削,就冲破了肠胃的限制,地租就不仅是剩余劳动,而包括了一部分必要劳动,最后随着土地可以买卖,买地收租的人当然考虑放高利贷收的利息高,还是买地收的地租高的问题,换言之,在这条件下地价=地租÷高利贷利息率,反过来地租就由高利贷利息率来调节。这种地租显然比产业利润高。只是由于买地收租,不像放债收利有风险,地租就稍低于利息。马克思指出:"整个 18 世纪都有一种呼声(立法也照此办理),要以荷兰为例,强制压低利息率来使生息资本从属于商业资本和产业资本。"①这就是产业资本要求发展的呼声,其矛头直指高利贷资本和封建土地所有制。

发展到最后的封建地租,高于在这条件下如果办产业可能得到的产业利润,这是历史事实。根据这事实,我们固然可以了解某些落后国家,例如旧中国不能工业化,产业救国的道路所以行不通的原因;但是,却不能解释存在着同样事实的西欧主要国家何以能够实现工业化。

西欧国家在这条件下能够实现工业化的社会条件是:它们先产生资本主义,在资本原始积累中,向外贱买贵卖,欺诈掠夺,取得大量利润;最初的资本主义工业——工场手工业,实质上兼营高利贷业②;随着资本主义工业的发展,在产业资本循环中暂时闲置的固定资本折旧部分和流动资本,形成现代意义的借贷资本,它从属于产业资本,并逐渐取代高利贷资本,其利息

---

① 马克思:《资本论》(第三卷),人民出版社 1975 年版,第 681 页。
② 《列宁全集》(第三卷),人民出版社 1959 年,第 396 页。

率比高利贷利息率低得多,因为这利息本身只是产业利润的一部分。马克思说,在 17 世纪的荷兰,"商业信用和货币经营业已经随着商业和工场手工业的发展而发展,而在发展过程中,生息资本已从属于产业资本和商业资本。这一点已经表现在利息率的低微上。……旧式高利贷的垄断,在那里已经自然而然地被推翻了"①。马克思说的就是这些条件的集中表现。随着资产阶级力量的壮大,资产阶级掌握了政权,并用政权来消灭封建的土地制度,使其从属于产业资本。在这条件下,地租的实体只能是超额利润,土地价格已改由现代利息率来调节。这样,就我们论述的角度而言,就不存在由于地租过高而妨碍产业资本形成的问题了。

　　落后国家与此不同。落后国家之所以落后,有两重原因。地理大发现后,西欧国家和东方国家大量接触时,东方国家比西欧国家落后,其原因在东方国家内部,就印度和中国来说,马克思认为由于存在着亚细亚生产方式②。其后,东方国家和西欧国家的经济差距更加扩大,其原因在于外国资本主义的剥削,这种剥削是通过东方国家的落后生产关系,并与其反动的政治上层建筑相勾结而进行的。在这条件下,东方国家的资本主义,除了由政权支持的官僚企业、服务于外资的买办企业,得以存在和发展外,其他的产业,因不能向外取得巨额利润和地租利息过高,是很难发展的,因为投资办厂,不如买地收租和放债取利。

　　以中国为例来说明。《国富论》出版于 1776 年,即英国产业革命前夕。该书记载当时的利息率:英国为 5％左右,中国为 12％左右。由此推算中国的地租率当为地价的 11％左右。当时,除了官办的专营企业外,办一般企业很难有如此高的利润。这使一般的资本主义产业难以发展。鸦片战争以后,外国资本主义大量入侵中国,中国成为半封建半殖民地社会。它在利息率和地租率上的表现,根据王亚南教授对抗日战争前情况的研究,有如下述:外国资本的国内利息率为 4％—8％,它贷款给中国第一层银行,利息率为 9％—20％,这些银行又贷款给第二层银行,即中国钱庄,利息率为 20％—30％,钱庄再以高利贷资本贷款给最贫困的劳动者,利息率一般在 30％以

---

① 马克思:《资本论》(第三卷),人民出版社 1975 年版,第 681 页。
② 这里不可能谈这个问题。对此有兴趣的读者可参阅王亚南:《中国官僚政治的研究》(中国社会科学出版社 1981 年版)、《中国地主经济封建制度论纲》(华东人民出版社 1954 年版)。

上,如遇特大灾害,则可高达 200%—300%;地租率的问题较为复杂,为了与利息率相比较,它就应为地租与地价之比,这有另一种表述方法,称为土地购买年,即地价为地租的若干年,土地购买年的多少与地租率的高低成反比;根据外国学者调查,中国土地购买年最多的为 16 年,次之为 12 年,最少为 5 年,王亚南将它平均为 11 年①,这与陈正谟调查的 9.99 年②相差不远。当时正是中国废除银本位、白银收归国有、美国为了银矿主的利益高价收购白银、国人高谈中国工业化时机的时候。但是,只要我们看一看,土地购买年在英国产业革命前是 20—25 年,在德国俾斯麦宰相加紧工业化时是 27—30 年,对照中国情况,就可以看出,在中国如无特殊关系,与其办工业,不如放债取息、买地收租。这怎能工业化③?

我们也可以从另一角度来说明这个问题。中国地租占农产品的份额,解放前夕大概是 1/2 至 2/3,比英国 18 世纪 30 年代时的 1/3 大得多。这就是说,中国的纯产品比率大。这一点表现为:中国许多城市都是消费城市,那里和乡镇有许多"自由的手"——地主乡绅及其仆役,即有离开土地的农民。但这并没有使旧中国如像英国那样,发生产业革命,走上工业化的道路。其原因还是前面说的:封建地租和高利贷利息,高于如果办产业可能得到的利润。

正是从这里可以看出,西方的发展经济学,虽然其任务是研究落后国家如何才能发展,才能工业化,才能现代化,但是其方法却只研究经济关系的数量关系和函数关系,不研究生产关系,甚至不知道历史上和现实中有不同的生产关系,当然也不了解生产关系对它所揭示的函数关系的制约作用,应该说,这是重大的缺点。

落后国家如不变革旧的生产关系,是无法实现工业化和现代化的。

---

① 以上参见《王亚南文集》(第三卷),福建教育出版社 1988 年版,第 176—178、238 页。
② 陈正谟:《中国各省的地租》,商务印书馆 1936 年版,第 28 页。
③ 除了官办企业和买办企业,在这条件下能生存和发展的,多半是以手工劳动为基础的工场手工业。

八、提高农业劳动生产率是扩大 国内市场的根本途径

——兼论工业人口由于农业人口减少而增加的历史过程①

　　我国对外贸易依存度大大高于高度工业化的发达国家。对外贸易依存度指的是一国的对外贸易总值在该国国内生产总值中占的比重。一国对外贸易依存度越大,该国的经济发展受贸易伙伴经济波动的影响就越大。我国对外贸易依存度 2000 年为 40%;2001 年为 44%,远远超过美国的 20.7%、日本的 20.1%。近年来发达国家经济衰退,我国出口贸易就受到严重的影响。经过我国努力刺激内部需求增长,并极力增加出口,我国 2001 年国内生产总值增长仍达到 7.3%。这是高速度的增长,在世界经济总衰退中我国经济仍"一枝独秀"。为了我国经济的长远增长和顺利发展,避免因受外因的影响而发生波动,我认为有必要在国内生产总值增长的同时,相对扩大国内市场,缩小对外贸易额在国内生产总值中的比重,使对外贸易依存度降低一点。要达到这个目的,努力提高农业劳动生产率就是非常必要的。这个问题的另一面就是工业人口由于农业人口减少而增加。这两者都是一个历史过程。我国目前面临着农业过剩人口向城市、向工业转移的问题。如何正确揭示其规律,关系到我国制定正确的人口政策。

　　马克思在前人的基础上,提出农业劳动生产率制约非农业人口数量的理论;列宁以此理论为指导而写出的《俄国资本主义的发展》,就某一点看,就是关于农业人口转变为非农业人口的普遍理论和俄国实际相结合的著作。本文旨在对这两者加以论述,并探讨加入 WTO 后,如何在解决农民就业问题的过程中,扩大国内市场。

---

　　① 约写于 2002 年。

（一）

要扩大国内市场,就要增加非农业人口,在现阶段中国,就要增加其中的工业人口。经济学家早就知道:非农业人口,要受生产食物的农业劳动者生产出超过自己消费的剩余生活资料数量的制约。这是因为,前者最必需的生活资料,吃的和穿的,是由后者的剩余劳动提供的。而农业劳动者能提供剩余劳动,则与一定高度的农业劳动生产率有关。

关于这个问题,马克思在总结前人的理论时说:如把对外贸易撇开不说(如不撇开,就以全世界为对象),能够用在工业等上面,可以完全从农业解放出来的劳动者人数,或如斯图亚特所说的"自由人手"的数目,要由农业劳动者在他们本人的消费额以上能够生产的农产品的总量决定。[①] 马克思进一步指出:"社会上一部分人用在农业上的全部劳动——必要劳动和剩余劳动——必须足以为整个社会,从而也为非农业工人生产必要的食物,也就是使从事农业的人和从事工业的人有实行这种巨大分工的可能;并且也使生产食物的农民和生产原料的农民有实行分工的可能。"[②]在我看来:这就是农业劳动者和非农业人口依以划分的根据,也就是从全局看的农业人口转变为非农业人口的经济规律(以下简称"农转非")。

马克思在这个问题上的重要贡献,亦即超越前人的地方,我认为是:(1)将这问题放在商品生产条件下进行考察,指出如何才能使"自由人手"的数量和生产生活资料的农业劳动者提供的剩余产品建立适当的比例;(2)再将这个问题放在资本主义制度下进行考察,指出一定高度的农业劳动生产率,如何成为这个制度的自然基础。现阐述如下。

第一,在前面的引文之后,马克思接着说:"虽然食物直接生产者的劳动,对他们自己来说也分为必要劳动和剩余劳动,但对社会来说它所代表的,只是生产食物所需的必要劳动。"正是从这里出发,马克思提出一个重要原理:社会内部分工所产生的各种产品,都是结成比例关系的,生产它们所必需的劳动,也是必要劳动。这种非常复杂的比例关系网依以建立的出发

---

① 马克思:《剩余价值学说史》(第一卷),郭大力译,人民出版社 1975 年版,第 16 页。
② 马克思:《资本论》(第三卷),人民出版社 1975 年版,第 716 页。

点,是生产食物的必要劳动;这些结成比例关系的必要劳动,同生产一个产品所需耗费的由平均条件所决定的必要劳动相比较,"不过是整个价值规律进一步发展的表现,虽然必要劳动时间在这里包含着另一种意义",即决定价值的第二层含义的必要劳动。这就是说,只有当包括食物在内各种"全部产品是按必要的比例性进行生产时,它们才能卖出去"。① 因此,如果交通、市场、购买力等都不发生问题,食物都普遍卖不出去,这就表明生产食物的总劳动是过多了,要按比例地减少一部分,将它转移到其他部门去。这就是从全局看的"农转非"的经济规律。

第二,"一切剩余价值,不仅相对剩余价值,而且绝对剩余价值,都要以一定的劳动生产率为基础。如果劳动生产率只发展到这样的程度,以至一个人的劳动时间,只能够维持他自己的生活,只够生产和再生产他自己的生活资料,那就不会有剩余劳动,也不会有剩余价值。"而"这个作为前提的生产率阶段,必须已经首先在农业劳动上存在";所以,"本国或外国农业一定程度的发展,对资本的发展来说是基础"。② 根据前面的说明就可以了解:由于农业部门中的剩余劳动,或食物中的剩余产品,是其他一切劳动部门所以能够独立经营的自然基础,而包括农业部门在内的一切劳动部门,都是生产剩余价值的,因此一定高度的农业劳动生产率,就是剩余价值生产的自然基础。以上所述,只要将资本主义的特点去掉,其基本原理就是适用于要由农业生产食物的一切社会的。

现在我们分析农业劳动生产率提高和"自由人手"增加,对国内市场的容量和结构所起的作用。农业劳动、即大体上是第一产业的生产率越高,由其制约的"自由人手"就越多,对工业生产即第二产业就会提出如下要求:(1)农业劳动者和"自由人手"对由工业生产的生活资料需求(如衣服)就越多,由此决定的生产生活资料的工业部门(如服装业)的规模就越大;(2)由上述规模(如服装业)决定生产用来制造工业生活资料的生产资料的(如缝纫机)的工业部门(如缝纫机业)的规模就越大;(3)农业部门劳动生产率越高,对由工业部门生产的生产资料(如农业机械)的需求就越多,由此决定生

---

① 马克思:《资本论》(第三卷),人民出版社 1975 年版,第 716—717 页。
② 马克思:《剩余价值学说史》(第一卷),郭大力译,人民出版社 1975 年版,第 17 页。

产用来制造农用生产资料的工业部门(如农业机械业)的规模就越大;(4)由(2)和(3)的规模(如缝纫机业和农业机械业)合起来,决定生产用来制造工业用生产资料的生产资料的工业部门(如机械工业和采矿业,严格说来采矿业应属第一产业)的规模也越大;(5)上述农、工业的规模决定的运输业规模就越大;运输业规模又反过来影响生产运输业用的生产资料的工业部门(如机械工业)的规模。农业和工业劳动生产率都提高了,在增加的"自由人手"中,就可以有相当大的一部分,从事商业、金融和交通,即第三产业工作,以及从事政治和思想上层建筑工作,这些产业和事业本身又会对工业生产提出要求,工业生产又可以扩大。三种产业的劳动者和政治和思想上层建筑工作者,又会对文化产品和服务提出要求……这一切就决定国内市场容量和结构。正是从这里,我们清楚地看到农业劳动是国民经济的基础。

我认为,美国等高度工业化发达国家,其对外贸易依存度之所以比我国低,是由于它的农业劳动生产率比我们高,农民只占人口2%,而我国则占80%左右,美国一个农民生产的粮食,可供百余人吃用,我国一个农民生产的粮食,只能供一个多人吃用,它们的"自由人手"相对于总人口来说,比我国多得多。当然,我们不能从绝对的意义,来理解这两国的农民在全国人口中的比重,以及他们分别生产的粮食数量。因为美国为农服务的工人很多,我国就不是这样。

以上谈论的国内市场,是以农业劳动生产率有较大提高,以及由此产生的"自由人手"能转化为资本主义工业的工人为条件的。如果不是这样,即使有大量离地的农民,对国内市场的形成,其作用就不是这样。因为在这条件下,农业既不会对由工业生产的劳动资料提出巨大的需求,离开土地的农民也不会对由工业生产的生活资料提出有购买力的需求。例如,自秦统一天下到新中国成立前的中国就是这样。秦从商鞅变法开始,废井田,置郡县,土地可以买卖,农民也有人身自由。但由于这时的地租由高利贷利息率调节,大大高于如果办资本主义工业可能得到的利润,资本主义工业并不因有"自由人手"就发展起来。因此,在重额地租剥削下离地的农民,并不能转化为资本主义工业的工人,而是"老者转乎沟壑,壮者散之四方"。这就无法形成与资本主义工业相适应的国内市场。

（二）

以上谈的是在社会生产中工业已经是一个独立的部门时,社会总劳动如何划分为农业劳动和非农业劳动。但在前资本主义,存在的大多数是和农业相结合的手工业,手工业并没有从农业分离出来成为独立的部门,这种情况在存在着农村公社或亚细亚生产方式基础的东方和俄国尤为多见,这也就是新中国成立之前的男耕女织的个体自给自足生产。在这条件下,"农转非"的过程是怎样的呢?

我们暂不谈这个过程的属于生产关系变革的一面,而先谈其中属于"农转非"的一面。马克思指出:"对农村居民断断续续的、一再重复的剥夺和驱逐,不断为城市工业提供大批完全处于行会关系之外的无产者。……但是,与独自的、自耕的农村居民稀薄化相适应的,不仅仅是工业无产阶级的稠密化";或者说,这个过程的一方稀薄化和另一方稠密化之所以可能,只能是由于"种地的人数减少了,但土地提供的产品和过去一样多,或者比过去更多,因为伴随土地关系所有权关系革命而来的,是耕作方法的改进,协作的扩大,生产资料的积聚等等"。① 这就是说,农业的生产力提高了,剩余的食物增加了,因此农业劳动者可以减少一部分,这些人变成非农业人口,其中就包括了成为工业部门的工人。

列宁非常重视这一理论问题。他多次指出,这个历史过程是:工业人口由于农业人口减少而增加,而不是毫无联系的工业人口增加、农业人口减少。他说,因为在商品经济以前的时期,制造工业同采掘工业结合在一起,而后者是以农业(所以采掘业和农业合起来被称为第三产业)为主,所以商品经济的发展就是一个个工业部门同农业分离。商品经济不太发达或完全不发达的国家的人口,几乎全是农业人口,然而不应该把这理解为居民只从事农业,因为这只是说,从事农业的居民自己进行农产品的加工,几乎没有交换和分工。因此,商品经济的发展就意味着愈来愈多的人口同农业分离,就是说工业人口由于农业人口减少而增加。②

---

① 马克思:《资本论》(第一卷),人民出版社 1975 年版,第 814 页。
② 《列宁全集》(第三卷),人民出版社 1959 年,第 19—20 页。

由上述分析可以看出,从前资本主义的农业和手工业相结合的个体经济,向资本主义工业从农业中分离出来的方向发展时,工业人口增加,是由于农业人口减少所致,所以这时的农业人口无论相对和绝对都在减少,它的减少的绝对量就是"农转非"的数量,其中绝大多数成为工业人口。那么,农业人口在相对减少的趋势下,要在什么条件下才绝对增加呢?对此,马克思作了极为深刻的分析。

他指出:"资本主义生产方式由于它的本性,使农业人口同非农业人口比起来不断减少,因为在工业(狭义的工业)中,不变资本比可变资本增加得快些,是同可变资本的绝对增加结合在一起的,虽然可变资本相对减少了;而在农业中,经营一定土地所需的可变资本则绝对减少;因此,只有在耕种新的土地时,可变资本才会增加,但这又以非农业人口的更大增加为前提。"①列宁在《俄国资本主义的发展》中,重申了马克思的这一理论。

既然制约农业人口增加的农业可变资本增加,要以耕种新的土地,从而以非农业人口的更大增加为前提,那么这个非农业人口的更大增加,就不可能像上述的那样,是由农业人口的减少而增加的,即不是来自"农转非",而是由非农业人口本身的繁殖而增加的。但资本主义的人口规律是由资本主义生产关系决定的,最重要的就是工业人口的增加受可变资本的增加所制约。这增加的工业人口,有一个来源是"农转非",现在的问题是要在这以外增加工业人口,即要工人繁殖更多的后代,这就要以可变资本的极大增加为条件了。

现在需要指出的是,历史上最初的个体农民离开农业,变为工业工人,是一次深刻的生产关系的变革。首先,这些农民必须是人身自由的,不是农奴,他可以离开土地,可以处理自己的劳动力。马克思说的是独立的、自耕的农村居民,意味着是人身自由的。19世纪60年代以前的俄国,存在的是农奴制,这个条件就不具备了。其次,农奴制废除或动摇后,土地逐渐可以买卖,这时的封建主义地租就由高利贷利息率来调节,即地租成为地价的按高利贷利率计算的利息,只要情况是这样,它就必然高于资本主义的工业利润,拥有货币的人就宁可买土地收地租,而不办工业牟利润,这样离开土地

---

① 马克思:《资本论》(第三卷),人民出版社1975年版,第718页。

的农民还是当不成工人。这类国家如无法向外取得巨额利润,并待工业发展后,在产业资本循环中形成巨额的借贷资本,然后压低高利贷利息率,如17世纪的荷兰所做过的那样,那么,对内废除封建土地制度,就十分重要。这一切都意味着一场深刻的社会制度的变革。所以,历史上最初的"农转非"并不是自然发生的经济过程,而是深刻的社会经济条件发生变化的过程。

(三)

历史上最初的"农转非",不仅为工业资本游离出工人,及其生活资料和劳动资料,同时也建立了国内市场。这是因为,在这过程中,生活资料变成了可变资本的物质要素,也就是被游离出来的农民必须从自己的新主人工业资本家那里,以工资的形式挣得这些生活资料的价值;国内农业提供的工业原料也同生活资料的情况一样,变成了不变资本的一个要素。

随着土地制度的变单,除了从农业中游离出来的已变成工人的农民,会影响国内市场外,由小农变成的租地经营的大农场,也会影响国内市场的形成。以前,农民家庭生产并加工绝大部分供自己以后消费的生活资料和原料;现在,这些原料和生活资料都变成了商品,大农场主出售它们,手工工场则成了它们的市场。与此相应,过去由农民生产和消费的纱、麻布、粗毛织品,现在变成了工场手工业的产品,农业地区正是这些东西的销售市场。以前由于大量小生产者独自经营而造成的、分散在各地的买主们,现在集中为一个由工业资本供应的巨大市场。只有消灭农村家庭手工业,才能使一个国家的国内市场获得资本主义生产方式所需要的范围和稳定性。

马克思特别指出:工场手工业只能占国民生产的很小一部分,因为它以手工业劳动为物质基础,就不能在经济上彻底打败农村家庭副业;相反的,它还要农村家庭副业为其将原料加工到一定的程度。因此,它会产生一个新的小农阶层,这些小农以工业劳动为主业,以种地为副业,就是说,国内市场的形成仍受到限制。"只有大工业才用机器为资本主义农业提供了牢固的基础,彻底地剥夺了极大多数农村居民,使农业和农村家庭手工业完全分离,铲除了农村家庭手工业的根基——纺纱和织布。这样,它才为工业资本征服了整个国内市场。"①

(四)

第二次世界大战后,一些民族独立国家,在农业劳动生产率仍然很低,有的粮食不能自给,国内市场狭小的条件下,制定实现工业化和现代化的发展战略,多数归于失败或陷于困境。它们多数没有消灭前资本主义的生产关系,一般先实行进口替代战略,归于失败;再实行出口替代战略,多数陷于困境。原因是多方面的,现仅从我们论述问题的角度谈一谈。

进口替代战略是指:现在的国际经济秩序使民族独立国家产生贸易逆差和外汇短缺,为摆脱对发达国家的依附,民族独立国家就应自己生产工业品来替代原来的进口。为此,就要提高关税。以为只要这样,就能使工业开始为已存在的国内市场而生产。但20世纪60年代以来,实行这一战略的国家普遍遇到困难。其原因就我们现在研究的问题而言就是:实行这种战略所建立的工业,主要是生产满足原来与出口初级产品有关的富裕阶层所需的高级消费品,一般都采用资本密集型的现代技术,只能吸收为数很少的由于资本主义的入侵而产生的失业者,并产生由于剩余劳动力的存在而压低工资的社会条件。这又使国内市场相对狭小而妨碍工业的发展。当然,市场不仅由生活资料构成,生产资料也有重要的作用。因为低工资意味着工人在创造的新价值中,由自己占有的部分小,余下的部分即利润就大,利润对生产资料的需求,创造市场。某些现在的发达国家进行工业革命时,就是在低工资的基础上进行的。但是,先工业化的国家发展为垄断资本主义国家后,民族独立国家的低工资就不能发生这样的作用。因为前者的需要和后者的狭小市场,使前者输出的资本集中在出口部门,后者的资本无法同控制出口部门的垄断资本竞争,也无法同其输入资本而就地生产的商品竞争,后者就只能进入买办贸易和服务业,成为垄断资本的补充,使工业化陷入困境。进口替代战略之所以不能带动落后国家,使之工业化,是由于它无法突破落后国家卷入资本主义体系后形成的国内市场结构,相反的,不得不适应

---

① 马克思:《资本论》(第一卷),人民出版社1975年版,第817页。

这一结构。

实行进口替代战略失败后,有些民族独立国家和地区就开始实行出口替代战略。这一战略是指:既然初级产品价格低,工业产品价格高,就应少出口初级产品,而将其加工为工业产品后才出口,并以此带动经济的发展,实现工业化。从目前看,实行这种战略,除少数几个国家和地区取得一些成绩外,其余的绝大多数只是加深了对发达国家,尤其是它们的市场的依赖,既受国外市场容量的限制,也受资本主义经济周期的影响,因而也遇到困难。其原因就我们研究的问题而言就是:这一战略生产的产品,原来是发达国家生产的,它的市场原来是发达国家和落后国家,现在落后国家如果都这样做,其市场就只能是发达国家。发达国家改为生产高精尖产品后,需要进口这些产品。但这样一来,出口这些产品的落后国家,就要受发达国家经济周期和市场容量的影响和限制。当然,不是所有民族独立国家都实行这战略,实行的也不是同步走,具备条件而先走一步的,可能取得成绩。它们就是现在的新兴工业化国家和地区。很明显,它们是由于夺取了其他国家的国内市场而发展的。正因为少数国家和地区做到了,多数就做不到。

那么,作为一个总体来看,民族独立国家的发展战略应该怎样呢? 关于这个问题,我认为刘易斯的看法值得注意。他说:"眼光应该放在国内市场。面向国内市场的工业生产所受到的限制是,50%以上的劳动力生产国内消费的粮食,而剩余的农产品很少。改变这种生产率低下的状况,整个局面就会为之改观……经济增长的动力应该是技术变化,国际贸易是润滑油而不是燃料。达到技术变化的途径是农业革命和工业革命,这两者是相互依赖的。"①这对我们应有很大的启示。

在这里必须补充的是:对于民族独立国家而言,农业革命不单是技术变化,同时也是土地制度的变革,就是说,离开了变革前资本主义的土地制度,农业的技术革命是不可能的,从而工业革命也是不可能的。只有变革前资本主义的生产关系,包括它的土地制度,在生产力方面看的农业革命和工业革命才能发生,大工业的国内市场才能形成。

---

① 阿瑟·刘易斯:《国际经济秩序的演变》,乔依德译,商务印书馆 1972 年版,第 51—52 页。

九、我国加入 WTO 后,如何在增加农民就业过程中扩大国内市场①

我在这里事实上提出了一个不能圆满完成的任务。前面提到马克思认为一个国家的农业劳动生产率决定该国"自由人手"的数量和该国国内市场的容量和结构,是以不存在对外贸易为前提的。现在我国不仅存在对外贸易,而且加入世界贸易组织,这样的前提就不存在了。这个前提一旦不存在,存在的就都是变数了。在这样的条件下,是无法揭示规律的。但是,中国的国情使我不能不提出这个任务。下面就从农业劳动生产率提高、"自由人手"形成和国内市场变化等问题,提出一些预测。

中国农业的根本问题是落后。这表现为农业劳动力占全国劳动力的比重远远高于发达国家。目前中国的人口约 13 亿,农民约 9 亿,约占总人口的 70%,如果将农业劳动力中的剩余劳动力,算作潜在的"自由人手",那么,实在的"自由人手"约占总人口的 30%,远远低于发达国家。全国耕地约 16 亿亩,人均耕地约 1.23 亩,远远低于世界的平均数。从人均耕地少这一点出发,我们常说中国以世界 7% 的耕地,养活世界 22% 的人口,并以此感到自豪。但是,问题的另一面则是,中国以世界 40% 的农民,养活世界 7% 的非农民:这表明从一个农业劳动力看,其生产率是十分低下的。中国农业劳动力约 4 亿,其中从事种植业的,约为 3 亿,一个农业劳动力生产的粮食,约 900 千克,而美国一个农业劳动力生产的粮食,约 10 万千克②。原因在于中国农业还谈不上现代化:使用机械极少,生产力太低,经营管理太差,规模经营未

---

① 约写于 2002 年。
② 我们不能对这两个数据作绝对的理解,因为美国有比中国多得多的工业为农业服务。

形成,耕地未向种地能手集中。对于如此低下的农业劳动生产率是丝毫不能自豪的。

加入世界贸易组织,当然会促使中国农业要提高劳动生产率。这是由中国重要的农产品目前还不能和发达国家的产品相竞争决定的。据统计,以 1998 年的国际经济为基数,国内外经济比为大米 101,小麦 143,大豆 179,玉米 180①。我国农业如果长期不提高劳动生产率,就无法存在。现以大豆为例说明我国农业面临严峻的考验。据报载,我国人民由于生活水平提高,用油、食肉增加,而大豆可以榨油,其渣可以喂猪,因而所需量增加,洋豆以其价廉物美(出油率高),主宰中国大豆市场。据最近数字,近年进口量达 1 500 万吨,等于中国一年的大豆产量,农民忍痛出售。接着来的,可能就是玉米和小麦了。以上的国内外比价是综合的。如果单独与美国相比,则大米每吨生产者价格在美国为 126 美元,在中国南方为 163 美元,北方为 178 美元②;美国大米在青岛的到岸价格每斤为 0.39 元人民币,而当地中国大米每斤为 1 元人民币③。中国承诺:小麦、玉米和大米的关税配额按年递增,到 2004 年分别达到 960 万、720 万和 530 万吨,平均占中国总产量的 5%。关税配额内的进口商品差不多是免税的。中国对种植业的补贴的上限为 8.5%。就是说,进口粮食对农民收入的影响暂时不大。据估计,到 2005 年,中国玉米生产将减少 7.5%(1 000 万吨),小麦将减少 4.7%,大豆将减少 4.5%,棉花将减少 3.8%,油料作物将减少 3.6%,糖料作物将减少 2.5%。生产减少将使 2005 年种植部门减少 300 多万劳动力④。这里我说明一下:目前中国农业生产,多为联产承包责任制,事实上是小农生产,其特点就是,农产品价格,在受压的情况下,其中相当于资本主义经营中所必须有的利润部分可以奉送,即 C+V+M 中的 M 可以放弃,农民但求温饱,不求积累。这是他们如受压,仍然能生活的原因。但是扩大再生产、改良品种、提高技术,等等,就无从谈起了。这说明在过渡期内如不提农业高劳动

① 谭崇台:《从发展经济学看我国农业问题》,《当代经济研究》2002 年第 1 期,第 30 页。
② 参见陆文聪:《入世后的中国农业:国际竞争力与政策改革》,《社会科学报》2002 年 1 月 17 日。
③ 参见《中国信息报》2001 年 11 月 29 日。
④ 参见谭崇台:《从发展经济学看我国农业问题》,《当代经济研究》2002 年第 1 期,第 30—31 页。

生产率,中国农业就无法发展,农民就无法改善生活。

以上说明:中国最大宗的农产品,大概除了一般大米以外,其他的其绝对成本都大大高于洋货。那么,是否可以在农业的范围内,运用比较成本的理论,改为种植比较成本低的产品呢? 不行。因为农业不同于工业,其生产受自然条件的影响甚大,某一地区,适宜种植何种作物,与自然条件大有关系。试看今日之美国,各种作物地带,多半决定于自然条件,就是证明。再说,比较成本理论的运用,起码是两国间的事,对方已经形成生产带,单方面想运用此理论,也是不行的。

那么,出路何在呢? 在大城市郊区,在港口,在交通方便的地方,信息、科技都发达,容易解决问题。最常见的就是将土地使用权实行有偿转让,组织规模经营,专门生产劳动密集的产品,如蔬菜、花卉,特色产品,等等,供国内城市和国外市场需要。其他地区,我以为则要经过摩擦、困难、生产结构改组,等等,也要实行土地使用权有偿转让,组织规模经营,确实提高劳动生产率,才能最终解决问题。朱总理说过这样的话,其大意是:"入世"对中国农业的影响有两重性,弄得不好,会有不良的效应,这种忧患意识是完全必要的。

在此条件下,单就农产品而言,国内市场情况会发生怎样的变化呢? 我认为,中国一部分农民,其生产可能向自给生产转化。中国国家统计局副局长邱晓华说:农民"收入增长慢,缺钱花,买不起商品,经济负担沉重",是目前中国农民问题中最突出、最首要的问题①。既然"买不起",那么,由于最主要的生活必需品,大多是农产品,就自己生产,如生产仅够一家食用的粮食,余下的土地则种植油料作物,榨油自用,米糠、麦麸、豆渣则用来喂猪和养鸡,猪和鸡或杀而自用,或出卖换食盐,等等。非农业人口所需而由农业生产的必需品,很可能是由洋货占领市场。以后的变化如何,很难预测。

当然,国内市场不仅同农业有关,而且也同工业有关。工业产品能同洋货竞争,并能将目前洋货已占领的市场夺回来,以此扩大其占有国内市场的比例,并出口夺取国外市场的,其情况更难估计。但必须做到这一点。

总之,世界贸易组织是把双刃剑,中国的"入世",有利也有弊。这里还

---

① 参见邱晓华:《要切实解决农民"买不起"的问题》,《光明日报》2002 年 1 月 29 日。

有一个严峻的问题:在短期内,中国用以较低级的劳动生产的产品,交换发达国家以较高级的劳动生产的产品,以资本有机构成较低因而生产价格低于价值的产品,交换发达国家资本有机构成较高因而生产价格高于价值的产品:这样的情况是不可避免的。这种交换就存在着马克思所说的这样的内容:中国"所付出的实物形式的物化劳动多于它所得到的,但是它由此得到的商品比它自己所能生产的更便宜"①。"一国的 3 个劳动日可以和别一国的 1 个劳动日相交换。……在这场合富国会剥削贫国,纵然……贫国也会在交换中得到利益。"②这就好比在中国还不能自己制造波音 747 飞机时,只好出口服装去换,尽管是以大量劳动去交换小量劳动,受到剥削,但还是比中国自己去制造飞机少花些劳动,对中国也有好处。当然不能永远如此。因为永远如此,就不能最终消灭中国和发达国家之间的差距。这就有一个如何将目前利益和长远利益结合起来的问题。这要由制定正确的发展战略来解决。中国只有艰苦奋斗,咬紧牙关,急起直追,才有出路。

目前中国已有剩余劳动力需要转移。据估计,在 4 亿农业劳动力中,至少有 1.5 亿是剩余的。随着农业劳动生产率的提高,每年又有 600 多万劳动力是剩余的。他们都需要转移。出路在哪里呢?据估计,上述几种大宗农产品,由于洋货的冲击而减少耕种,因而富余的农业劳动力约 300 万,而中国凭借相对优势,大力发展纺织、服装、食品、建筑、建材等劳动密集型产业,大约可以增加 600 万人就业③。但因受冲击而失业的工人未计算在内。很明显,不另寻出路,是无法解决剩余农业劳动力的就业问题的。

此外,还有一个严峻的现实问题:中国由于要在较短的时期内赶上发达国家,每年的积累率都较高,以保证其增长率高于发达国家。但是,我国1996 年实现"软着陆"以后不久,就发生市场不旺、物价缓慢下跌的问题。用将物价上涨和通货膨胀视为同一物的人的用语来说,这就是通货膨胀的反面即通货紧缩。但我认为其真正原因绝不是货币发行量过少,而是生活资料的生产,相对于人民的有购买力的消费力来说是过剩的,受其影响,生产资料的生产也是相对过剩的。那么,我国消费增长落后的原因何在呢?我

---

① 马克思:《资本论》(第三卷),人民出版社 1975 年版,第 265 页。
② 马克思:《剩余价值学说史》(第三卷),郭大力译,人民出版社 1978 年,第 111—112 页。
③ 参见谭崇台:《从发展经济学看我国农业问题》,《当代经济研究》2002 年第 1 期,第 31 页。

认为是：长期以来人民的消费基金的增长大大落后于国内总产值的增长。这样，增长的生活资料就缺少相应的购买力，影响所及，增长的生产资料，也缺少相应的购买力。因此，全面生产都过剩，即供过于求，物价下跌。我国之所以不会发生如像资本主义那样的危机——生产下降和物价下跌，而是生产不降，甚至上升，是由于计划经济体制尚未完全消失，地方保护主义存在，因而相对于低下消费力而言的过剩生产力，即最落后的企业得不到淘汰。但是"入世"后，这些都要废除。这样，随着生产下降，工人就失业。这就是说，"自由人手"增加、因受冲击而失业的工人和因失去不合理保护而失业的工人，三者重叠在一起，就业问题十分严峻。

出路何在呢？我只能谈个大概：一方面，涨工资制度化、减轻农民负担、务必使其买得起消费品，发展第三产业、让家政服务成为一种行业并规范化、开发西部，等等，这是普遍适用的；另一方面，农业本身要向劳动和技术密集型的农业发展，养鱼、种菜、种果和种药，每亩地的用工量比种粮多，养猪、养鱼和养牛，耗费劳动也多，但这要看自然条件、信息、交通、市场和成本情况而定，不是普遍适用的。所有这些，其目的都是扩大国内市场同时又增加就业。这当然不能全部解决问题。对仍然存在的剩余劳动力，我认为应以发展中小城市，主要为农产品加工，其中有的则同大城市连成经济带，并为大城市服务，作为就业的主要内容。发展中小城市，能使人们以衣食的形式取于土地的物质，再以排泄物、生活垃圾、尸体等形式就近回到土地。我们不能只向土地索取而不回报。自然界已经对我们报复了。这涉及向更高的社会形态过渡时城乡差异应如何解决的问题，如何制定这一发展战略要及早注意。

十、应该是生产食物的部类决定生产 生产资料的部类①

从上述可以看出,无论是从农(包含食物生产)、轻、重的角度,还是从第一部类和第二部类(包含食物生产)的角度来看,都是食物生产的规模决定其他部门和部类的规模。因此,在这里我提出来希望我们特别注意的是:马克思的再生产图式表明,两大部类之间、每一部类内部,都是结成比例的,即是说,社会生产是一张巨大的比例网,孤立地看似乎从任何一个点上的比例出发来建立这个网,只要符合比例,就是可以的。最常用的办法是从生产生产资料的第一部类的积累出发,即由生产生产资料的第一部类需要向生产消费资料的第二部类以多少生产资料交换多少消费资料,来决定第二部类的积累。这虽然是马克思本人的看法,但是我认为,这不符合马克思关于农业的劳动生产率决定非农业人口的理论。根据这理论,应该是生产消费资料的部类的积累,决定生产生产资料的部类的积累。如果前一部类称为 A 部类,后者称为 B 部类,那么,主要是由农业生产的食物生产部门在社会生产比例网中起决定性的作用,就是说 A 部类决定 B 部类。与此相应,安排社会生产的顺序应为:农业、轻工业,然后才是重工业,而不是倒过来。卢森堡没有从这一角度谈论问题,只是认为在社会主义社会,由于将提高人们的生活放在第一位,因此,应该是由第二部类决定第一部类。

陈云从我国的实际工作回答了这个问题。1962 年,当时是三年困难即国民经济比例大失调后的恢复时期,他在中央财经小组会议上的讲话中说:"农业问题,市场问题,是关系 5 亿多农民和 1 亿多城市人口生活的大问题,

---

① 约写于 2002 年。

是民生问题。解决这个问题,应该成为重要的国策。……今年的计划,特别是材料的分配,要先把农业、市场这一头定下来,然后再看有多少材料搞工业。工业也要首先照顾维修、配套,维持简单再生产。满足了当年生产方面的需要,再搞基本建设。……要准备对重工业、基本建设的指标'伤筋动骨'。"陈云说到这里,周恩来插话说,可以写一副对联:"上联是先抓吃穿用,下联是实现农轻重,横批是综合平衡。"①这里谈的虽是恢复时期的比例应如何恢复或建立,但其中包含的规律显然是具有普遍意义的。

陈云十分重视粮食生产这个问题。当棉粮比价波动而有利于棉的时候,"农业部就开农业会议,提出来扩种棉花"。他说:"那就不得了,粮食会不够吃。"②因此,他认为粮食耕种面积不能缩小;经济作物只能提高单产和利用不种粮食的土地。强调粮食生产的重要性,是非常必要的。马克思说:"社会上一部分人用在农业上的全部劳动——必要劳动和剩余劳动——必须足以为整个社会,从而也为非农业工人生产必要食物;也就是使从事农业的人和从事工业的人有实行这种巨大分工的可能;并且也使生产食物的农民和生产原料的农民有实行分工的可能。"③正是这种生产食物的、从社会看是必需的劳动,陈云认为是要由国家规定的。粮食生产是这样,副食品也是这样。他说:"一年交多少头猪,要规定任务","郊区必须种菜,不种不行"。这些都是计划。"市场调节只能在这个范围内灵活灵活。不这样做,8亿农民的所谓自由,就会冲垮国家的计划。说到底,农民只能在国家计划范围内活动。只有这样,才有利于农民的长远利益,国家才能进行建设。这是农民与国家两利的大政方针。"④陈云这里说的,虽然带有计划经济体系的特点,但是其基本思想,却是食物生产决定生产资料部类的生产。

这是因为,这里的基本思想是:提供吃穿的农业是国民经济的基础,它有多少剩余产品提供给轻工业,就从物质亦即原材料方面决定轻工业的规模,而工业和农业对生产工具和动力的需要,又决定重工业的规模。当然,这只是国民经济比例网依以建立的荦荦大端,它还有其他因素,也就是在以农业为基础的条件下,要综合平衡。

---

① 《陈云文选》(第三卷),人民出版社 1995 年版,第 246 页。
② 同上书,第 305 页。
③ 《马克思恩格斯全集》(第二十五卷),人民出版社 1974 年版,第 716 页。
④ 《陈云文选》(第三卷),人民出版社 1995 年版,第 306 页。

译 名 表

阿格妮丝·赫勒	Agnes Heller
阿瑟·刘易斯	Arthur Lewis
安德烈·贡德·弗兰克	Andre Gunder Frank
安·罗伯特·雅克·杜阁	Anne Robert Jacques Turgot
奥古斯特·倍倍尔	August Bebel
彼得·斯托雷平	Pyotr Stolypin
查尔斯·梅特加夫	Sir Charles Metcalfe, Bt
大卫·李嘉图	David Ricardo
弗兰克·吉布尼	Frank Gibney
弗朗索瓦·魁奈	François Quesnay
弗里德里希·李斯特	Friedrich List
赫伯特·乔治·威尔斯	Herbert George Wells
康斯坦丁·奥斯特罗维强诺夫	Konstantin Ostrovityanov
理查德·坎蒂隆	Richard Cantillon
理查·琼斯	Richard Jones
列夫·拉皮杜斯	Lev Lapidus
鲁道夫·希法亭	Rudolf Hilferding
路德维希·库格曼	Ludwig Kugelmann
路易斯·亨利·摩尔根	Lewis Henry Morgan
罗莎·卢森堡	Rosa Luxemburg
纳萨涅尔·福斯特	Nathaniel Forster
纳索·威廉·西尼尔	Nassau William Senior
尼古拉·布哈林	Nikolai Bukharin
尼古拉·沃兹涅辛斯基	Nikolai Voznesensky

译 名 表

让-巴蒂斯特·科尔贝	Jean-Baptiste Colbert
让·德·西斯蒙第	Jean de Sismondi
萨米尔·阿明	Samir Amin
威廉·配第	William Petty
薇拉·伊万诺芙娜·查苏利奇	Vera Ivanovna Zasulich
维亚切斯拉夫·莫洛托夫	Vyacheslav Molotov
亚当·斯密	Adam Smith
亚历山大·波格丹诺夫	Alexander Bogdanov
詹姆斯·斯图亚特	James Stuart
E.S. 瓦尔加	Eugen Samuilovich Varga
R.P. 萨拉夫	R. P. Saraf

图书在版编目（CIP）数据

陈其人文集：全 8 卷/陈其人著. —上海：复旦大学出版社，2024. 9
ISBN 978-7-309-17395-6

Ⅰ. ①陈…　Ⅱ. ①陈…　Ⅲ. ①陈其人-文集　Ⅳ. ①C53

中国国家版本馆 CIP 数据核字（2024）第 083999 号

陈其人文集（全 8 卷）
陈其人　著
出 品 人/严　峰
责任编辑/张　鑫　朱　枫

复旦大学出版社有限公司出版发行
上海市国权路 579 号　邮编：200433
网址：fupnet@ fudanpress.com　http://www.fudanpress.com
门市零售：86-21-65102580　团体订购：86-21-65104505
出版部电话：86-21-65642845
江阴市机关印刷服务有限公司

开本 787 毫米×1092 毫米　1/16　印张 287. 25　字数 4 412 千字
2024 年 9 月第 1 版
2024 年 9 月第 1 版第 1 次印刷

ISBN 978-7-309-17395-6/C・448
定价：1580. 00 元

如有印装质量问题，请向复旦大学出版社有限公司出版部调换。
版权所有　侵权必究